ATEÍSMO & NIILISMO

ATEÍSMO & NIILISMO

REFLEXÕES SOBRE A MORTE DE DEUS

2ª EDIÇÃO

ANDRÉ CANCIAN

Edição do autor
2011

Aqueles que compararam nossas vidas a um sonho estavam,
talvez, mais certos do que imaginavam.
— Montaigne

SUMÁRIO

PREFÁCIO

Ateísmo & Niilismo é uma tentativa de justificar a transição do ateísmo ao niilismo com base na ciência moderna. Nele é apresentada uma interpretação do niilismo (niilismo existencial), segundo a qual ele se segue de considerarmos as implicações de nossas principais descobertas científicas, bastando revisitar as questões existenciais clássicas à luz do conhecimento atual. Assim, a ideia é que, uma vez nos tornemos ateus, o niilismo segue-se. Tentarei, nas páginas seguintes, explicar o mais claramente possível como cheguei a essa conclusão. Naturalmente, não se trata de uma discussão exaustiva, mas procurei ao mesmo tempo não deixar de fora os tópicos mais importantes relacionados ao niilismo.

André Cancian
2011

INTRODUÇÃO

Convicções são maiores inimigas da verdade que mentiras.
— Friedrich Nietzsche

A tese básica que defenderemos é a seguinte: existir não tem valor nem finalidade. Isso pode ser colocado de várias outras formas, como a clássica "a vida não tem sentido", mas basicamente todos sabem o que isso quer dizer: em si mesmo, nada tem sentido, importância, propósito ou significado — inclusive a vida. Estamos aqui fazendo o quê? Nada. Só estamos aqui. Acontecemos por acaso, como qualquer fenômeno natural. Esse é o niilismo que buscaremos explicar, e o vemos como uma consequência bastante trivial das descobertas científicas modernas.

Visto dessa ótica, o assunto parece bastante simples, mas isso só torna a questão mais estranha, pois, se é tão simples, por que permanece tão mal resolvida? Por que temos tanta dificuldade em adequar nossas crenças aos fatos? Não pode ser mera ignorância, pois nunca estivemos numa situação mais privilegiada em termos de informação. Temos à nossa disposição todo o conhecimento que quisermos. Como explicar?

Por muito tempo, tivemos de nos contentar com explicações inventadas para a origem da vida, para os valores morais, para o nosso comportamento, para o funcionamento básico da realidade. Como eram inventadas, naturalmente tinham de ser sustentadas pela força, já que não havia evidências. Assim, tradicionalmente, nossas explicações para as questões mais fundamentais sempre estiveram atreladas à autoridade. Dentro desse esquema, por razões óbvias, a postura inquisitiva — pesquisar, refletir e descobrir por si próprio — nunca foi muito encorajada.

Por muito tempo, então, apenas se inventou. Contudo, hoje já temos à nossa disposição a versão da realidade baseada nos fatos. Depois de tantas gerações que só puderam sonhar com esse momento, somos finalmente capazes de nos entendermos satisfatoriamente como um fenômeno natural, não havendo mais necessidade de recorrermos à crença — ao menos não como princípio explicativo. Porém, como sempre houve toda uma tradição envolvida nesse processo de fabricar explicações satisfatórias para as questões fundamentais, estas se encontram solidamente entranhadas em nossa cultura, no senso comum, e deitá-las por terra não se mostrou tão simples como se esperava num primeiro momento de otimismo racionalista.

Então, mesmo quando tais explicações inventadas se mostraram equivocadas diante de descobertas científicas, elas não se deixaram abalar, pois já faziam parte da vida dos indivíduos — e, quando uma ideia ganha nosso coração, ela ganha também nossa razão. Claro que nada disso aconteceu de maneira muito inocente. Sempre foi arranjado que tais explicações apelassem mais aos corações dos indivíduos que aos seus cérebros, mas, para além disso, parece que temos uma tendência natural ao autoengano em determinados assuntos, então podemos dizer que ambas as coisas se complementaram.

O importante a ser frisado é que tais crenças, apesar de equivocadas, não se deixam abalar porque temos a tendência de nos afeiçoarmos às teorias que utilizamos para explicar o mundo. Assim, se aprendermos a ver certo assunto sob determinada ótica e, num momento posterior, essa ótica se mostrar equivocada, as chances são que não conseguiremos admiti-lo, ainda que estejamos diante de provas incontestáveis de que estamos errados. Passaremos então a defendê-la como se fosse "a nossa verdade", e assim se cria uma versão alternativa da realidade que se dobra às nossas necessidades emocionais. A razão é sequestrada pela emoção, criando um abismo entre os pontos de vista.

Em certos assuntos, é normal que tenhamos opiniões pessoais. Porém, em relação ao mundo natural, as emoções não apenas justificam opiniões, mas ativamente se envolvem numa "personalização" da realidade, tornando-a quase incompreensível aos que não partilham do mesmo histórico de experiências pessoais. Nessa situação, não nos contentamos em ter opiniões pessoais apenas sobre aquilo que é pessoal: queremos também forçar nossas opiniões na própria constituição da realidade, naquilo que é impessoal.

Em nosso cotidiano, é fácil encontrar exemplos desse tipo de sobreposição entre o terreno da crença e o do conhecimento. Pensemos na astrologia. Todos conhecem ao menos superficialmente essa teoria, segundo a qual os corpos celestes poderiam de algum modo influenciar nossas personalidades. Se estivermos familiarizados com a astronomia moderna, naturalmente saberemos que as suposições nas quais a astrologia se fundamenta são incompatíveis com a realidade conhecida. Mesmo assim, continuamos a encontrar colunas de horóscopo em quase todos os jornais e revistas.

Geralmente pensamos que, diante de evidências reveladoras, os indivíduos corrigirão suas crenças equivocadas, mas isso raramente acontece. Depois que nos afeiçoamos a uma ideia qualquer, tal é a necessidade que sentimos de defendê-la —

como acontece com qualquer coisa à qual nos afeiçoemos —, que já não parece sensato esperar que os indivíduos se corrijam. Pelo contrário, cada vez mais nos acostumamos à ideia de que todo indivíduo "tem o direito" de acreditar no que bem entender, desde que acredite "de coração" e não cause muito incômodo. Então, mesmo que saibamos tratar-se de uma falsidade, e mesmo que o assunto não seja uma mera questão de opinião, somos levados a respeitar a necessidade do indivíduo de acreditar nisto ou naquilo. Sem esse tipo de "tolerância", a convivência se tornaria praticamente impossível.

Ainda que de uma maneira superficial, todos parecem compreender que não há muita utilidade em discutir crenças, pois não haverá real troca de informações, apenas um embate desgastante de posições inflexíveis. Em geral, simplesmente evitamos tocar nesse tipo de assunto, e é bem evidente que agimos dessa maneira defensiva apenas em relação aos assuntos nos quais há crenças envolvidas. Nos demais assuntos, nos quais há pouco ou nenhum envolvimento pessoal, diante dos mesmos fatos, temos a forte tendência de concordar, não apenas porque fazemos uma análise imparcial das informações, mas principalmente porque estamos abertos às novas informações — um bom indício de que faremos um julgamento adequado. Quando procedemos dessa maneira, sendo racionais e descomprometidos, é comum que cheguemos independentemente às mesmas conclusões.

Portanto, havendo a necessidade de o indivíduo obter informações sobre um assunto qualquer, se a sua postura for emocionalmente neutra, podemos estar certos de que ele buscará automaticamente as fontes de conhecimento mais seguras e mais precisas, sem nenhuma preocupação com caprichos pessoais, sem nenhuma tendência de "puxar a brasa" em favor disto ou daquilo, pois o indivíduo simplesmente não terá um lado em favor do qual distorcer o assunto.

Por outro lado, na medida em que estivermos envolvidos com a questão sobre a qual buscamos conhecimento, já não estaremos totalmente livres para ser imparciais. Nessa situação, ainda que inconscientemente, começamos a distorcer os fatos em nosso favor, fazendo vista grossa àquilo que nos incomoda e exaltando aquilo que confirma nossas expectativas. Claro que isso tudo, aos nossos olhos, parece algo perfeitamente justo — mas só aos nossos.

Por exemplo, peguemos um grupo de indivíduos que nunca ouviu a respeito de astrologia e expliquemos a eles que a teoria se fundamenta na influência dos corpos celestes sobre nossas personalidades, detalhando todos os pressupostos dos quais parte, como ela nos classifica em certo número de signos, cada qual carregando determinadas implicações sobre nosso temperamento, sobre nosso modo de encarar a vida, e assim por diante. Apresentamos-lhes a teoria toda, detalhe por detalhe. E então, após detalharmos tudo minuciosamente, passamos à segunda fase do experimento, em que detalhamos com a mesma minúcia todos os motivos pelos quais é impossível que a astrologia seja verdadeira. Um após o outro, todos os estudos realizados pela ciência a respeito de como a realidade funciona deixam claro que não há evidência alguma desse tipo de influência celestial.

A situação está bem clara: temos uma teoria que se propõe a explicar e prever certos fenômenos tendo como base certas premissas e, ao lado, temos uma quantidade incrível de provas sólidas que apontam para a falsidade dessa teoria. Agora, se perguntássemos o parecer do grupo a respeito da veracidade da astrologia, qual seria o resultado? Presumivelmente, apenas diriam algo como: "Bem, as evidências são claras. Mesmo sendo superficialmente coerente, a teoria está equivocada. É normal que o homem se engane". Com base na análise das evidências, será quase inevitável que cheguem a essa conclusão e, mesmo que tentássemos convencê-los de que a astrologia talvez pudesse funcionar em termos "alternativos", o simples fato de haver controvérsia sem que haja fatos já os deixaria bastante desconfiados. Isso porque, aos que não estão envolvidos, o termo "alternativo" já se tornou praticamente um sinônimo de *falso*.

Pensemos agora no caso de havermos apresentado a mesma série de explicações a um grupo de indivíduos que acredita firmemente em astrologia. Fazendo o mesmo percurso explicativo, podemos esperar todo tipo de reação, menos a mesma dos sujeitos do primeiro estudo. Uma reação típica seria que metade deles cruzasse os braços e nos ouvisse pelo resto do experimento com um olhar atravessado, e a outra metade se levantasse, esbravejasse algo e partisse indignada. Neste segundo grupo, os indivíduos já estão emocionalmente envolvidos com o assunto, e isso basicamente os impede de ser imparciais diante dos dados. O resultado é que, apesar das mais esmagadoras evidências do contrário, o indivíduo continuará acreditando.

Como dito, isso parece ocorrer porque, ao longo do tempo, criamos afeição pelas teorias que usamos para entender o mundo, assim como pelas pessoas com as quais convivemos, de modo que, durante um confronto com opiniões contrárias, tomamos o lado de nossas teorias, não como quem busca descobrir a verdade, mas como quem busca vencer uma disputa. Nesse processo, a hipótese de estarmos errados naquilo que pensamos nunca é seriamente considerada, senão como recurso retórico — porque, parecendo ser imparciais, nos tornamos ainda mais convincentes.

É difícil evitar esse tipo de reação defensiva quando discutimos algo que nos afeta pessoalmente, do qual depende nosso bem-estar. Quando outra pessoa coloca em xeque aquilo em que acreditamos, a razão é a última coisa que nos importa. O impulso primário que sentimos não é o de refletir, mas de nos protegermos, como se estivéssemos sendo agredidos, buscando meios de anular o ataque do indivíduo para salvaguardar nosso objeto de afeto. E, uma vez o pensamento tenha se orientado à autopreservação, a questão do verdadeiro e do falso já não nos alcança. A discussão toda passa a girar em torno de animalidades, e a verdade acaba posta de lado.

Notemos que, quando colocada ao lado de uma postura à qual sejamos pessoalmente apaixonados, a razão imparcial toma o aspecto de algo extremamente mesquinho, à qual só se prenderiam indivíduos insensíveis e limitados — daí a famosa associação da racionalidade à frieza. Para ilustrar essa ótica, basta nos lembrarmos de alguma ocasião em que tenhamos estado apaixonados. Agora suponhamos que houvesse se aproximado de nós um indivíduo portando um livro no qual, assegura ele, está explicado detalhadamente por que não devemos nos apaixonar, provando que tal envolvimento prejudicará decisivamente nossa capacidade de ser racionais. O que diríamos diante disso? O indivíduo está tentando limitar nossa felicidade em troca de uma miserável precisão teórica que só importa para ele. Ora, que vá para o diabo!

Muito bem, agora voltemos nossos olhares à nossa proposição inicial: a existência não tem finalidade. Estamos aqui por motivo nenhum. A vida surgiu por acidente. É um passatempo. A maioria dos indivíduos sente o sangue subir às ventas ao ouvir tais afirmações, encarando-as como afrontas pessoais, comprovando aquilo que acabamos de explicar: o envolvimento emocional nos cega, levando-nos a encarar a questão sob uma ótica equivocada.

Tais palavras não são, portanto, uma mera provocação. Pelo contrário: nossa forma de reagir a elas é o cerne da questão. Ilustra exatamente a associação que precisamos desfazer para deixarmos de reagir defensivamente a algo que não passa de uma descrição do mundo natural.

Claro que, à primeira vista, talvez pareça uma "audácia" que alguém pretenda defender essa ideia em plena luz do dia, mas por que não? Se essa ideia é verdadeira, ela *deve* ser defendida, e não seria nada menos que vergonhoso deixar de fazê-lo simplesmente porque o assunto não é particularmente agradável.

Não que se trate de uma questão frente à qual seja fácil sermos neutros, afinal, somos seres vivos, e nossos impulsos mais básicos nos rogam que sejamos parciais, nunca colocando em questão aquilo que está em nosso favor. Porém, tendo em vista que a ciência já demonstrou que nós, homens, somos, como qualquer outro organismo, máquinas surgidas por meio de processos naturais, a questão é apenas entender por que temos tanta dificuldade em compatibilizar ambas as coisas.

Pensemos a respeito da proposta que estamos fazendo. Somos seres humanos questionando as implicações de sua própria humanidade, e conscientes de que temos mecanismos psicológicos que nos impedirão de ser totalmente bem-sucedidos nessa empreitada. Não estamos questionando simplesmente uma ótica adotada por um grupo particular, mas buscando uma forma de distinguir as distorções mais básicas que nós mesmos introduzimos na realidade pelo simples fato de sermos quem somos.

A ideia de desconstruir a si próprio por mera curiosidade soa como um despropósito aterrorizante à maioria — e talvez com razão. Mas o fato é que a maior parte das pessoas simplesmente não se importa o bastante com essas questões para fazer qualquer tipo de esforço. Tudo bem; é direito delas. Mas e quanto àquelas que olham para essa questão e pensam: "não seria realmente fascinante *entender* isso tudo?" Em vez de pensar isto ou aquilo a esmo, apenas porque ouvimos dizer numa época em que nos deixávamos impressionar, não seria incrível poder *saber?* Não seria uma empreitada que mereceria ao menos esforço e tempo consideráveis? Afinal, estamos falando de realmente entender a existência com base nos fatos, não de abraçar uma teoria qualquer e voltar a dormir. Mas isso exigiria algum preparo. Como faríamos para burlar essas barreiras naturais que nos levam a distorcer a informação que recebemos? Como perceber quando isso está acontecendo?

Quando passamos a pensar dessa maneira, vendo o conhecimento como um fim em si mesmo, e movidos apenas pela curiosidade, compreendemos finalmente o que é o espírito filosófico. O conhecimento já não é buscado na suposição de que servirá para isto ou para aquilo, mas por si mesmo. Nasce em nós um senso de integridade que parece ir além de nós mesmos, um interesse genuíno no saber.

Assim, se conseguíssemos direcionar as forças emocionais que, em quaisquer outras circunstâncias, apenas nos cegam, orientando-as em favor do conhecimento, de modo que nos tornássemos *parciais em favor da imparcialidade*, isso não abriria para nós portas que sempre estiveram trancadas? Teríamos alcançado uma posição a partir da qual poderíamos questionar tudo, inclusive nós mesmos. E somente nessa posição estaríamos aptos a vigiar nossos próprios preconceitos.

A iniciativa de não nos enganarmos, de nos responsabilizarmos por estar certos, precisa nascer de nós mesmos. É importante que tenhamos em mente a necessidade desse tipo de consciência antes de iniciarmos nossas reflexões, porque, se não conseguirmos colocar a nós próprios em favor do conhecimento, ele não terá nenhuma chance.

PRIMEIRA PARTE

Os fundamentos do niilismo

Livrar um homem do erro é conceder, não retirar.
— Arthur Schopenhauer

Assim como, para definirmos o ateísmo, temos de entender o que é teísmo, para definirmos o niilismo ("nadismo") temos de entender o que é esse "tudo" em que se acredita, algo que nos levará a atravessar vários outros assuntos. Por exemplo, para explicar que a vida não tem sentido, precisaremos explicar algo sobre a vida e seu funcionamento; para explicar que não existem valores morais objetivos, teremos de abordar a moralidade humana; e assim por diante. Nesse processo, para nos mantermos focados, tentaremos evitar discussões paralelas, trazendo ao debate apenas os assuntos mais diretamente relacionados.

A ideia desta primeira parte é oferecer uma definição compreensível de niilismo e explicar a lógica básica dessa linha de raciocínio, bem como desfazer alguns dos mal-entendidos mais comuns. Defenderemos aquilo que se conhece como *niilismo existencial*, que consiste na ideia de que a vida não tem valor nem sentido intrínsecos. Também defenderemos, como uma implicação do niilismo existencial, o *niilismo moral* ou *amoralismo*, segundo o qual não há valores objetivos (*i.e.* não há fatos morais).

O ponto de partida escolhido para nossa argumentação é o ateísmo, cujo modelo tomaremos emprestado para facilitar a exposição. Assim, é esperado que o leitor tenha alguma familiaridade com uma visão natural da realidade, e que esteja disposto a partir desse mesmo pressuposto, pois não haveria espaço para discuti-lo aqui.

Feito isso, as próximas partes servirão para lançarmos um olhar mais aprofundado a três assuntos relacionados: 1) Como situar nossos valores como parte do mundo natural? 2) O que é o "sentido" que buscamos em nossas vidas? 3) Por que temos tantas opiniões distintas acerca de uma mesma realidade? Como esses assuntos serão também abordados nesta primeira parte, sua leitura pode ser entendida ao mesmo tempo como uma introdução às que se seguem.

1. NIILISMO COMO DESCRENÇA

Quanto mais o universo nos parece compreensível, tanto mais nos parece sem sentido. — Steven Weinberg

Ateu é um indivíduo que não acredita na existência de deus(es). O ateísmo é, então, uma postura negativa, dizendo respeito a algo em que o indivíduo não acredita.

Aqui não cabe uma discussão sobre a (in)existência de deus.[1] Observemos apenas que a maior parte das pessoas acredita na existência de uma "entidade superior". Então, havendo uma parcela que acredita, os demais serão automaticamente ateus, recebendo esse nome, não por qualquer aspecto positivo de seu pensamento, mas por mero contraste, por não possuírem essa crença.

Assim, o indivíduo não precisa "fazer" algo para ser ateu. Ele é ateu porque a maioria das pessoas acredita num deus, do contrário ele não seria nada, assim como não é nada aquele que não acredita em duendes. Presumivelmente, se nossa cultura tivesse uma mitologia orientada a duendes, nós seríamos todos "aduendistas" por simples contraste, sem que fosse preciso nos envolvermos em qualquer tipo de movimento de negação de duendes.

Essa é a forma mais elementar de entender o que é "ser ateu" sem sentir a necessidade de moldar o indivíduo dentro de um estereótipo que lhe atribui características positivas. Talhar o ateísmo dessa forma indireta é útil para evitar o surgimento de mal-entendidos, visto que nosso cérebro é ávido por formular generalizações com base em dados insuficientes. Para percebê-lo, basta observar que, uma vez falemos de ateísmo, começamos imediatamente a pensar em "como ateus são" ou "no que ateus acreditam", como se se tratasse de um grupo bem definido de indivíduos com opiniões uniformes sobre tudo. Não é o caso. Ateus apenas não acreditam em deus. Todo o resto depende do indivíduo em particular.

Se pensarmos a respeito, veremos que esse tipo de "curiosidade" não faz real-

---

1. Para nossos fins, partiremos do pressuposto de que deus não existe.

mente sentido porque não há como extrair qualquer informação relevante do fato de alguém não acreditar na existência de uma entidade sobrenatural. Para exemplificar, façamos uma pergunta semelhante: no que acreditam aqueles que não são jogadores de pingue-pongue? Como responder esse tipo de questão? Com base em quê poderíamos formular uma generalização a respeito de todos, ou mesmo de alguém em particular, se nem sabemos de quem se trata? Seriam os que não jogam pingue-pongue mais propensos à criminalidade? Seriam eles mais amigáveis? Com isso percebemos que esse tipo de pergunta só poderia ser respondida com um disparate, e isso é motivo suficiente para deixarmos de lado esse modo de abordar a questão.

Por que estamos explicando tais coisas? Porque temos de partir de algum ponto para explicar o niilismo. Assim, em vez de reinventar a roda, nossa proposta é que o niilismo pode ser entendido nos mesmos moldes do ateísmo: trata-se de uma postura negativa que diz respeito à descrença do indivíduo em algo em que é bastante comum que se acredite.

Ao partir do mesmo modelo, a vantagem é que evitamos os mesmos problemas que o ateísmo já aprendeu a contornar. Distanciamo-nos, por exemplo, da ideia de que o niilismo talvez fosse uma "religião da descrença", como é tão comum que se diga do ateísmo. Similarmente, perguntar como são os niilistas torna-se tão incoerente quanto perguntar como são os ateus, ou como são os que não creem em horóscopo. O niilismo, como o ateísmo, envolve apenas uma descrença. Mas uma descrença em quê?

Uma dificuldade inicial está em especificar no que o niilista não acredita: se é uma descrença no valor da vida, no sentido da vida, na validade da moral. São tantas coisas em que se acredita englobadas pela descrença niilista que a ideia de não acreditar "em nada" acaba por parecer uma descrição razoável do que queremos dizer. Porém, resistamos à tentação de ser vagos.

Como seria improdutivo listar todas as crenças que temos a respeito de nossa existência e de nós mesmos, analisando-as uma a uma, poderíamos buscar uma definição mais fundamental, a partir da qual todos esses casos particulares se tornassem fáceis de deduzir. Então, por exemplo, se um indivíduo não acredita em parapsicologia, logicamente também não acredita em telepatia, em telecinesia, e assim por diante. Tentemos raciocinar dessa maneira, começando pelo ateísmo.

O ateu, por não acreditar em deus, também não acredita na origem sobrenatural do homem. Logo, não acredita em anjos, em milagres, em espíritos, em mediunidade etc.[2] Porém, nem todos os ateus compartilham a ótica segundo a qual a existência não tem qualquer finalidade, segundo a qual a vida não tem valor ou segundo a qual não há fatos morais. Essa é a ótica dos niilistas (que são todos ateus, diga-se).

O niilista, além de não acreditar em deus, não acredita em várias outras coisas. Assim, já que o niilismo "engloba" o ateísmo, mas também vai além, precisamos localizar algo que seja psicologicamente mais "importante" que a crença em deus. No que o niilista poderia *não* acreditar que fosse mais importante que deus? À primeira vista, deus ocupa o limite da descrença. Contudo, após refletirmos, vemos que há um último passo a ser dado, ao menos em termos psicológicos. Qual seria então um ponto ainda mais fundamental que a descrença em deus, um ponto a partir do qual poderíamos deduzir o conjunto de descrenças que corresponde ao niilismo?

Pensemos o seguinte: o ateísmo está para a descrença em deus assim como o niilismo está para...? Exatamente: o homem — parece que a ideia nos vem automaticamente à cabeça. Foi o homem quem criou deus, então esse parece o ponto mais fundamental para situar a descrença niilista. Do ponto de vista psicológico, nada seria mais básico que a crença do homem no próprio homem: uma crença que é, ao mesmo tempo, muito difícil de abandonar e muito difícil de defender, exatamente como a crença em deus, e que se sustenta por motivos emocionais. Parece um ótimo candidato para começarmos a talhar uma definição de niilismo.

✳ 3

Observemos preliminarmente que, ao centralizar a definição de niilismo na "descrença no homem", não nos referimos a alguma espécie de desesperança ou desilusão em relação à espécie humana. A discussão não é sobre nossas vidas práticas, mas sobre nossa própria existência, sobre a condição humana: portanto sobre o que o homem *é*, não sobre o que ele faz. A "descrença no homem" deve ser

---

2. Por ser um detalhe meramente técnico, deixemos de lado o caso das religiões que, mesmo não professando a crença em deus(es) — sendo, portanto, religiões ateias —, possuem ainda assim orientações místicas sobre alguma "ordem sobrenatural" permeando a existência, como é o caso do budismo.

3. Ao longo do livro, asteriscos simples (*) marcarão o início e o fim de digressões, enquanto asteriscos triplos (***) indicarão divisões internas do texto.

entendida no sentido de que o homem não ocupa um lugar especial na existência, não no sentido de que ele é "mau". Lembremos que nossa intenção não é diminuir o homem, mas entendê-lo.

Então, ainda que haja a tendência de interpretarmos a questão dessa maneira, nossa argumentação em nenhum momento deve ser entendida como uma lamúria, como se o niilismo não fosse mais que nos sentirmos "decepcionados" com o homem. Lembremos que, quando afirmamos ser ateus a um indivíduo religioso, sua reação mais comum é pensar que estejamos "magoados" com deus. Similarmente, quando afirmamos não acreditar no homem, não se deve entender que estejamos simplesmente "magoados" com a humanidade. Assim como o ateísmo é uma postura mais radical que uma mera lamúria contra deus, também o niilismo é mais que um mero desengano em relação ao homem.

Como dissemos, o ateísmo está para deus como o niilismo está para o homem. Assim, ao afirmar que o niilista não acredita na "vida humana", queremos literalmente dizer *não ter fé*[4] na vida humana, não estar intelectualmente comprometido a defendê-la a todo custo e acima de qualquer coisa, ser capaz de encarar a si próprio de uma forma imparcial, como quem observa um fenômeno natural.

Ainda que não percebamos, o homem tem fé em si mesmo, e é difícil quebrar esse encanto. Assim como indivíduos religiosos partem do pressuposto de que deus existe e, depois, tentam obstinadamente demonstrá-lo, o ser humano faz o mesmo em relação a si próprio: parte do princípio de que sua existência é importante e luta ferozmente para defender tal ideia, sejam os fatos quais forem.

Desse modo, "acreditar no homem" não é simplesmente saber de sua existência, é estar *comprometido* com ela — e assim como o ateísmo busca desmontar nossa fé em deus (num pai), o niilismo busca desmontar nossa fé em nós mesmos. O niilista procurará, então, entender a si próprio numa ótica que não esteja (tão) comprome-

---

4. Estamos cientes de como é difícil que, de repente, se entenda o que queremos dizer. Porém, como ateus já passaram por uma experiência semelhante ao abandonar a crença em deus, há uma chance. Talvez pareça surreal que estejamos realmente falando a sério esse tipo de coisa, mas estamos. E sabemos como é improvável que alguém esteja disposto a ouvir. Seria o mesmo que pedir a um religioso que desse ouvidos à ciência. Tal abordagem simplesmente não funciona. Acreditar e desacreditar não são coisas sobre as quais temos controle voluntário. Temos consciência disso. Tudo o que podemos fazer é esperar que alguns eventualmente estejam em condições de contemplar a ideia. De nossa parte, não podemos fazer mais que explicá-la com clareza.

tida com a condição humana, assim como um ateu que buscasse entender a crença em deus como um fenômeno natural. Naturalmente, não se trata de uma abordagem prática, mas meramente intelectual: o ateu não é "contra" a religião, ele apenas não acredita que seja verdadeira; o niilista não é "contra" a vida, ele apenas não acredita que haja nela um "algo mais", como normalmente fantasiamos.

É nesse sentido que o niilista "não acredita na vida": ele não vê a existência humana como uma "causa" pela qual devamos lutar, como algo em que precisemos "acreditar" pelo simples fato de estarmos vivos, como se tivéssemos vindo à existência com alguma espécie de "missão". Se, colocada apenas dessa forma, a ideia nos parece duvidosa, então pensemos mais a respeito. Podemos, com base nos fatos, afirmar que a espécie humana tem uma "missão"? Não, não podemos. A não ser que castores e formigas também tenham. Sabemos que surgimos por meio de processos naturais, e isso basicamente anula qualquer possibilidade de nossa existência ter alguma "missão". Mesmo assim, a despeito dos fatos que conhecemos, resistimos à afirmação de que a existência humana não se presta a nada, como se precisássemos, de algum modo, nos "defender" das ideias que diminuem nosso senso de importância.

Assim, ainda que as ideias promovidas pelo niilismo façam perfeito sentido, há essa tendência de fugirmos do assunto com considerações sobre quão "prejudiciais" essas ideias poderiam ser às nossas vidas práticas. Porém, uma vez mais, deixemos claro que não falamos de nossas vidas práticas, mas de como nosso "acreditar na vida" repercute até mesmo em nossa intelectualidade, levando-nos a defender ideias que sabemos não ter qualquer base na realidade. Para melhor entendermos, procuremos outra afirmação verdadeira que em geral nos desagrade. Por exemplo, "a vida não tem sentido". Podemos, com base nos fatos, afirmar que ela tem? Ora, como possivelmente um acidente que cria cópias de si mesmo poderia ter sentido? Um vírus de computador tem sentido? Se ele não tem, nós também não. Os fatos são evidentes, mas, mesmo assim, sentimos a necessidade de "resistir", como se precisássemos "defender o nosso lado", mesmo quando isso envolve entrar em desacordo com a realidade. No fim das contas, não é exatamente isso o que religiosos fazem quando defendem sua "fé"? Parece bem sugestivo.

Então a vida não tem sentido, mas não está "tudo bem": não vamos desistir sem "lutar", como se fosse uma questão de "honra pessoal" retorcer os fatos o máximo possível, até que eles pareçam nos favorecer — e isso até em questões puramente intelectuais, que jamais teriam repercussão em nossas vidas práticas. Assim, confrontados pelo fato de a vida não ter sentido, será provável reagirmos defensivamente, devaneando sobre a possibilidade de "inventarmos" um sentido, e isso apenas para demonstrar o quanto o homem é "capaz", "importante", "dono de si" etc. Se refletirmos a respeito desse fenômeno, veremos tratar-se do mesmíssimo comportamento defensivo que religiosos exibem em relação a deus: fabricamos fatos para que confirmem nossas crenças, quer elas estejam certas ou não. Portanto, assim como a fé religiosa, devemos entender nossa "fé no ser humano" nesse sentido de sermos fortemente parciais em favor de nós mesmos.

Por que essa insistência em explicar que o homem não é importante? Porque, uma vez consigamos relativizar esse sentimento de importância, desembaraçando nossa inteligência desse impulso de ser parciais, a ótica niilista se torna praticamente autoevidente. Assim, se deixarmos de lado todas as preocupações práticas que visam assegurar nosso bem-estar, colocando a questão humana toda, por assim dizer, na gaveta, já não sentiremos a necessidade de resistir às afirmações que contrariem nosso sentimento de importância. Nessa circunstância, o niilismo passa a ser aceito sem nenhuma dificuldade, pois retiramos da equação exatamente aquilo que nos levava a interpretá-la sob uma perspectiva demasiado comprometida. Portanto, se percebermos que essa forma "descentralizada" de entender o ser humano não conflita com nossas vidas práticas, a tendência será que deixemos de reagir tão defensivamente a fatos que são na verdade bastante óbvios, mas que normalmente encaramos como "inimigos" apenas por serem levemente desagradáveis.

*

Esclarecido esse ponto, retornemos à nossa discussão central. Antes dessa pequena digressão, estávamos em busca de um ponto a partir do qual fosse fácil deduzir aquilo em que o niilista não acredita. Assim, se adotarmos a "descrença no homem" como ponto de partida e tentarmos, agora, deduzir no que o niilista não acredita, será razoavelmente fácil fazê-lo: se não há deus, e se não "acreditamos" no ser humano, passamos a conceber nossa existência como um evento casual dentro do mundo físico, e todas as coisas nas quais acreditamos a nosso respeito — que vidas não têm preço, que matar é errado, que devemos cuidar do planeta, fazer o máximo para viver vidas felizes e justas etc. — deixam de ter uma fundamentação no mundo em si mesmo, passando a ser apenas coisas nas quais acreditamos. Isso não quer dizer que tais coisas não sejam importantes, mas que não podemos demonstrá-las como fatos, mas apenas como pontos de vista. Então elas são importantes *para nós,* mas não por si mesmas. Logo, o ser humano não é importante por si mesmo, mas apenas *para* si mesmo. O encanto foi quebrado.

A ideia central é essa. Porém, resta ainda encontrarmos uma forma mais compreensível de colocá-la. A noção de que o niilista não acredita "no homem" ainda exige de nós alguns momentos de reflexão para deduzirmos em que sentido se faz tal afirmação. Então seria útil procurarmos uma definição mais exata e mais fácil de interpretar, pois diminuiria a margem para confusões.

Para tal fim, basta perguntarmos a nós mesmos: que ideia estamos rejeitando ao não acreditar (não ter fé) no ser humano? Exatamente a de que a vida tem valor intrínseco, de que o valor da humanidade está *além* da própria humanidade, como algo que nos "transcende". E como é a crença no valor da vida que justifica, por extensão, todas as demais crenças que temos sobre nós mesmos — por exemplo, sobre como é "importante continuar", sobre como "devemos tornar o mundo um lugar melhor" e assim por diante —, parece razoável supor que, ao isolar a ideia de valor intrínseco da vida, tenhamos encontrado o ponto mais fundamental de nossas crenças sobre nós mesmos, isto é, o equivalente de "deus" no contexto do niilismo. Era o que estávamos procurando.

Nessa altura, percebemos haver atingido, por um caminho claro e inteligível, uma definição bastante razoável de niilismo, que pode ser colocada nestes termos: *niilismo é não acreditar na existência de valores intrínsecos.*[5]

Por que essa definição? Porque, se não acreditamos que nada tenha valor por si mesmo, todo o mais pode ser deduzido disso, e nada parece ficar de fora. Poderíamos acrescentar também que o niilista é ateu e que rejeita a ideia de finalidades últimas, mas não parece realmente necessário, ao menos a princípio. O importante desse processo foi que, em vez de simplesmente adotarmos uma definição de niilismo, nós *chegamos* a ela, e assim conseguimos entender por que a descrença em valores intrínsecos é mais fundamental que a descrença em deus: trata-se do único pressuposto para não termos fé *em nada*.

✶ ✶ ✶

Agora desmontemos essa definição para ver se tudo se encaixa. Uma vez te-

---

5. Embora nossa formulação esteja um pouco mais sintética, esse modo de entender o niilismo tornou-se bastante comum nos dias de hoje. Como observou Alan Pratt, *o niilismo existencial é a noção de que a vida não tem valor ou sentido intrínsecos, e essa é sem dúvida a forma mais comum de se usar de se entender o termo atualmente* (*Cf.* Internet Encyclopedia of Philosophy: <http://www.iep.utm.edu/nihilism>).

nhamos retirado o valor da vida humana, o que acontece? Perdemos automaticamente a motivação para elaborar teorias "criativas" sobre nosso lugar especial na realidade, pois já não vemos qualquer motivo para ser parciais. Ninguém se importará em confabular sobre o "sentido da existência" se o ser humano não estiver brilhando em seu centro. Não que, a princípio, não seja possível imaginar um sentido sem valor, só que ele não nos teria qualquer apelo, tornando plausível que, se o encontrássemos, seria por meio de evidências, não por meio da imaginação (e o mesmo para o valor — e também deus, por que não?).[6] Notemos também que, se houvéssemos rejeitado apenas a ideia de sentido, mas preservado a crença na importância humana, isso ainda justificaria que criássemos sentidos para exaltar nossa própria imagem, pois eles "herdariam" nosso valor. Com isso se confirma que, ao focar a definição de niilismo na descrença em valores intrínsecos, incidimos sobre o ponto nevrálgico da questão, a partir do qual todo o mais se segue.

Ainda que, para fins de definição, a descrença no sentido seja apenas uma "descrença menor" em relação à descrença em valores intrínsecos, ambas as coisas parecem ser complementares. A primeira, na frente física, ao abolir a ideia de que a existência tenha alguma finalidade, nos atinge de fora para dentro, fechando-nos em nós mesmos e privando-nos de buscar uma "saída" de nossa condição, enquanto a segunda, na frente psicológica, ao mirar o valor intrínseco da vida humana, nos atinge de dentro para fora, fazendo ruir nossas aspirações metafísicas. O resultado? Nada muito espetacular: apenas recobramos o senso de realidade.

* * *

Nessa altura, conseguimos finalmente entender o que é o "tudo" em que se acredita, mencionado logo ao início, ao qual fazemos oposição dizendo "não acreditar em nada". O "tudo", obviamente, somos nós, e consiste precisamente na ideia de que o homem faz parte da "essência" da realidade. Assim, quando nos perguntam em que acreditamos, se respondermos "em nada", a afirmação será imediatamente entendida no sentido de não acreditarmos "em nada além da realidade", exatamente como se não compartilhássemos de uma espécie de fé implícita nessa "essência humana do mundo". Portanto, "não acreditar em nada"

---

6. Note-se que o sentido da vida enquanto perpetuação genética é um ótimo exemplo de um "sentido sem valor" descoberto por meio dos fatos.

difere de não acreditarmos literalmente em nada, como se duvidássemos, por exemplo, de termos duas pernas. Pelo contrário, trata-se exatamente de *não termos fé* em nada, de não acreditarmos em *nada além* do fato de termos duas pernas. Uma conclusão bastante interessante.

Assim, quando dizemos que a realidade não tem "essência", isso deve ser entendido no sentido de que existir é só existir: não há um "algo mais" que permeia a existência. Não há regras em si mesmas, não há valores nem sentidos em si mesmos, tampouco algum significado a ser discernido ou alguma lição a ser tirada. O niilista não acredita em nenhum desses "recheios", por isso defende que nossa vida "não tem nada", que ela é vazia (dessa essência). Nesses termos, pelo fato de a maioria dos indivíduos acreditar que a existência possui alguma essência, e de o niilista julgar que não há nenhuma, vemos que faz bastante sentido que tal postura receba o nome *niilismo*, do latim *nihil*, que significa *nada*.

Então, colocando a ideia da forma mais crua possível, o niilista pensa em nossa existência como algo que apenas existe, não como algo que "é" alguma coisa. A existência não "é" nada, não quer dizer nada, e nós também não, pois somos parte dela.

2. POR QUE ESTAMOS AQUI?

Pelo que tudo indica, estamos no mundo para não fazer nada.
— E. M. Cioran

Em termos existenciais, o niilista não acredita que estejamos aqui "por algum motivo". Não acredita que haja algo de intrinsecamente valioso na vida humana que possa distinguir-se de um instinto biológico. Isso geralmente nos leva a pensar no niilista como um indivíduo insensível, incapaz de perceber a beleza de nossa existência, incapaz de se indignar diante de uma injustiça. Porém, não se trata de conseguir ver beleza, como não se trata, no caso dos ateus, de ser incapaz de experimentar o sentimento de comunhão com o cosmos.

O ateísmo, a princípio, parece algo incompatível com espiritualidade. Porém, se pensarmos um pouco a respeito, veremos que não há essa incompatibilidade. Nada impede que um ateu tenha experiências de "contato com deus". O sentimento é o mesmo, a diferença é apenas que ele não vai explicá-las de forma supersticiosa. Ou seja, tais experiências de "contato" não dependem da existência literal de deus — do contrário ninguém as teria. Similarmente, a espiritualidade não depende de acreditarmos na existência factual de espíritos. Falamos de tais coisas como entidades reais, mas trata-se na verdade de uma linguagem simbólica que utilizamos para descrever nossa vida interior, não havendo qualquer correspondência na realidade exterior. Foi esse tipo de percepção que levou Campbell a afirmar: *não preciso ter fé, [pois] tenho a experiência.*

Sabemos que experiências religiosas acontecem todos os dias, mas ninguém é ateu porque nega a existência de experiências religiosas: o que se nega é a existência de deus, das teorias fantasiosas usadas para *explicar* tais experiências. Similarmente, quando se tenta comprovar o valor da vida humana com base em sentimentos pessoais, tudo o que se consegue demonstrar é que temos capacidade de empatia. Assim como experiências religiosas não comprovam a existência de deus, experiências empáticas não comprovam o valor da vida. Uma coisa não demonstra a outra, e recusar-se a raciocinar mal não é ser insensível.

Além disso, o modo como vemos tais coisas tem pouca repercussão em nossas vidas práticas. Assim como o ateu pode levar uma vida moralmente exemplar (e isso pelos padrões dos próprios religiosos), também o niilista, por razões pessoais, pode muito bem levar uma vida ordeira, respeitável e engajada. Não apenas não há qualquer incompatibilidade entre ambas as coisas, como também não há bons motivos para acreditarmos que nossos valores morais dependam de qualquer tipo de "fé". Assim, apesar das típicas fantasias religiosas sobre ateus serem "maus", o fato é que ateus são em geral tão morais quanto indivíduos religiosos. Nesse sentido, como observou Dennett, *talvez o melhor que se possa dizer da religião é que ela ajuda algumas pessoas a atingir o patamar de civilidade e moralidade tipicamente encontrado em* brights *[ateus].*

Portanto, assim como não acreditar em deus não tende a nos tornar pessoas imorais, também não há motivo para pensarmos que não acreditar em fantasias sobre o valor da vida nos tornaria más pessoas, pois o argumento usado em ambos os casos é o mesmo: que o conteúdo "positivo" da mensagem teria efeitos benéficos sobre nosso comportamento. Contudo, talvez o caso seja exatamente o oposto: indivíduos que têm dificuldade em manter padrões razoáveis de moralidade são exatamente os que procuram na fé aquilo que não conseguem encontrar em si próprios.[7] Nesse caso, não precisar de muletas morais para viver seria uma boa coisa. Então, ao menos a princípio, não haveria por que pensar no niilista como um indivíduo moralmente problemático.

✳ ✳ ✳

Ao recusar as ideias de que a vida tem valor e sentido, o niilismo é frequentemente entendido como uma "insensibilidade", a qual teria repercussões negativas sobre nossas vidas práticas. Porém, como no caso do ateísmo, tal relação não parece justificar-se. Ser ateu não consiste na incapacidade de entender por que se acredita em deus, tampouco na impossibilidade de experimentar sentimentos religiosos ou de conduzir uma vida espiritualizada. Trata-se somente de não termos fé nas interpretações romanescas para tais sentimentos, como se fossem capazes de "explicar" o mundo. Similarmente, ao recusar o valor e o sentido da vida, não estamos negando a realidade ou a validade daquilo que se sente, tampouco sugerindo que se trate de algo desimportante. Rejeitamos apenas a *interpretação* que se dá a tais sentimentos, como se tivessem qualquer significado ou poder explicativo. Como no caso da fé religiosa, não julgamos que tenha nenhum.

Para nossos fins, isso resume a ideia central do capítulo. Porém, sendo esse um ponto bastante delicado, e também bastante confuso na discussão sobre niilismo, parece importante nos demorarmos um pouco mais nesse tipo de distinção entre o que se *pensa* e o que se *faz*. Então, para melhorar um pouco esse quadro de obscuridade, nossa exposição, daqui em diante, tentará exemplificar sob que ângulo interpretar as proposições mais básicas do niilismo — a falta de sentido e de valor —, de modo a evitar esse tipo de confusão sobre as supostas "implicações práticas" do niilismo.

Comecemos pelo óbvio: a crença no valor da vida humana é um pilar fundamental da vida em sociedade. Isso é inegável, e provavelmente não há bons motivos para querermos mudar esse tipo de coisa em termos práticos. Contudo, o que estamos discutindo é o valor dessa crença em termos de *conhecimento*, não de estabilidade social. Não é sobre a "sensação de valor" que temos dúvidas. A questão é: como podemos *saber* que a vida humana é valiosa? Com base em quê se pode

---

7. O contexto dessa reflexão nos parece oportuno para trazer à lembrança um adágio espanhol que por vezes Schopenhauer citava: *detrás de la cruz está el diablo*, incitando-nos a refletir acerca das implicações morais — daquilo que se esconde por detrás — da necessidade de ter fé.

fazer tal afirmação? Em que sentido e até que ponto? É esse tipo de coisa que queremos saber.

Por mais que busquemos demonstrações claras nesse particular, tudo o que conseguimos são racionalizações de estados mentais agradáveis, filosofias da "boa vontade" e da "boa disposição" colocadas na forma de princípios "afirmativos", algo que dificilmente supera um *circulus in demonstrando* com um sorriso ao lado. Por incorrer sempre nesse erro, nenhuma resposta que nos oferecem a esse respeito parece muito satisfatória, e o valor da vida humana invariavelmente toma o aspecto de um dogma que não se explica, em que é preciso "acreditar". Como no caso das religiões, em que os indivíduos acreditam, por motivos emocionais, em algo para o qual não há fatos, a crença no valor da vida humana, a crença no sentido de uma existência feliz, produtiva e caridosa, poderia ser similarmente entendida como uma interpretação alegórica de nós mesmos, em que nossos desejos mais profundos recebem uma roupagem simbólica, como uma espécie de mitologia de nossa vida interior, e assim nos deixamos levar pelas implicações práticas dessa visão otimista de si.

Por outro lado, quando afirmamos não acreditar no "sentido" da vida, isso não quer dizer que desprezemos que alguém faça algo útil de sua vida, mas apenas que não conseguimos ver fundamento em "teorias" segundo as quais nosso modelo específico de maquinaria biológica teria qualquer "sentido" (o qual presumivelmente não abrange os demais sistemas autorreplicantes, assim como o cristianismo não se deu ao trabalho de conferir almas aos bovinos). O caso é que não conseguimos distinguir qualquer "sentido" que não seja simplesmente uma explicação supérflua para algo que não entendemos. Até onde podemos perceber, todas essas crenças sobre nosso "sentido" parecem ter seu início e seu fim no próprio indivíduo, mas mesmo assim resiste-se à afirmação de que sejam apenas crenças.

Não há razão para negarmos que pessoas se sintam especiais quando fazem o que gostam e são apreciadas por isso, e que tenham realmente um carinho sincero por suas ocupações. Indivíduos se sentem felizes, satisfeitos e realizados quando encontram seu "lugar no mundo". Porém, o que estamos sugerindo é que tais sentimentos talvez não tenham correspondência no mundo exterior, uma situação tão bem ilustrada pelos sentimentos religiosos. Nesse caso, não haveria necessidade de defender tais experiências intelectualmente. Bastaria vivê-las.

Se nos sentimos a pessoa mais forte do mundo, não se segue que sejamos. Se sentimos que a vida humana tem sentido, não se segue que tenha. Podemos percorrer nossas vidas inteiras acreditando que, porque sentimos isto ou aquilo, nossa existência tem sentido, ou que, porque tivemos esta ou aquela alucinação, vamos para o céu, mas o caso é que não há evidências para nenhum dos dois casos. Como tais "explicações" nada mais são que racionalizações daquilo que sentimos, elas ultimamente nada explicam. Podemos mesmo assim argumentar que somos mais felizes por acreditar em tais coisas, mas não é isso o que estamos discutindo. Certas pessoas são mais felizes acreditando que são espíritos que assumiram a forma de vertebrados. Tudo bem, felizes é possível que sejam, mas erradas é certo.

Noutro exemplo, um carteiro pode sentir que a entrega de encomendas é a atividade mais fantástica da existência. Porém, à exceção de um ou outro colega de profissão, ninguém compartilha de sua opinião. Para nós, que estamos do lado de fora, não é óbvio que isso não passa de envolvimento pessoal? Ele poderia inclusive escrever uma brilhante tese segundo a qual carteiros levam vidas mais dignas que meros não-entregadores, demonstrando uma inegável correlação entre sua profissão e elevados níveis de dopamina (um dos principais neurotransmissores no cérebro). Conseguiríamos levar a sério esse tipo de argumentação? Então por que levamos a sério a nossa própria versão, se é a mesma cantilena? Por que insistimos em levar adiante teorias pessoais para as quais sabemos que não há fatos? Assim como nosso carteiro, virtualmente todo indivíduo acredita em várias coisas a respeito da realidade que só se aplicam a ele próprio. Contudo, se nossa forma de ver o mundo não puder ser prevista independentemente com base na observação do próprio mundo, isso significa que, com nossas opiniões, estamos apenas inventando um mundo particular.

Para colocar a ideia de uma forma mais concreta, pensemos a respeito de alguém fazendo uma dieta, situação excepcionalmente boa para observarmos a mecânica do autoengano. O início é simples: o indivíduo decide perder peso por um motivo qualquer. Ele sabe que, para tanto, tem de consumir menos calorias do que gasta. Suponhamos que gastasse duas mil calorias diárias. Então, segundo seus cálculos, com três refeições diárias de quinhentas calorias, conseguirá perder o peso que deseja em alguns meses. Muito bem, ele começa sua nova dieta. Meses se vão, sem nenhum progresso. Contrata-se então um orientador pessoal para monitorar sua rotina diária e descobrir onde está o problema. O indivíduo toma o café da manhã, almoça e janta normalmente. Tudo como esperado. Porém, chegada a noite, ataca três barras de doce caseiro. O instrutor imediatamente chama a sua atenção a esse fato, mas o indivíduo responde que não, que as calorias daquelas barras não contam, pois são doces que come desde criança, feitos por sua avó, a qual é uma ótima cozinheira. "É coisa de família", diz-se ao instrutor, "tente entender a minha situação". Essa é a típica anatomia do autoengano: inventamos "teorias" que sem dúvida parecem fazer sentido em nossas cabeças, mas que nunca poderiam ser deduzidas a partir da própria realidade. A singularidade de nossa ótica é, portanto, a medida do autoengano.

Voltemos agora o olhar a nós mesmos. Perguntemo-nos o seguinte: nossas próprias vidas, se não fossem nossas, realmente nos despertariam qualquer interesse? Levaríamos a sério nossas próprias palavras, não fosse o caso de estarmos em nossas próprias peles, presos à condição de sermos quem somos? Poucos têm coragem de se colocar esse tipo de questão honestamente, mas o resultado geralmente revela que existe uma assimetria entre o que sabemos e o que sentimos.

Para ilustrar, suponhamos que fôssemos vendedores de sapatos. Vivemos afirmando como é interessantíssimo o processo de fabricação dos diversos modelos, todos com intrincados detalhes de costura e avançados sistemas de amortecimento. Após o trabalho, costumamos ir até nossas casas, passando o restante do tempo com filhos e esposa. Temos o *hobby* de colecionar selos. Agora suponhamos que, numa manhã, fantasticamente, acordássemos sendo outra pessoa, com outra vida à nossa frente, mas a pessoa original continuasse lá, em sua vida de sempre. É como se pudéssemos viver uma segunda vida fora de nós mesmos. Muito bem: nessa segunda vida, teríamos interesse na primeira? Daríamos atenção ao que ela faz? Estaríamos realmente interessados em saber sobre o último selo de sua coleção, ou sobre como tem sido duro suportar aquela unha encravada? Imaginemos a cena: enquanto caminhávamos pela rua, a primeira versão de nós nos avista, e vem se aproximando. Olhando para nós mesmos, pensamos: "Lá venho eu, e com certeza contarei a mim mesmo a velha história que conto a todos na primeira vez que os encontro, de que mais ou menos pelo horário do almoço sinto muita sede". Nossa reação mais comum seria pensar: "como minha vida é incrivelmente chata!"

Pensemos mais a respeito. Dizíamos a nós mesmos que nossa vida era muito interessante, mas, agora que nos vemos do lado de fora, e que podemos simplesmente dar as costas e partir em busca de outra ocupação qualquer, isso ainda se aplica? Não eram nossas vidas interessantes simplesmente porque não tínhamos escolha, porque nos forçávamos a acreditar nisso — e acreditávamos sozinhos? Isso fica óbvio se considerarmos o fato de que fazemos várias coisas que julgamos interessantes, mas que nunca consideraríamos interessantes se fôssemos outra pessoa. São dois pesos e duas medidas. É isso o que queremos dizer ao afirmar que o autoengano nos leva a criar uma "versão pessoal" da realidade. Nessa situação, aquilo que pensamos sobre a realidade não pode ser observado do lado de fora de nossas vidas, e isso nem mesmo aos olhos de outra pessoa, nem mesmo aos nossos próprios. Torna-se necessário acreditar numa série de noções equivocadas para "entender".

Por meio desse exercício, conseguimos *saber* que nossas vidas são pouco interessantes, mas ao mesmo tempo *sentimos* que são interessantíssimas. E é claro que, se fosse afirmado que nossas vidas são desinteressantes, nós nos defenderíamos dessa afirmação com unhas e dentes — mesmo sabendo que, se estivéssemos na pele do indivíduo, nós concordaríamos com ele. Noutras palavras, aquilo que sentimos só se aplica a nós, mas será defendido até o fim como se fosse um fato válido para todos. *Sabemos* que a vida é uma coisa, mas *sentimos* que é outra: temos aqui a diferença entre *conhecimento* e *fé*, e seu começo em nosso *interesse*.

Retomemos o exemplo do carteiro. Ele sente que sua vida tem sentido. No que consiste esse "sentido"? Exatamente no prazer que experimenta ao executar tal atividade, na sensação de que seus esforços valem a pena, que foi a razão pela qual escolheu tal profissão. Ou seja, a razão é o próprio prazer, mas nós queremos que o prazer tenha "sentido", que tenha "explicação", como se pedíssemos satisfações ao nosso estômago pelo prazer de uma boa refeição. O caso é que não há por que pensar que a satisfação precise ser defendida em termos intelectuais, como se entregar encomendas fosse uma "profissão superior", mas é o que fazemos: racionalizamos nossa dopamina e a transformamos numa ideologia de carteiros.

Portanto, quando nos recusamos a aceitar argumentações sobre o "valor intrínseco" disto ou daquilo, ou sobre o valor da vida humana em geral, não estamos negando aquilo que o indivíduo sente, mas a contraparte intelectual que inventou para tentar explicar aquilo que sente (*e.g.* após uma experiência pessoal com deus, buscamos demonstrar sua existência por meio do argumento cosmológico. Ou: depois de sofrer um acidente, finalmente "entendemos" o valor da vida. Ou: depois de adoecer, então "percebemos" o valor da saúde. Ou: porque temos planos para o final de semana, teorizamos que a vida tem sentido).

Isso tudo é tão insólito quanto encontrar uma religião numa caixa de comprimidos. A sensação de que a vida tem valor não depende de acreditarmos que ela tem valor. Pelo contrário, é a partir dessa sensação que construímos um sistema de crenças que "explica" tais sensações, mas poderíamos explicar essas sensações em quaisquer outros termos, como "vontade de potência" ou como "sangue do espírito" ou como "energia lero-lero". Tanto faz. Seja qual for nossa explicação, ela será só um simbolismo gratuito para um mesmo processo fisiológico que ignoramos.

A ideia é que não precisamos comprometer nosso entendimento da realidade simplesmente para justificar as circunstâncias de nossas vidas pessoais, que só dizem respeito a nós. A "história" que inventamos para explicar nossas vidas é apenas isto: uma história que inventamos para explicar nossas vidas. Como somos máquinas, nada do que fazemos tem realmente significado, mas nós fazemos questão de inventá-los, e é assim que passamos a viver rodeados de nossos próprios fantasmas, sendo deus apenas o mais famoso deles.

Que se busque, pois não, a felicidade. O indivíduo pode buscar sua satisfação à vontade. Pode dedicar-se intensamente àquilo que extrai o melhor de suas capacidades. Pode ser feliz e tornar felizes os indivíduos ao seu redor. Todos gostam de pessoas assim. Suponhamos, para fins de ilustração, que o indivíduo tenha alcançado seus objetivos: faz o que gosta, tem satisfação pessoal, vive uma vida feliz. Não é o suficiente? Por que a necessidade de acreditar que isso tenha relação com algum "sentido"? Por que a necessidade de fingir que temos alguma "missão" neste planeta? Pois não temos nenhuma, e sabemos disso. Se quisermos inventar que temos uma missão, como quem dá em suas próprias costas um tapinha motivacional, tudo bem, mas isso só mostra que a razão é um tapa.

✳ ✳ ✳

Tais exemplos bastam para ilustrar como o niilista se coloca naquilo que abor da. É bastante visível que não se trata de algo orientado à prática, como normalmente se supõe, como se niilistas talvez buscassem através da indiferença uma justificação para a imoralidade. Pelo contrário, a proposta do niilismo pode ser mais bem descrita como um esforço para desembaraçar nosso entendimento daquilo em que precisamos acreditar para viver, e essa compreensão, por ser impessoal, possui um caráter evidentemente amoral. Assim, longe de representar uma revolta gratuita contra o homem, trata-se apenas de uma tentativa de trazer à luz nossos próprios exageros, distinguindo em que pontos a parcialidade se insere em nossa compreensão. Naturalmente, seria de se esperar que muitos se ofendessem por lançarmos um olhar inquisitivo sobre assuntos tão "sagrados". Talvez daí a tendência de niilistas serem vistos como "inimigos do homem", como é normal ateus serem vistos como "inimigos de deus". Contudo, de nossa parte, só podemos dizer que a dúvida nunca fez mal à ciência.

Retornando agora à questão anterior sobre definição, talvez tenha ficado mais claro, ao longo deste segundo capítulo, o quanto o niilismo é uma posição aparentada do ateísmo. Como sugerimos, o niilismo pode ser entendido como uma descrença mais ampla, dentro da qual o ateísmo é um ponto relativamente "especializado". No ateísmo, só voltamos nossos olhares céticos a questões relativas à religiosidade. Porém, no niilismo, voltamos nossos olhares inquisitivos a absolutamente qualquer coisa: seja ela uma religião, um valor moral, a vida, o homem ou mesmo a própria existência. Não importa. Nada será aceito que não possa explicar-se de forma clara e transparente, independentemente de seu valor prático.

Conforme avançamos, o resultado inevitável desse tipo de questionamento é perceber que o homem não participa da realidade em qualquer sentido fundamental, contrariando nossos sentimentos pessoais de importância. Pelo nosso próprio modo intuitivo de perceber a realidade já misturada às nossas necessidades, esperávamos naturalmente encontrar indícios de nossa própria humanidade na constituição da existência, mas não encontramos. O homem busca a si próprio na realidade e não encontra, passando a chamar essa falta de si mesmo nas coisas de "vazio da existência". Tal compreensão mostrou-se algo bastante difícil de administrar, sendo essa a razão pela qual se resiste não apenas ao ateísmo, mas principalmente ao niilismo, ainda que ambos sejam fortemente respaldados pelos fatos.

3. NÃO HÁ EVIDÊNCIAS

O que pode ser afirmado sem provas também pode ser rejeitado sem provas. — Christopher Hitchens

Até aqui, estivemos ocupados em explicar o que é o niilismo, mas ainda não fizemos nada para demonstrá-lo. Como isso pode ser feito? Bem, na verdade não pode. Ao menos não diretamente. A inexistência de deus, pelos mesmos motivos, também não. Por tratar-se de uma posição negativa, o niilismo em si mesmo não tem nenhuma proposição que precise ser demonstrada. Sua validade depende apenas de determinadas ideias serem falsas.[8] Naturalmente, uma demonstração positiva do niilismo é impossível devido ao problema das negações universais: seria preciso termos um conhecimento perfeito de toda a realidade para rejeitarmos qualquer ideia em definitivo. Então, sendo razoáveis, tudo o que podemos fazer é basear nossas opiniões nas evidências.

Por essa lógica, se não tivermos evidências para fundamentar uma hipótese, a descrença estará automaticamente justificada — não em caráter definitivo, mas em caráter provisório, como o melhor que podemos fazer com base no conhecimento atual. Então, sem evidências, o mais sensato é não acreditar: a descrença é, portanto, a *posição cética padrão*.

Mas o niilismo não é, justamente, uma descrença? Nessa ótica, ele corresponderia, não a algo realmente novo, mas apenas a uma formulação mais incisiva da velha proposta de "não crer sem evidências", com a qual sempre concordaram os bons espíritos céticos, desde David Hume até Carl Sagan.

Assim, poderíamos entender o niilismo como uma posição cética padrão levada às suas consequências mais amplas, isto é, *existenciais* — e, nesse âmbito, não acreditar em nada para o qual não haja evidências.

Basta, então, direcionarmos à existência o mesmo ceticismo que direcionamos às pseudociências e às alegações religiosas, e chegaremos ao niilismo que temos aqui defendido. Aplicado à religião, o ceticismo conduz ao ateísmo; aplicado à existência, conduz ao niilismo. A lógica do raciocínio, como se vê, é bem simples.

A proposta de "não crer sem evidências" parece um bom critério para nortear nossas noções de realidade. Contudo, como poderíamos saber para que ideias há evidências ou não? Naturalmente, essa é uma questão difícil, mas é para isso que temos ciência. Não precisamos reinventar a roda.

A ciência é a melhor ferramenta à nossa disposição para distinguir entre fatos e ficção, e lembremos que o método científico visa justamente compensar as deficiências cognitivas naturais do ser humano, que nos levam a "florear" o mundo. Então, se nosso objetivo for realmente *conhecer* a realidade, e não simplesmente buscar segurança em obscuridades metafísicas, a ciência parece decididamente o

---

8. Temos aqui um critério de falseabilidade: para refutarmos o niilismo, basta demonstrar as ideias que ele rejeita, a saber, que nossa existência teria algum valor intrínseco ou alguma finalidade (que existamos "por alguma razão" ou "para algum fim"). Trata-se do mesmo critério do ateísmo: bastaria demonstrar a existência de deus, e o ateísmo estaria automaticamente refutado.

melhor caminho a ser tomado.

No que toca o mundo natural, a ciência já faz por nós o papel de selecionar as hipóteses mais condizentes com os fatos. Porém, em questões metafísicas — como a "importância humana" —, cabe ainda a nós discernir como interpretar as evidências. A interpretação niilista, como já observamos, consiste em supor que, como apenas processos naturais contribuíram para nossa existência, não somos mais que parte do mundo natural — e, como o mundo natural não tem significado, nem valor, nem sentido, nós também não.

Tal ideia, como se nota, não é mais que aplicar rigor científico também às questões metafísicas. Claro que a ciência não pode responder indagações metafísicas diretamente — por não estarem sujeitas à experimentação —, mas pode, por exclusão, indicar-nos quais probabilidades têm de ser verdadeiras. Noutras palavras, podemos usar o conhecimento do mundo natural para delimitar nossas "especulações selvagens" no campo metafísico.

Assim, basta pensar da seguinte forma: que fatos a respeito da realidade nos levam a pensar que exista algo como um "valor da vida"? Nenhum. Que fatos a respeito da realidade nos levam a pensar que exista algo como uma "razão" para existirmos? Nenhum. Então que sentido faz procurarmos uma "razão" em nossas vidas? Nenhum. É assim que a maior parte das "grandes questões" desaba sob o peso de sua própria inconsistência.

Podemos ainda pensar no niilismo em termos de parcimônia, lembrando-nos da navalha de Occam: recorrer às hipóteses mais simples, desde que deem conta de descrever os fatos suficientemente bem. O que é mais provável: que exista um sentido incompreensível, que se esconde da observação — algo supérfluo em termos explicativos, que não se manifesta no mundo natural, mas que de alguma forma "está lá" —, ou que esse sentido simplesmente não exista? É provável que estejamos certos acerca desse "sentido", se nem conseguimos explicar como viemos a saber de sua existência? Ora, se nossas vidas são perfeitamente compreensíveis em termos naturais, sem qualquer "sentido", então não parece haver necessidade de recorrermos a hipóteses tão rebuscadas quanto um sentido que, ao mesmo tempo em que existe, não deixa disso absolutamente nenhum vestígio.

✳ ✳ ✳

Tais princípios gerais são suficientes para entendermos por quais mecanismos o niilismo pode ser estabelecido (ou refutado). Percebamos, ainda outra vez, que a lógica que respalda o niilismo é essencialmente a mesma que respalda o ateísmo, bem como qualquer posição sensata: só devemos acreditar em algo se houver bons motivos (*i.e.* evidências).

Assim, se alguém afirma que há um deus, recai sobre ele o dever de fornecer provas — e, sendo incapaz de fazê-lo, estará automaticamente justificada a descrença. Então, se outrem afirma que a vida tem sentido, por que deveríamos fugir à regra? Não deveríamos. Porém, talvez pelo fato de o niilismo ser uma posição pouco comum — ao menos oficialmente —, em geral se assume que o ônus da prova caberia ao niilista. Contudo, é tão pouco razoável pedir ao niilista que demonstre positivamente a inexistência de sentido como é pouco razoável pedir ao ateu que prove definitivamente a inexistência de deus (ou ao teísta, a de Zeus).

Retornemos ao óbvio: por que o ateu não acredita em deus? Porque não há evidências. Por que o niilista não acredita que a existência tenha uma finalidade? Porque não há evidências. Mas não poderia haver uma finalidade? Bem, é claro que poderia. Bem como deus poderia existir. Mas não há evidências. Como o ônus da prova cabe à parte afirmativa, não há nada de "exagerado" na alegação do niilista, como não há nada de exagerado na alegação do ateu. Isso nos permite perceber que niilistas não são dogmáticos em sua descrença — ou ao menos não precisam ser. Assim como ateus deixariam tranquilamente de lado a descrença em deus se houvesse evidências de sua existência, se num momento futuro forem encontradas provas de que nossa existência tem alguma "finalidade", então deixaremos de ser niilistas. Só não parece razoável apostarmos nisso de antemão, como quem abraça gratuitamente uma suposição igualmente gratuita apenas porque ela nos conforta.

Entendendo a lógica da descrença niilista nesses termos, vemos que a ideia de uma "finalidade existencial" não é rejeitada com base em algum "pessimismo filosófico", mas com base nos fatos e no bom senso.

Mesmo assim, talvez se imagine que esses "fatos" de que falamos devam ser algo muito complexo, exigindo anos de estudo para entendermos do que se trata — mas não é esse o caso. Longe de serem complicados, esses fatos são na verdade elementares, e estão ao alcance de praticamente todos. Basta abrirmos qualquer enciclopédia geral para vermos que tudo o que sabemos sobre a realidade indica que nossa existência não tem nenhuma razão de ser.

O niilismo, então, está respaldado nos fatos. E isso significa que, se quisermos defender que a existência humana tem algum "sentido", teremos de *prová-lo*. Não basta simplesmente basearmos tal afirmação no efeito salutar do otimismo. Teremos de explicar que sentido é esse, e como viemos a *saber* de sua existência — e isso ninguém nunca fez. Então, se a vida não tem sentido, sentido não há. Fim da

41

CAP. 3 I · OS FUNDAMENTOS DO NIILISMO

história.

Por outro lado, alegar que o sentido da vida é uma questão "pessoal" equivale a afirmar que não se trata de questão alguma: só de um pote vazio em que se despeja uma fé qualquer. Se a mera fé pessoal fosse suficiente para estabelecer algo, a existência de deus já estaria mais que demonstrada. Qualquer indivíduo pode acreditar que a vida tenha algum sentido — a sua ou a vida em geral —, assim como pode crer que dias atrás conversou com um espírito desencarnado. Não estamos colocando em questão o direito dos indivíduos de acreditar no que bem entenderem. Porém, acreditar e saber são coisas distintas: e, se se quer discutir o sentido da vida em termos de crença, então não há nada a ser discutido. A coisa toda toma o aspecto de um pretexto para abraçarmos nossas quimeras (um expediente necessário quando nos falta a crença em deus para autorizá-las por nós).

* * *

Uma vez recobremos o bom senso, o niilismo nos parece algo sumamente óbvio, chegando a ser difícil entender a razão de tanta controvérsia. Ainda assim, antes de passarmos ao próximo tópico, parece oportuno aproveitarmos o teor da discussão atual para tecer algumas observações sobre a psicologia da *inversão do ônus da prova*, explicando como essa falácia é utilizada para proteger nossas estimadas noções de "sentido" e de "valor".

Como se sabe, em debates sobre a existência de deus é comum que os defensores da criação especial recorram à manobra de colocar sobre os céticos o dever de refutar uma proposição para a qual não há provas. A forma geral do raciocínio é a seguinte: o indivíduo diz, por exemplo, que existem duendes. Porém, em vez de fornecer provas disso, limita-se a afirmar que ninguém é capaz de provar a inexistência de duendes. Assim, o fato de não haver como refutar sua proposição é entendido como um ótimo indício da existência de duendes (por presumir que, se não houvesse duendes, seria muito fácil provar sua inexistência). Logo, a teoria encontra-se plenamente justificada: duendes existem.

Para evitar escatologia, deixemos de lado o aspecto formal desse raciocínio, focando apenas o psicológico. Notemos, de início, que a inversão do ônus da prova é uma estratégia essencialmente evasiva, para a qual só partimos quando precisamos defender uma posição para a qual não há fatos: aqui, o indivíduo não está preocupado em *conhecer*, mas apenas em defender-se, em evitar ser refutado. Nessa "defesa", nunca há qualquer motivação real de investigar a questão mais a fundo, nunca há traços de curiosidade genuína, pois é como se o indivíduo "já soubesse tudo o que há para se saber".

Para exemplificar essa postura de desinteresse, imaginemos a seguinte situação: saímos de viagem por uma semana e, ao retornar, encontramos marcas de entrada forçada na porta de nossas casas. Qual seria nosso pensamento primário diante disso? Presumivelmente, que *alguém* forçou a entrada, e que, se isso foi necessário, não se tratava de alguém de nossa confiança, que teria a chave. Além disso, para dar-se ao trabalho, e pelo risco envolvido, o invasor deveria ter em mente algum tipo de compensação, sendo então razoável presumir que desejava furtar os pertences mais valiosos que encontrasse. Essa seria a reação típica de um indivíduo que realmente *quisesse* entender a situação, mesmo sem possuir todos os fatos à sua disposição. Agora imaginemos que outro indivíduo, ao encontrar-se na mesma situação, reagisse da seguinte forma:

Bem, como eu poderia provar que tais marcas de arrombamento não foram causadas pelo vento? Tudo bem que, aparentemente, a casa foi invadida por um assaltante com um aparente pé de cabra, levando aparentemente alguns de meus bens, mas essa seria também a mais simplista das suposições. De minha parte, pensar assim é muito sem graça. Prefiro dar uma interpretação pessoal ao problema. Lembremos que o conhecimento humano é limitado, e que há mais coisas entre o céu e a terra do que sonha nossa vã filosofia. A cada vez que descobrimos um fato, isso é apenas o prelúdio de uma nova decepção quando descobrirmos que essa verdade estava errada ao encontrarmos ainda outra verdade que eventualmente se mostrará errada também. Então, se a verdade é que não há verdade alguma, não seria melhor relaxar e acreditar no que bem entendermos?

O indivíduo, assim, inventará os mais diversos pretextos para adiar e despistar a investigação, negando-se a contemplar a "mera hipótese" de que sua casa tenha sido roubada, ao menos até que haja provas incontestáveis de que é impossível, absolutamente impossível, que o vento tenha arrombado sua porta de entrada com um pé de cabra. Enquanto não provarmos tudo com o rigor delirado pelo indivíduo, ele simplesmente permanecerá de braços cruzados, supondo estar justificado em acreditar no vento como a causa do incidente.

Pode parecer improvável que o vento tenha levantado um pé de cabra no ar e o arremessado repetidamente contra minha porta, mas considere a hipótese alternativa: qual é a chance de justamente aquele indivíduo, dentre bilhões de outros, ter escolhido, dentre tantos dias, justamente aquele e, dentro daquele dia, justamente aquele instante e, dentre tantas casas, exatamente a minha, entrando precisamente por aquela porta? Sua credulidade me tira o fôlego, senhor! Isso sim é esperar um milagre do acaso! Se a teoria do vento parece improvável, a teoria do assaltante é praticamente uma nova forma de definir o impossível.

A discussão se segue sem nenhum progresso significativo, mas enfim encontramos algo que aparentemente dará fim à controvérsia: uma câmera de segurança recentemente instalada na casa do vizinho, por sorte, havia sido posta num ângulo que cobriria também uma parte da fachada da casa à frente, que foi a assaltada. Nosso debatedor não se mostra sequer entusiasmado pela ideia, mas nós queremos pagar para ver. Então vamos até a casa do vizinho e pedimos gentilmente que nos ceda uma cópia dos registros da câmera naquela data específica, e ele o faz com toda a vontade. Ótimo. Assistimos ao vídeo e, como pensávamos, lá estava: um indivíduo vestindo um capuz aproxima-se lentamente e, portando um pé de cabra, força a entrada; segundos depois, vemos algumas luzes dentro da casa se acendendo e, em aproximadamente vinte minutos, o indivíduo parte com duas sacolas cheias. Em nossa inocência, pensamos que isso encerraria a questão, mas o que ouvimos é o seguinte:

Isso é o que parece ter acontecido se tomarmos uma abordagem limitada, baseada puramente numa visão reducionista da realidade. O mundo é muito mais que fatos naturais. Observe o vídeo mais atentamente: está vendo que, ao mesmo tempo em que ele arromba a porta, há folhas movendo-se naquela árvore logo ao lado? Parece-me muito mais provável que o homem tenha sido apenas uma forma que o vento encontrou de expressar-se sem que houvesse a necessidade de ser tão impetuoso a ponto de quebrar as janelas de minha casa, que havia trocado recentemente. Nota como tudo se encaixa? Essa é a única explicação que consigo aceitar, pois a ideia de que um homem poderia tomar a decisão de invadir a minha casa por processos naturais é simplesmente ridícula. Prefiro acreditar que o vento levou-o até lá para proteger as janelas. Agora, por que o vento desejaria arrombar minha porta? Esse ponto ainda exigirá reflexão, mas quem disse que tudo seria fácil de entender?

O caso já deve ter ficado suficientemente claro, e ilustra como a postura de inversão de ônus da prova é sintomática de quem deseja paralisar a investigação. Nesse tipo de situação, como o indivíduo já sabe qual é a "verdade", basta que se proteja dos argumentos contrários, e terá alcançado seu objetivo, que é continuar acreditando numa hipótese para a qual não há fatos.

Muito bem, essa foi a primeira parte de nosso argumento. Agora, tendo esse modelo em mente, acompanhemos o percurso que a "importância humana" fez ao longo dos tempos. Inicialmente, o ser humano acreditava que havia sido criado por algum tipo de fantasma supremo, um ser mágico que animava o mundo. O universo todo era nosso planeta, que era nossa casa, feita para nós pelo fantasma. Nesse esquema, qual seria o sentido da vida? Qual seria o valor da vida? Bem, tais coisas nunca foram exatamente claras para nós, mas, como éramos a criação dessa força cósmica, que tem consciência, estávamos certos de que havia resposta a tais questões. Que importava se só as descobríssemos depois da morte? O importante é que elas existem. Além disso, se a referida força quisesse que soubéssemos antes, teria nos dito antes, e essa forma de pensar nos acalma. Então, mesmo não sabendo tudo, sabemos o essencial: nossa vida tem valor porque essa força nos ama e tem sentido porque ela tem um plano para nós.

Acrescente-se a isso termos descoberto que o planeta em que estamos é apenas mais um entre vários outros, e que ele gira em torno de uma estrela que é apenas mais uma entre centenas de bilhões de outras, as quais constituem apenas mais uma galáxia entre centenas de bilhões de outras. A pergunta é inevitável: por que tão pequenos? Não se sabe; mas isso, pensamos, é problema de criadores, não de criaturas. Apenas *parecer* insignificantes não é problema, pois sabemos que não somos, já que deus nos criou. Como sabemos? Porque não há outra explicação para a origem da vida. Corrigindo: não havia. Agora conseguimos entender razoavelmente bem por quais mecanismos a matéria inanimada pode gerar compostos orgânicos com capacidade de autorreplicação, os quais são o estopim para que a vida se inicie, e a partir disso o processo todo se automatiza por meio da seleção natural.

Tudo bem, parece razoável. Mas isso só diz respeito à matéria. Nenhum problema se deus não criou nossos corpos, pois criou o mais importante: nossas almas. É o único modo de explicar nossa consciência, que por sua vez demonstra nossa origem divina. Não foi com agrado que recebemos a notícia de que nossa consciência, nossos sentimentos, nossos pensamentos, nossas habilidades de construir, de sonhar, de criar, tudo isso está respondendo diretamente àquilo que acontece em nossos cérebros, que são processadores de informação, tendo evoluído com o objetivo de guiar nossos corpos pelo ambiente. E não é só: temos isso tudo explicado em apostilas ilustradas e de fácil leitura, vendidas em qualquer banca de jornal.

Nesse ponto, já não parece haver saída. Voltamo-nos a nós mesmos e confessamos: bem, a ideia de que um fantasma criou o mundo num estalo de dedos realmente não passou de fantasia, resultado de termos tentado explicar o mundo sem realmente entendê-lo. Tendo hoje condições de explicar a vida em termos naturais, a ideia de uma criação sobrenatural parece realmente pífia.

Agora perguntemo-nos: onde exatamente isso situa a ideia original de sentido da vida? Que resta dela? Tais coisas parecem apenas um efeito colateral dessa visão religiosa do mundo, algo que foi sendo adaptado ao longo dos tempos para adequar-se aos fatos, até chegarmos ao ponto de adotar uma versão naturalizada do "plano divino" como explicação de nossas vidas — para nada dizer de seu "amor".

Sabemos que nossa espécie evoluiu por acaso, ao lado de incontáveis outras, sem qualquer distinção. Porém, ainda julgamos válido levar adiante esses modelos explicativos antiquados, típicos do pensamento medieval. Olhamo-nos no espelho e pensamos: "Acho que minha existência tem sentido, e esse sentido é... bem, agora não é nada, mas será, assim que eu o inventar! E o valor disso está bem claro nesta carta de valores assinada por nós mesmos, na qual juramos solenemente que somos importantes".

Que restou do sentido? Um sentido inventado. E do valor? Um valor inventado. Isso equivale a afirmar que deus existe porque nós o inventamos. Assim se ilustra como a questão do "sentido" e do "valor" é mantida viva por nós desnecessariamente. São ideias mortas, falidas, que não dizem mais nada, que deveriam ter sido abandonadas juntamente com a hipótese religiosa, mas que continuam a ser preservadas por motivos puramente emocionais, a despeito da incompatibilidade cada vez mais patente com a realidade conhecida.

4. QUE É SENTIDO?

Nasci em um tempo em que a maioria dos jovens havia perdido a crença em Deus, pela mesma razão que os seus maiores a haviam tido — sem saber por quê. E então, porque o espírito humano tende naturalmente para criticar porque sente, e não porque pensa, a maioria desses jovens escolheu a Humanidade para sucedâneo de Deus.
— Fernando Pessoa

Até este ponto, temos discutido sobre o "sentido da vida" em termos gerais, sem nos preocuparmos em definir a ideia de forma mais precisa. Porém, como grande parte das discussões sobre niilismo perde-se exatamente nesse detalhe, seria útil delinearmos um significado mais claro. Feito isso, voltaremos nossa atenção à fronteira entre ateísmo e niilismo, comentando alguns pormenores.

A expressão "sentido da vida" pode ser usada significando várias coisas. Por exemplo: "finalidade da vida" (o que se busca com isso tudo?); ou "razão de ser da vida" (por que estamos aqui?); ou "justificativa da vida" (a troco de quê viver?). De início, o mais importante é determinar em que acepção se emprega a palavra "sentido". Em português, tendemos a interpretar "sentido" como indicativo de finalidade (*e.g.* qual o sentido de chutar um cacho de abelhas? Noutras palavras: *para que chutá-lo?*). Contudo, parece uma abordagem limitada perguntar pelo sentido da vida apenas em termos de finalidade.

Se buscarmos saber como se coloca essa mesma questão em inglês, toparemos com a expressão *meaning of life*, cuja tradução literal seria "significado da vida", remetendo a um questionamento que não subentende, ou ao menos não enfatiza, a noção de finalidade (para isso usaríamos algo como *what's the point* ou *goal* ou *purpose*). Assim, numa linguagem mais clara, que usaríamos no dia a dia, poderíamos traduzir *what's the meaning of life?* como *o que quer dizer estar vivo?*

Até aqui, tudo o que fizemos foi levantar significados. Agora, para ver um pouco além das fronteiras linguísticas, tentemos formular a questão de modo que a resposta satisfizesse falantes de ambas as línguas. Se procurarmos por pontos de convergência, veremos que o "quer dizer" do inglês é compatível com a "razão de ser" do português: ambas as formas de colocar a questão remetem em comum à ideia de procurarmos a "razão" pela qual estamos vivos. Notemos ainda que essa abordagem abrange ao mesmo tempo a *causa* e o *objetivo* da vida, parecendo a interpretação mais representativa também quanto àquilo que *se deseja saber*, visto que a resposta nos remeteria a um panorama geral de nossas vidas.

Para nossos fins, isso é suficiente. O termo "sentido" será então usado para significar "razão de ser" (tornando, portanto, intercambiáveis as expressões "sentido da vida" e "razão de ser da vida"). Agora, apenas para assegurar que essa é uma interpretação adequada do termo, pensemos numa questão cotidiana qualquer. Suponhamos que fôssemos criadores de cães, e quiséssemos colocar a nós mesmos a questão sobre o sentido daquilo que fazemos. Perguntaríamos: "qual o sentido da criação de cães?" Porém, se perguntássemos "qual a razão de ser da criação de cães", não daria no mesmo? Se sim, pensemos então: que resposta daríamos a esse tipo de pergunta? O que o indivíduo *quer saber* ao por essa interrogação? Não é exatamente por que *motivo* se criam cães? Então a pergunta é sobre que *causas* (*i.e.* efeitos exteriores ao ato de criar cães) determinam o *fim* que perseguimos no presente. Coincide com o perfil da questão sobre o sentido da vida: queremos uma *explicação geral* que nos mostre onde a criação de cães se encaixa. Parece razoável.

✶ ✶ ✶

Do ponto de vista conceitual, a pergunta pelo "sentido" pode ser bipartida no *sentido da vida* (por que estamos aqui?) e no *sentido pessoal da vida* (por que estou aqui?). Dentro disso, a noção de sentido pode ser entendida como algo *objetivo* (que independe do sujeito), ou como algo *subjetivo*.[9]

Portanto, mesmo que tenhamos esclarecido o que queremos dizer com a palavra *sentido*, ainda precisamos especificar essas outras duas variáveis para delimitar a abrangência de nossa explicação, bem como apontar como entendemos a natureza básica desse sentido (*i.e.* seu modo de existir). Claro que, ao organizar o assunto dessa maneira, pretendemos apenas ser didáticos, pois essa questão costuma ser abordada de forma demasiado vaga.

Pois bem, se cruzarmos as duas variáveis, teremos quatro possibilidades lógicas. Descrevamos brevemente cada uma delas.

1. Sentido objetivo. A humanidade como um todo possui um propósito (*i.e.* uma razão de ser) que não depende dela para existir. Essa visão associa-se a perspectivas sobrenaturalistas, segundo as quais o sentido da vida seria determinado por algum "plano divino".[10]

2. Sentido subjetivo. Falamos de metas que a humanidade como um todo estabelece para si mesma. Perseguindo tais metas, e norteada por ideais comuns, a existência humana ganharia um propósito do qual todos participam. O sentido da vida diria respeito então à colaboração nesse projeto geral.

3. Sentido pessoal objetivo. Um sentido que só diz respeito a nós mesmos, mas que deve ser descoberto, não criado. Normalmente é descrito como a busca do indivíduo por sua "vocação", na suposição de que esta já se encontre previamente "fixada". É uma postura defendida por sobrenaturalistas, pois subentende que tenhamos todos um "destino pessoal" escrito nas estrelas.

---

9. Talvez se relermos *subjetivo* como "sujeitivo" [sic] ficará mais claro que o termo subentende uma relação de dependência com um sujeito.

10. Se pensarmos no "sentido da vida" como perpetuação genética, ele também se encaixa aqui. Porém, neste momento consideraremos apenas o ponto de vista do organismo.

4. Sentido pessoal subjetivo. Se quisermos que nossas vidas tenham sentido, temos de criá-lo com nossas próprias mãos. Isso exige de nós uma abordagem positiva, uma constante busca por valores e por novas formas de organizar a experiência humana. Porém, nada disso é entendido como algo que nos transcende.

Como dissemos, são quatro possibilidades *lógicas*. Agora, para saber se são também possibilidades *de fato*, teremos de analisar quais delas são compatíveis com a realidade que conhecemos. Naturalmente, por estarmos abordando a questão de um ponto de vista científico, podem-se descartar logo de início as hipóteses envolvendo um sentido objetivo, independente da condição humana. A realidade conhecida não dá margem a interpretações supersticiosas. Eliminam-se assim os itens 1 e 3.

Agora prossigamos. Se entendermos por "sentido" a capacidade humana de inventar seu próprio destino, de construir uma razão de ser para sua própria existência, significando que, ao ocupar-se, explorar seus potenciais, relacionar-se umas com outras, as pessoas sejam capazes de conduzir vidas emocionalmente satisfatórias, sendo isso o que confere sentido às suas existências, então temos aqui uma perspectiva segundo a qual nossas vidas podem ter sentido, bastando que o criemos. Essa é, em geral, a postura defendida pela maioria dos ateus.

Por outro lado, se supusermos que a existência humana só teria sentido se este existisse por si mesmo, independentemente de nossa condição e de nossas escolhas, então só poderíamos encontrá-lo por meio das hipóteses envolvendo um sentido objetivo. Porém, como vimos, as únicas possibilidades de sentido objetivo limitam-se a crendices. Então, por um lado, não há como distinguir qualquer sentido objetivo no mundo natural. E, por outro, não aceitamos a noção de que o sentido possa ser criado por nós mesmos. Dentre as quatro possibilidades, ficamos sem nenhuma. Assim, a ótica segundo a qual a existência humana só teria sentido se este fosse objetivo, aliada ao ateísmo, é a que nos conduz ao niilismo.

Há então um modo de entender a questão segundo o qual a existência humana pode ter sentido (se o criarmos), e há outro modo de entendê-la segundo o qual não há nenhum. Logo, a conclusão depende de como entendemos o "sentido", e como já tivemos o cuidado de explorar e organizar as possibilidades logo de início, o cenário final está bastante claro.

Assim, para justificar o niilismo, teremos de explicar por que rejeitamos a ideia de que o sentido possa ser criado. Então, por quê? As pessoas não conseguem viver perfeitamente bem sem a necessidade de um sentido objetivo? Não são capazes de escolher elas próprias como conduzir e organizar suas vidas? E isso não equivale a afirmar que *criam* seu próprio sentido? Pelos motivos que se seguem, nossa resposta é *não*.

✳ ✳ ✳

Enquanto niilistas, é óbvio que não negamos a possibilidade de levarmos vidas emocionalmente satisfatórias ao perseguir as metas que estabelecemos para nós mesmos. Que isso nos ocupa, não temos dúvida. Que dá sentido a algumas de nossas ações, concedemos sem problema. Contudo, afirmar que ações orientadas a um fim deem sentido às nossas vidas, às nossas existências: isso parece o típico salto de fé otimista. Para ilustrar melhor esse ponto, acompanhemos a seguinte narrativa:

Temos o mundo, e o mundo é sem sentido. Temos dois indivíduos que só existem, também sem sentido. Eles tiveram um filho, sem-sentidinho. Agora, para criar seu filho sem sentido, o casal sem sentido procura um emprego sem sentido. O filho cresce e, para dar orgulho aos seus pais sem sentido, decide entrar numa faculdade e seguir uma carreira sem sentido, a qual servirá para que tenha condições financeiras de criar seu próprio sem-sentido familiar.

Agora multipliquemos essa ideia por dois bilhões: eis o mundo. Ainda que possamos encontrar relações de sentido entre os indivíduos da história, é forçoso dizer que suas vidas "herdam" o sentido de suas ações. Por exemplo, o sentido de o filho entrar na faculdade é dar orgulho aos seus pais. O sentido de eles trabalharem é permitir que isso aconteça. Mas o abismo é logo ao lado: a própria vida dos pais não tem sentido, tampouco a do filho. Nossas vidas permanecem sem sentido, e a única coisa que pode ter sentido são nossas ações, e isso apenas relativamente uns aos outros (*i.e.* socialmente). Noutras palavras, nossas vidas são sem-sentidos conectados por relações de sentido, e isso não ajuda muito. Como nossas vidas não se reduzem às nossas ações, não se justifica que tomemos o sentido de uma coisa pelo da outra.

Isso afeta nossas vidas práticas? De modo algum. Conforme indivíduos apoiam-se uns nos outros, criando complexas redes de relacionamento, criam-se também complexas redes de sentido, e isso possibilita que vivamos muito bem, com a sensação de que a coisa toda tem "fundo", ainda que não tenha. Se conseguimos viver muito bem assim, ótimo, mas os fatos não mudam: o sentido está nas relações e nas ações que se subordinam a elas, não nas vidas. Para vermos a razão disso, basta lembrar que não se visa a nada ao viver: visamos a isto e àquilo apenas *para* viver, enquanto vivemos, como quem tem uma ocupação paralela, um *hobby* ao qual se dedicar enquanto não chega a próxima geração. Isso acontece porque a vida, em si mesma, não se presta a nada, e o sentido que damos às nossas ações, por se orientar somente à manutenção dessa vida, dá com os burros n'água da mesma forma. Logo, faça-se o que se fizer, o sem-sentido da vida permanece, pois corremos uns pelos outros, porém sem que isso nos leve a parte alguma.

Como se nota, quando nos perguntamos sobre o sentido da vida, nosso desejo é saber se nossas vidas têm uma relação de sentido *independente* de nós: "uma razão pela qual estamos vivos" no sentido de "uma razão pela qual o filho vai à faculdade". Em suma, se há uma "razão maior" atravessando a coisa toda. E a resposta é *não*. A vida não tem relação com nada: é só um acidente natural perdido nos cafundós de uma galáxia irrelevante. Portanto, que a vida não tem sentido em si mesma, todos parecem estar de acordo. Mas como isso poderia ser mudado? Criar um sentido objetivo está além de nossas possibilidades. Mas o que dizer da iniciativa de colocar em seu lugar um protético subjetivo que nos leva a responder sobre o que está dentro quando se pergunta sobre o que está fora? No melhor dos casos, isso é apenas desconversar.

Naturalmente, não há dúvida de que relações humanas podem dar sentido às nossas ações, mas a questão nunca foi essa. Se quiséssemos saber sobre o sentido de nossas ações, perguntaríamos "qual o sentido de nossas ações?", e a resposta seria óbvia a todos. Mas queremos saber o da vida. Contudo, quando colocamos a questão "qual o sentido da vida?", dificilmente queremos dizer "quais são os valores e planos que construí para minha vida?" Ora, se nós construímos nosso próprio sentido, isso significa que já sabemos qual é. Então, se fosse isso o que quiséssemos saber, nunca teríamos sequer nos perguntado sobre o sentido da vida.

Mas nós nos perguntamos, significando que não é sobre o "sentido subjetivo" que queremos saber. A proposta de descobrir o que nós mesmos criamos não tem sequer nexo, pois saberíamos desde o princípio. E a incongruência é flagrante demais para ser ignorada. Tal forma redundante de perguntar pelas coisas — qual a cor do verde que vejo? — é simplesmente estranha à nossa forma natural de pensar. Porém, pensemos: onde é comum encontrarmos esse tipo de inconsistência? Em cenas de crime trabalhadas para "contar uma história diferente". Contudo, nesse processo, nem sempre conseguimos orquestrar tudo corretamente: o caminho que nossos pés fazem sem pensar, nossa inteligência só muito sofrivelmente acompanha. Nem sempre pensamos em tudo. Detalhes ficam para trás, como esse que acabamos de notar. Tal adulteração parece indicar que, às escondidas, a questão foi intelectualmente retrabalhada para nos despistar. Por quê? Ao que tudo indica, esse "sentido subjetivo" aborda a questão de uma forma distorcida exatamente para compensar pela resposta negativa em relação ao "sentido objetivo", que era o que buscávamos originalmente ao levantar a questão do sentido da vida. Então a coisa toda seria apenas um rodeio para que pudéssemos dar uma resposta "positiva" ao problema.[11]

Contudo, a busca pelo sentido da vida sempre foi uma tentativa de encontrar a razão pela qual estamos todos aqui, neste planeta, sobre duas pernas e sob um céu estrelado, não uma tentativa de encontrar algo para fazer. Então, para sermos mais claros, traduzamos a questão básica nos seguintes termos: *o que estamos fazendo aqui?* Responder "estamos fazendo o que quisermos" é simplesmente fugir do assunto. Queremos saber se há alguma razão *para estarmos aqui*. Sendo isso o que se quer saber, a única resposta honesta para a questão será esta: *não estamos fazendo nada*. Estamos aqui por motivo nenhum, pois o universo nos criou sem intenção. Somos um acidente, e acidentes não têm sentido por definição. O que mais poderíamos dizer?

Portanto, *primeiro:* um sentido subjetivo que precisa ser criado para suprir a carência de um sentido objetivo implica que a vida, em si mesma, nunca teve nenhum dos dois. *Segundo:* um sentido que pudesse ser criado subjetivamente não seria realmente um sentido *da vida* — pois, para dar um sentido à vida, haveríamos de tê-la criado como algo que se subordina a um fim previamente estabelecido por nós. *Terceiro:* qualquer sentido subjetivo restringe-se àquilo que podemos criar e controlar, portanto às nossas ações e relações. Logo, *quarto:* o sentido da vida não pode ser subjetivo.

Esse parece o único modo honesto de abordar o assunto, não havendo possibilidade de termos sido "excessivamente rigorosos", pois agimos dessa exata maneira em todas as questões que não tenham sido viciadas pelo excesso de prevenção. Para termos uma prova, basta nos perguntarmos, por exemplo: *qual é o videogame da vida?* Nossa reação imediata será pensar: *ora, mas a vida não tem videogame algum! Que ideia maluca!* Soaria simplesmente desonesta a resposta: "aquele que criarmos", como soa desonesto afirmar que o sentido da vida é o que criarmos. Fica evidente o que se tenta justificar com tal postura defensiva.

---

11. Não podemos deixar de registrar o quanto nos enche de desgosto que essa mentalidade de autoajuda tenha se infiltrado na filosofia.

Para uma ilustração final, suponhamos que a humanidade houvesse passado milênios em busca de um tesouro enterrado num baú. Século após século, não se medem esforços para encontrar o tesouro com o qual sempre sonhamos. Por um golpe de sorte, nós finalmente achamos o baú. Abrimos. Está vazio. Um pouco desapontados, dizemos a nós mesmos: *bem, o tesouro nunca existiu.* Diante de uma cena tão triste, certo indivíduo sente seu coração encher-se de compaixão, e busca uma forma de nos consolar. Responde então com otimismo: *claro que existe! Você só precisa trabalhar, trocar seu salário por ouro, depositá-lo no baú ano após ano, ensinando também seus filhos a fazer o mesmo, e assim o tesouro passará a existir!*

Isso resume o caráter insatisfatório da postura segundo a qual o sentido da vida pode ser "criado subjetivamente", deixando claro que não passa de uma tentativa fútil de nos consolarmos. Se compramos um presente para nós mesmos, não podemos por meio disso nos gabar de ser muito queridos. Igualmente, se precisamos criar um sentido, é porque não há nenhum. Nunca houve. Nessa situação, admitir que a vida não tem sentido parece a única postura intelectualmente honesta.

✳ ✳ ✳

Tragamos agora o debate à intersecção entre ateísmo e niilismo. Muitos ateus dizem não ser niilistas por acreditar na possibilidade de criarmos um sentido subjetivo para nossas vidas. Mas o que exatamente isso quer dizer? Tal argumento parece apenas um subterfúgio, pois, como foi dito, ninguém nega que tenhamos a capacidade de ocupar nossas vidas com uma sequência lógica de atividades emocionalmente satisfatórias. Só um doido de pedra acreditaria que pessoas socialmente engajadas e produtivas, na verdade, não são engajadas nem produtivas porque pessoas assim não existem, visto que a existência humana não tem sentido em si mesma. Entender o niilismo dessa forma não é apenas risível, é também um claro indício de má-fé. Ora, é demasiado óbvio que podemos fazer algo útil de nossas vidas, mas o caso é que *em nenhum momento* a discussão girava em torno disso, em torno do "potencial criativo do homem". Ninguém levantou dúvidas sobre nossas potencialidades ou sobre nossa (in)capacidade de ser felizes em nossos próprios termos, tornando esse um critério absolutamente irrelevante para servir como divisor de águas entre ateus e niilistas. Falávamos de nossa condição existencial básica: logo, a resposta terá de ser dada nesse mesmo nível.

Para evitar repetições desnecessárias, apenas resumamos o tratamento acima dado à questão, que é a seguinte: *qual a razão de ser da vida?* Há algum motivo para existirmos? Uma razão pela qual estamos aqui? Até onde sabemos, a resposta é *não*. Então qual o sentido da vida? *Nenhum* — e, antes que se replique que o sentido "pode ser criado", lembremos que não foi isso o que se perguntou, e que o próprio fato de a questão *ter sido colocada* impede essa interpretação. Portanto, considerando que falamos do sentido *da vida*, parece simplesmente patético reinterpretar a questão toda, dando a ela uma significação irrelevante, somente para que se ajuste à única possibilidade factual restante, que é o "sentido subjetivo". Isso equivaleria a escolher *cara*, lançar ao alto uma moeda e, vendo o resultado desfavorável, afirmar que na verdade queríamos dizer *coroa*.

Quem não era niilista por esse motivo tem agora um motivo a menos. Afirmar que não somos niilistas porque o sentido é uma construção humana equivale a afirmar que não somos ateus porque deus é uma construção humana. Ele existe em nossas cabeças: logo, o ateísmo está refutado. Levemos adiante ambos os argumentos, ou nenhum deles.

✳ ✳ ✳

Resta analisarmos uma última questão: se a vida não tem sentido, por que simplesmente não o dizemos? A maior parte dos ateus, em vez de afirmar que a vida não tem sentido, prefere defender a tortuosa existência desse "sentido subjetivo". Por quê? Do que exatamente estamos nos protegendo ao argumentar dessa maneira evasiva? Como surgiu essa situação em que somos levados a defender uma posição tão constrangedoramente frágil?

Uma hipótese é que os ateus tenham se colocado nessa situação no processo de se defenderem de acusações de "imoralidade" e "vazio existencial" por parte dos religiosos. Como se sabe, é comum que ateus sejam caricaturados como figuras imorais, infelizes e vazias. Diante disso, nada mais natural que tentarmos nos defender. Porém, ao nos apressarmos em demonstrar, do modo mais singelo possível, que ateus podem ser morais e que suas vidas podem ter sentido, há a tendência de colocarmos de lado a resposta mais correta, se esta for mais difícil de ser defendida, para favorecer uma posição dúbia, desde que nos faça vencer o debate. Parece ter sido o que aconteceu.

Essa interpretação forçada para a questão do sentido parece, então, ter sido elaborada simplesmente como uma manobra defensiva, de modo que o ateu tivesse como rebater a afirmação de que sua vida não tem sentido. Claro que a distorção original é criada pelo próprio teísta na forma como coloca seu argumento, dando a entender que a falta de sentido objetivo (por deus não existir) de algum modo implicaria uma falta de sentido subjetivo (vida miserável). Sabemos que esse não é o caso, pois muitos ateus levam vidas perfeitamente satisfatórias. Assim, para validar nossa posição, bastaria que tivéssemos à mão alguns dados estatísticos sobre a qualidade de vida dos ateus. Porém, na pressa de nos defendermos de uma objeção mal colocada, lançamos um ataque na direção errada: contra o teísta, em vez de em favor da realidade. Priorizando a imagem pública, não espanta que se tenha acabado numa posição tão frágil.

Tendo em vista mais esse detalhe, confirma-se não haver qualquer motivo respeitável para considerarmos uma interpretação tão tendenciosa da questão do sentido da vida. Até onde podemos perceber, no que toca o ateísmo, trata-se meramente de uma pressão política para varrermos para debaixo do tapete os fatos que poderiam prejudicar a imagem pública dos descrentes, receosos de se verem "acusados" de niilismo.

✳ ✳ ✳

De um modo geral, quanto mais analisamos as razões pelas quais se resiste ao niilismo, mais percebemos que se trata de preservar reputações, não de encontrar verdades. Se nos parece improvável que uma posição filosófica razoável seja sistematicamente evitada por pressões sociais, basta observar que essa é a única razão pela qual existem aqueles que se denominam *agnósticos* (em vez de existirem apenas ateus). Para dizer o mínimo, o agnosticismo é filosoficamente redundante, sendo adotado por tantos na única esperança de escapar dos preconceitos reservados aos ateus. Então, como ambos os casos são virtualmente idênticos, parece bastante razoável supor que ateus protegem-se do niilismo pelo mesmo motivo que agnósticos protegem-se do ateísmo: receio do estigma social.

Considerando a imagem que se faz do niilismo, isso é compreensível. Ninguém, pelo motivo que for, aceitará calmamente ver-se associado a algo que sumariza tudo o que há de indesejável: pessimismo, desespero, anarquia, rebeldia, desordem, imoralidade, delinquência, alienação, apatia, sarcasmo, arrogância, cinismo. Deus nos proteja! Mas, evidentemente, essa é uma imagem preconceituosa do niilismo. Não está baseada no comportamento de *pessoas reais* que pensam dessa forma, mas em meros devaneios a respeito do que pensamos que faríamos se fôssemos essas pessoas.

Que a imagem do niilismo é péssima, isso é fato. Contudo, a questão é a outra: há algo que *justifique* essa imagem? Em primeiro lugar, se julgássemos o ateísmo com base na imagem pintada pelos seus opositores, chegaríamos à conclusão que ateus são simplesmente um bando de criminosos imundos. Se sabemos que não estão certos a respeito dos ateus, por que estariam a respeito dos niilistas? É ridículo que a imagem dos niilistas seja ditada pelos que repudiam essa postura sem sequer entendê-la. Em segundo lugar, em termos de validade, tudo o que se tem contra o niilismo é um ataque pessoal: um *ad hominem* puro, por meio do qual nem mesmo se toca a questão de o niilismo ser verdadeiro ou não. Equivaleria a tentar refutar a Teoria da Relatividade com base no fato de Einstein ter roubado bananas na venda da esquina, e isso sem que as tivesse roubado. A ideia é que, se não pudermos refutar nossos oponentes, bastará difamá-los: se associarmos uma imagem suficientemente detestável aos nossos adversários, chegará um ponto em que ninguém mais lhes dará ouvidos. O mesmo resultado que se os tivéssemos refutado, porém sem fosse preciso termos razão.

5. ATEÍSMO IMPLICA NIILISMO?

As opiniões defendidas apaixonadamente são aquelas para as quais não há boas justificativas. — Bertrand Russell

Em geral, ateus esforçam-se grandemente em demonstrar que o niilismo não se segue do ateísmo, mas será esse o caso? Esse esforço em proteger-se não parece sugerir exatamente o contrário? Que estão muito próximos?

O certo é que, se o ateísmo não goza de uma imagem social muito boa, o niilismo não é sequer ouvido, descartado de antemão como uma espécie de doença mental. Entre religiosos, seria previsível essa reação. Contudo, não é muito claro o porquê da resistência que o niilismo encontra em círculos ateístas. Para entendermos ao que nos referimos, vejamos esta passagem de George H. Smith, um conhecido defensor do ateísmo:

> *O ateísmo traz essas ideias [moral, felicidade] de volta à Terra, ao alcance da mente humana. O que o indivíduo faz com elas após este ponto é uma questão de escolha. Se descartá-las em favor do pessimismo e do niilismo, a responsabilidade será sua, não do ateísmo.*

Há sempre esse desprezo velado pelos niilistas, como se estivessem de algum modo "do lado de lá" e por conta própria. Os que se "afundam" no niilismo são como um soldado inutilizado por exaustão de combate. Nossa tendência é pensar algo como: "Enlouqueceu, a pobre alma! Mas que isso nos sirva de lição!" Ironicamente, ateus costumam ver niilistas como "ovelhas desgarradas pelo excesso de racionalidade", mas não é exatamente assim que o religioso vê o ateu — como um monstro com coração de pedra? Nessa altura, será automático pensarmos: "mas aqui a racionalidade não importa!" Exatamente o que o religioso diria de deus. Bem sintomático, não? Lembremos as palavras de Russell.

Assim, espera-se que o ateu seja decididamente racional quanto a deus, mas, ao mesmo tempo, também se espera que permaneça emocionalmente comprometido com certos valores morais que não se explicam, nos quais "ter fé" se converte magicamente numa coisa boa. Porém, se aplicarmos a mesma lógica que direcionamos à religião a esses valores, eles não desmoronam com a mesma e exata facilidade? É o que estamos tentando dizer. Tudo o que nos "protege" do niilismo é essa espécie de apelo quase-religioso à preservação da crença em certos dogmas morais que paradoxalmente sabemos não ter fundamentos, mas que mesmo assim "respeitamos" ou defendemos "por decência" (ou qualquer outro motivo dessa categoria).

Portanto, mesmo que a transição do ateísmo ao niilismo seja perfeitamente justificável em termos racionais, resiste-se feroz e incompreensivelmente. Como já indicamos, o modo como ateus resistem ao niilismo é bastante parecido com o modo como religiosos resistem ao ateísmo — *i.e.* apaixonadamente —, e isso dá margem a possibilidades um pouco perturbadoras acerca de nossa incapacidade de ser voluntariamente lúcidos. Mas essa é uma hipótese pessimista. Talvez simplesmente desfazer os mal-entendidos seja suficiente para restaurar o niilismo como uma posição intelectualmente respeitável. Então mãos à obra.

✳ ✳ ✳

É curioso perceber que são geralmente religiosos os que apontam o niilismo como uma consequência do ateísmo, e talvez não devêssemos descartar essa ideia antes de uma análise mais cuidadosa, pois em geral temos dificuldade em encontrar sozinhos as falhas em nossos pontos de vista. Daí a importância de aprendermos a ouvir nossos adversários com atenção, pois eles se dedicam incansavelmente a encontrá-las. Como dizia Wilde, *só os inimigos dizem a verdade; amigos e amantes, apanhados na teia da obrigação, mentem sem parar.*

Religiosos são famosos por suas argumentações delirantes, mas isso só costuma ocorrer em pontos críticos, quando se veem sem saída. Teístas não são gratuitamente desmiolados, como alguns parecem supor. Para entendermos sua situação, imaginemos que tivéssemos um *ótimo* motivo para defender a existência de deus. Por exemplo, sequestram um membro de nossa família e, se não defendermos o teísmo, ele será executado. Ponto final. Isso nos dá uma ideia bastante clara da posição do teísta. Não se trata realmente de uma escolha pessoal, mas de uma ameaça que o arrebata: ele está emocionalmente coagido a defender sua postura em função de um compromisso alheio à questão da verdade (exatamente como nós estaríamos, por defendê-la apenas para proteger nosso ente querido). Assim como o teísta, teríamos a necessidade de permanecer absolutamente "cegos" em certas questões para nos protegermos, e teríamos de partir à difamação gratuita quando tudo o mais falha. Nessa situação, não importa se deus existe, não importam as evidências, pois nosso interesse é puramente prático, e atravessa a questão por um eixo que não se centraliza no valor da verdade. Vista desse ângulo, a cena toda não fica muito mais clara?

Assim, se quisermos ter uma imagem mais realista dos religiosos, basta imaginá-los como ateus que foram forçados a defender a existência de deus desde a infância (e em regra é literalmente isso o que ocorre). Tal perspectiva nos dará um modelo muito mais concreto com o qual trabalhar, em vez de simplesmente supor que lhes falta metade do cérebro. O que lhes falta é apenas imparcialidade. Basta observar com que lógica cirúrgica teólogos defendem os absurdos mais treslouca-dos para perceber que sua razão não está embotada: está apenas vendida.

Naturalmente, como não há evidências em seu favor, o religioso está em geral ciente de que precisa trabalhar com uma abordagem diferente para estabelecer sua defesa, e isso inclui minar a argumentação de seus adversários. Assim, se houver alguma fraqueza a ser explorada na argumentação do ateu, é previsível que o religioso vai apontá-la — e uma delas é a desconfortável proximidade com o niilismo. Salientá-la não é exatamente o que faríamos se estivéssemos em sua situação? Pois é o que ele faz, e não se justifica presumir que, apenas porque são nossos opositores, devam estar errados em tudo o que dizem — não antes de encontrarmos a falha em sua argumentação. Claro que, como deus não existe, geralmente é esperado que haja alguma falha em sua linha de raciocínio. O problema parece ser que, nesse caso, não havia.

Muito bem, o "ataque" é lançado: *uma vez não se acredite em deus, não há como escapar do niilismo — logo, ateus são todos uns lunáticos ensandecidos que não acreditam em nada, são niilistas, e matariam criancinhas para servir de almoço!* Diante disso, como já sugerimos, não é possível supor que, ao serem acusados de "niilismo" em termos tão revoltantes, a reação defensiva por parte dos ateus tenha sido precipitada e, por fim, terminado por evoluir até um preconceito? Pois os ateus parecem resistir ao niilismo, não porque ele não faça sentido, mas porque a ideia lhes é colocada na forma de um insulto, subentendendo que esse tipo de descrença faria deles pessoas vis e sem escrúpulos.

Uma vez ofendidos, é natural uma reação indignada. Todavia, não é contra o niilismo em si que se indignam, mas contra a ofensa pessoal. De qualquer modo, o caso é que, uma vez tenhamos nos livrado da "acusação" de niilismo, ninguém se dá ao trabalho de desfazer a confusão original, segundo a qual niilistas são tais "lunáticos ensandecidos", e assim a imagem preconceituosa se consolida também no imaginário dos ateus — mas isso apenas porque o niilismo foi introduzido na discussão de uma forma deturpada, como um insulto.

Naturalmente, ninguém gosta de ser insultado. Contudo, rejeitar o niilismo como postura filosófica apenas com base nisso, no fato de sua imagem ser ruim, seria estreiteza mental. Basta lembrarmos que, nesse particular, o materialismo possui uma imagem similarmente ruim. Isso é um bom motivo para o rejeitarmos? É um argumento em favor do sobrenaturalismo? Claro que não: é simplesmente um preconceito.

Assim, em poucas palavras, estamos sugerindo que o ateísmo implica niilismo, mas que o niilismo não implica imoralidade, como supuseram os religiosos ao armar o ataque.[12] Nessa situação, não haveria razão para ateus "se protegerem" do niilismo. Porque, se o niilismo está correto, a ideia de nos protegermos dele faz tanto sentido quanto tentarmos "nos proteger" da gravidade ou da evolução das espécies.

✷ ✷ ✷

Notemos ainda que, ao repudiar o niilismo, ateus não estão apenas evitando confrontar-se com as questões mais importantes levantadas pelo ateísmo, mas literalmente negando-as. Ao defender, por exemplo, que ateus podem ser "boas pessoas", supõe-se que assegurar uma boa imagem aos ateus é tudo o que há para se pensar em termos de moral, e essa é uma visão tacanha. É de se supor que ateus deveriam ser ateus porque estão preocupados com a verdade — do contrário, poderiam simplesmente ser religiosos não-praticantes, que são virtualmente ateus,

---

12. E finalmente a falha aparece!

porém sem que isso prejudique sua imagem social. Como observou Smith:

A conclusão à qual quero chegar a respeito do ateísmo é esta: o ateísmo só é importante quando visto nesse contexto mais amplo que denominarei o "hábito de racionalidade". O ateísmo é significante apenas se e quando resulta desse hábito de racionalidade. A criança americana que cresce para ser uma batista apenas porque seus pais eram batistas, e nunca pensa criticamente a respeito de tais crenças, não é necessariamente mais irracional que a criança soviética que cresce para ser ateia simplesmente porque o Estado diz que deve. O fato de que, nesse particular, a criança soviética está certa é irrelevante. O importante não é o que alguém acredita — ou o conteúdo —, mas por que alguém acredita. Então a questão da racionalidade diz respeito à preocupação com a verdade, à metodologia do raciocínio correto. Apenas porque uma pessoa adere ao ateísmo, isso não garante — acreditem — que essa pessoa é necessariamente racional.

Aquilo que faz do ateísmo uma proposta interessante é exatamente a possibilidade de sermos honestos, de basearmos nossa visão de mundo na realidade. Se defendemos a liberdade intelectual, é exatamente para podermos seguir as evidências aonde quer que elas nos levem, sem a necessidade de mentir sobre aquilo que pensamos. Se, agora, para sermos ateus, precisamos mentir coletivamente quanto às implicações dessa postura, e isso apenas para proteger reputações, estaremos perdendo de vista a proposta inicial, que era alcançar a verdade, não o prestígio.

Pensemos a respeito. Não seria muito mais interessante se realmente entendêssemos nossos valores? Queremos dizer *realmente* entendê-los, em vez de apenas defendermos a ideia vaga de que devemos "acreditar em alguma coisa moral", abraçando este ou aquele princípio por conveniência, quase como um religioso não-praticante abraça deus somente para que não lhe encham a paciência — essa não parece uma proposta tão interessante, estimulante e desafiadora quanto o ateísmo?

Essa é a proposta do niilismo. Assim como abandonamos a crença em deus, abandonaríamos a crença em valores. Não para nos tornarmos imorais, mas para nos tornarmos livres para entendê-los imparcialmente. Se, depois desse processo, voltarmos a abraçar os mesmos valores, dessa vez será pelos motivos certos. Contudo, se eles não voltarem a se levantar, não será isso uma boa coisa também? *Livrar um homem do erro é conceder, não retirar,* dizia Schopenhauer.

* * *

Feitos os comentários introdutórios, tentemos agora entender de que maneira ateísmo implica niilismo. Primeiramente, perguntemos: por que se acredita em deus? Lembremo-nos de que foi o homem quem inventou deus. Por quê? Por vários motivos, mas principalmente para que isso nos valorizasse indiretamente. A crença em deus nada mais é que o corolário de nosso amor-próprio: criamos deus para nos fazermos importantes. Como não podíamos simplesmente nos "declarar" importantes, inventamos um ser mágico que o fazia. Parece crasso, mas funciona, revelando que há necessidades emocionais em jogo, que há algo de psicologicamente confortante em acreditar que a vida faça parte de um "grande esquema", mesmo não fazendo. É presumível que nossos motivos para acreditar em tais coisas não devam ser muito dignos, e talvez remetam ultimamente a algo como medo da solidão, à necessidade de segurança, ou a algo similar, pois o fato é que nunca acreditaríamos nesse tipo de "explicação" apenas por motivos racionais, como se realmente nos "ensinassem" algo sobre a realidade: qualquer criança percebe a fragilidade das ideias religiosas nos primeiros meses de catecismo. Nós nos deixamos enganar. Isso é evidente. Resta entender o porquê.

Pois bem, o homem utiliza deus para assegurar seu próprio valor. Segue-se que, ao rejeitar deus, o homem está indiretamente rompendo os laços com aquilo que dava valor e sentido à sua vida, rompendo com a visão idealizada que havia construído para si mesmo, e é óbvio que, na transição ao ateísmo, isso não poderá ser preservado, ao menos não nesse mesmo formato. Um homem sem deus não pode simplesmente "acreditar em si próprio" no sentido em que acreditava em deus, fingindo que sua autoimagem permaneceu intocada nesse processo, pois estaria mentindo para si mesmo. A questão, portanto, não é apenas descobrir que deus não existe. Temos de chegar à raiz do problema: por que nós o criamos?

Se nos fizermos essa pergunta, veremos que a criação de deus foi apenas um efeito colateral de nossas necessidades emocionais, e nós teríamos de encará-las algum dia, mesmo sendo ateus. Isso porque, uma vez abandonemos a crença em deus, essas necessidades não desaparecem simplesmente, pois não foi a religião que as criou. Assim, será preciso encontrar outro modo de lidar com elas, e a forma que a maioria encontra consiste em simplesmente continuar acreditando em *tudo* o que se acreditava antes, menos em deus. O problema é que muito do que em geral se acredita tem deus por pressuposto, mas fazemos vista grossa por conveniência, para nos pouparmos. Adaptamos nosso pensamento apenas superficialmente, e assim sucede que muitos dogmas religiosos "migram" e permanecem vivos, mesmo entre ateus. O conforto proporcionado por essa "descrença parcial" é a razão pela qual se resiste à descrença total. Essa é a questão que o niilismo nos coloca, e que muitos julgam difícil aceitar, pois é mais conveniente continuar acreditando nos valores "por eles mesmos", como quem tivesse uma fé vestigial.

✳ ✳ ✳

Da fé ao niilismo, talvez pareça uma transição monumental, mas, assim como o ateísmo, o niilismo não costuma ter repercussões significativas sobre nossas vidas práticas. "Como alguém pode viver sem deus?", perguntam-se os religiosos. Ora, simplesmente vive-se. Deus é supérfluo. "Como se pode viver sem acreditar em nada?", perguntam-se os ateus. Ora, simplesmente vive-se. Ter fé é supérfluo.

Claro que, mesmo sem acreditar em deus, ou sem acreditar em nada, continuamos orientando nossas vidas em torno dos conceitos de "sentido" e "valor", e esse era um resultado previsível, pois gostamos de sentir que nossas vidas têm sentido e que nossos esforços têm valor. Então, curiosamente, mesmo não acreditando que a vida tenha valor, *continuamos* sentindo que tem. Contudo, como isso é possível? Como podemos continuar sentindo que a vida tem valor, se já não acreditamos nesse valor? A razão disso é simples: a realidade não depende daquilo em que se acredita.[13]

Tal independência entre ambas as coisas parece indicar que não era a fé o verdadeiro fundamento desse valor — ou melhor, dessa "sensação de valor". Pelo contrário, essa fé servia apenas para "dar forma" àquilo que todos sentimos em nosso íntimo, independentemente daquilo em que se acredita — isto é, independente dos modelos simbólicos que utilizamos para interpretar nossa vida interior.

Assim, uma vez descrentes, em vez de negarmos as necessidades emocionais que a crença satisfazia como "meras tolices", ou de abraçarmos o mais depressa possível uma explicação alternativa qualquer apenas para "ocupar" o lugar deixado vago, nossa sugestão é que revisemos toda a nossa visão de mundo cuidadosamente, começando por entender o que realmente são esses impulsos que sentimos, não em termos simbólicos, mas em termos literais.

Lembremo-nos, por exemplo, de como o homem evoluiu. De como nosso sistema límbico, o centro das emoções, é primitivo se comparado ao neocórtex, o do pensamento. De como nossa necessidade de segurança foi importante à nossa

---

13. Como observou, brilhantemente, Philip K. Dick: *Realidade é aquilo que não desaparece quando paramos de acreditar.*

sobrevivência, e como ela oblitera frequentemente nossa racionalidade, e que o fato de sentirmos que o ser humano é importante "além da razão" só pode ser possivelmente explicado por isso — pois é assim que a realidade que conhecemos funciona. Pensemos a sério: somos animais comuns, realmente comuns, e não há a menor chance de sermos "de fato" importantes.

Então, na medida em que conseguirmos entender, em termos biológicos, como se origina essa necessidade de nos sentirmos importantes e seguros, deixaremos ao mesmo tempo de sentir a necessidade de inventar uma "explicação" para isso. Ou seja, não precisaremos mais "acreditar" ou "ter fé" que o homem é importante por este ou aquele motivo, pois conseguiremos entender a própria razão, o *mecanismo* pelo qual o homem se sente importante. E isso, ao mesmo tempo em que legitima nosso sentimento de importância em seus próprios termos, como algo exclusivamente prático, também liberta nossa inteligência para enxergar ambos os lados da equação, pois ela não estará mais ocupada em inventar "explicações pessoais" para aquilo que sentimos.[14]

Nessa altura, ao discutir, por exemplo, a respeito da importância humana, já não sentiremos a necessidade de "tomar partido", exatamente porque a explicação que temos para isso não é mais a "nossa explicação", mas a simples e incontornável realidade de que temos circuitos cerebrais que nos levam a ser assim. Quando, pelo contrário, nossa explicação é inventada, sem base nos fatos, é inevitável que nossa inteligência precise envolver-se em sua defesa, exatamente porque precisa advogar em favor de algo pessoal, que só diz respeito a nós (*i.e.* "as nossas verdades"). Por isso entender nossas necessidades emocionais em termos físicos nos livra de um grande fardo: o de ter "ideologias" que justificam em termos simbólicos aquilo que não entendemos em termos literais.

Assim como Cioran disse "sinto que sou livre, mas sei que não sou", nós sabemos que não somos importantes, mas sentimos que somos. Entender essa assimetria é a essência da presente questão. Uma vez tenhamos assimilado essa ideia também em termos emocionais, deixando de nos sentirmos incomodados por não poder "provar" algo que, no fundo, sempre foi um sentimento (e não um conhecimento), teremos dado um passo decisivo em direção ao niilismo, que é dissociar

---

14. Por exemplo, como quando tentamos "explicar" nossa sensação de "contato com o cosmos" por meio da crença em deus (e note-se como a crença está, também nesse caso, estreitamente subordinada àquilo que sentimos, como se estivéssemos tentando explicar aquilo que existe por meio de racionalizações daquilo que sentimos).

nosso intelecto — *i.e.* nossas "teorias explicativas" — de nossas necessidades emocionais. Nessa situação, em vez de dar uma significação intelectual à sensação de importância humana — inventando, por exemplo, "um deus que morreu por nós" ou defendendo que "a vida humana é sagrada" —, nós simplesmente entendemos tal importância como entendemos nosso fígado: está lá para cumprir uma função biológica, não para fazer sentido.

Tais reflexões ilustram como é valioso conhecer nosso mundo interior, e isso ficará ainda mais claro se lembrarmos que foi exatamente a maneira infantil como o homem expressou seu desejo de sentir-se valorizado e protegido que conduziu à criação de deus. Portanto, em vez de negar a existência de tais necessidades, é aconselhável que nos demos ao trabalho de entendê-las, pois a familiaridade com tais impulsos é também a chave para compreendermos a razão pela qual o ser humano inventa tantas fábulas sobre si mesmo e sobre sua relação "especial" com o mundo. Ao mesmo tempo, entender tais necessidades racionalmente, buscando satisfazê-las em seus próprios termos, parece uma abordagem muito mais saudável que arquitetar rodeios metafísicos para satisfazê-las às cegas.

Antes de terminar, lembremos uma vez mais que nada há de errado em sentirmos que nossas vidas têm valor; nada há de errado em sentir que nossas existências têm sentido. O problema está apenas em confundir tais sensações com conhecimento: *saber* que a vida tem valor equivaleria a afirmar que esse valor pode ser *descoberto*. Então, se pode ser descoberto, significa que não é criado: pertenceria, portanto, ao mundo natural, e isso simplesmente não tem respaldo algum em evidências. Tais ideias funcionam muito bem no que diz respeito à vida prática, porém, sempre que tentamos justificá-las racionalmente, somos levados à construção de quimeras metafísicas — e são apenas elas que o niilismo recusa, não os sentimentos.

✳ ✳ ✳

Se houve alguma lição a ser aprendida nesse processo, é que não devemos comprometer nossa inteligência com nossas necessidades emocionais. Nosso conhecimento diz respeito à compreensão da realidade, não à justificação de necessidades práticas. Assim, tudo o que o niilismo rejeita é o sentido e o valor do homem enquanto *fatos*, enquanto *explicações* para o mundo, não enquanto desejos. Nessa ótica, o "sentido da vida" é algo que ocupa o mesmo lugar, digamos, da amizade ou do amor: passa a fazer parte do universo dos anseios humanos, mas não do mundo natural.

Ainda que o niilismo tenha um efeito penetrante sobre como enxergamos nossos valores, ele não os muda: não há implicações diretas sobre nosso comportamento, apenas sobre como vemos nosso comportamento. Essa é a razão pela qual o niilismo nunca poderia servir de guia às nossas ações, pois ele traça e aprofunda justamente a marca divisória entre *saber* e *viver*, entre teoria e prática. Assim, por exemplo, quando dizemos que "a vida humana não tem valor em si mesma", não se trata de uma afirmação no sentido *prescritivo*, significando que talvez devêssemos nos comportar com base nisso — como se a "lição" fosse que devemos permanecer indiferentes a crimes, por exemplo, ou tratá-los como banalidades. Mesmo porque, quando afirmamos que o homem é parente dos macacos, não estamos sugerindo que voltemos a viver em árvores. Ao fazer tal afirmação, queremos apenas dizer que o valor da vida humana não encontra respaldo no mundo natural, sendo então lógico concluir que se origina de nossa biologia, de nossos cérebros.

Mesmo assim, não é estranho que, apesar de todas essas convulsões em nossa forma de ver o mundo, nossas vidas práticas permaneçam virtualmente inalteradas? Isso porque mudaram apenas nossas *explicações* para a realidade, enquanto a realidade mesma permaneceu o que sempre foi: física. Se a ideia que fazemos de nossos intestinos não influencia a digestão, por que a ideia que fazemos de nossa natureza deveria influenciá-la? Acredite-se no que se acreditar, a vida permanece a mesma, pois não são nossas "explicações" que determinam a realidade.

Isso nos revela que a "destruição" pela qual o niilismo é célebre ocorre apenas intelectualmente, em nossa forma de ver o mundo, não no próprio mundo. O "aniquilamento" consiste no fato de que nosso antigo modo de conceber o ser humano entrou em colapso, e apenas isso. O problema todo gira em torno do doloroso processo de aceitar a morte de nossas crenças sem sucumbir à tentação de criar novos fantasmas (algo comum quando tentamos "reaproveitar" os modelos antigos).

Então, recapitulando, não podemos continuar acreditando:

1. No valor da vida, se esse valor vinha de deus.

2. No sentido da vida, se esse sentido era um plano divino.

Partindo da inexistência de deus, tais implicações são óbvias, e é difícil imaginar como alguém poderia ter qualquer dificuldade em entendê-las. Contudo, temos de lembrar que a razão pela qual se acredita em deus não tem relação alguma com intelectualidade ("um fantasma que mora no céu" dispensa comentários), e o mesmo se aplica às razões pelas quais se acredita no "valor da vida humana" (outro fantasma). O problema é, e sempre foi, o custo emocional desse processo de "reajuste".

Vendo a questão desse ângulo, torna-se compreensível que inclusive ateus por vezes se aferrem de um modo claramente dogmático à figura humana. Logicamente, como não podem recorrer à crença em deus, recorrem alternativamente a superstições envolvendo a "santidade do homem" ou a "afirmação da vida", e isso basicamente não quer dizer nada: é apenas uma forma circular de dizer que queremos que as coisas sejam assim porque temos fé que devem ser. Aliás, se prestarmos alguma atenção, veremos que era exatamente isso o que fazíamos por meio da crença em deus: validar a circularidade de nossas crenças sobre nós mesmos. Nessa ótica, fica claro por que tais crenças nunca tiveram, nem poderiam ter, qualquer capacidade explicativa.

✳ ✳ ✳

Ateísmo implica niilismo? Se formos minimamente rigorosos, sim. Para que o ateísmo não implicasse niilismo, teríamos de demonstrar que o sentido e o valor da vida humana não derivam simplesmente de crenças do homem sobre si mesmo, mas que podem ser demonstrados como fatos naturais, como algo independente de nós e daquilo em que acreditamos. Se tais parâmetros exteriores são inexistentes, o niilismo está automaticamente demonstrado, pois já o situamos como a *posição cética padrão.*

Parece óbvio que deus não existe. Se, mesmo tendo abandonado essa hipótese tão estranha à realidade, ainda assim permanecemos abraçados aos destroços dessa visão, só podemos dizer que isso é lamentável. Talvez o que nos intimide nessa perspectiva seja exatamente o quanto pesa sermos livres para julgar até os assuntos mais importantes, como nosso próprio valor. Contudo, não podemos simplesmente fingir que a questão não nos diz respeito. Isso seria agir como crianças que já não somos.

Mesmo sendo esse um processo por vezes duro, não parece haver motivo para temermos o niilismo. Porque, ao admitir as implicações do ateísmo, chegando a reconhecer o desamparo do homem em termos existenciais, estamos apenas nos livrando de entulhos metafísicos, limpando o terreno para reconstruirmos nossa visão de mundo, não com base em "explicações", mas com base no próprio mundo.

6. TEORIA E PRÁTICA I

Não há fatos morais, apenas uma interpretação moral dos fatos.
— Friedrich Nietzsche

Se o niilista não acredita no valor da vida, por que ele não se mata? Bem, pelo mesmo motivo que o ateu não anda por aí roubando e matando: porque os demais indivíduos não se reduzem aos preconceitos que temos a seu respeito.

É comum que o niilismo seja entendido como um conjunto de prescrições morais destrutivas, visando guiar a vida prática do indivíduo em prol do aniquilamento. O niilista, assim, viveria para promover o caos, abraçando uma vida de cinismo, crimes e imoralidade, na qual os valores convencionais são levados em conta apenas para servir como objeto de escárnio. Já encontramos alguém assim fora de romances russos?

A frase mais comumente utilizada para representar a ótica do niilismo moral é: "se deus não existe, então tudo é permitido". Porém, se a observarmos com algum cuidado, veremos que se trata de uma afirmação capciosa. Porque, se deus não existe, então *nada* é permitido, pois nunca houve alguém para "permitir" coisa alguma. Portanto, seria mais lógico afirmar: "se deus não existe, então nada é proibido".

Assim, se nada é proibido, isso significa que *devemos* permitir tudo? Bem, isso já não é tão claro. Contudo, aqui nosso objetivo não será procurar uma resposta a esse problema, e sim entender melhor a pergunta. Notemos que esta última consideração diz respeito ao que *devemos* fazer (devemos permitir tudo?), enquanto as primeiras diziam respeito, não ao que devemos, mas à própria natureza básica desses valores, ao que eles *são* (tudo/nada é permitido). Isso nos introduz à primeira distinção importante deste capítulo: as diferentes *ordens* de questões morais.

Quando falamos sobre o que *devemos* fazer (*i.e.* praticar), temos uma visão moral de *primeira ordem*. Quando falamos sobre o que *são* valores, sobre o que *são* deveres, sobre a *natureza* da moral, falamos de uma visão de *segunda ordem*, que não necessariamente afetará a prática, pois diz respeito, não ao que devemos, mas ao que *pensamos daquilo que devemos* (daí as visões de segunda ordem serem também chamadas *metaéticas*).

A distinção pode parecer sutil, mas para nossos fins é importante diferenciar entre visões de primeira e segunda ordem, pois o niilismo só diz respeito a uma delas. Como explica J. L. Mackie, quando um indivíduo condena determinados valores, ou quando afirma os seus próprios,

> *Essas são visões morais de primeira ordem, positivas ou negativas: o indivíduo que as adota está tomando uma determinada postura prática, normativa. Por outro lado, o que estou discutindo é uma visão de segunda ordem, uma visão sobre o* status *dos valores morais e a natureza da valoração moral, sobre onde e como eles se encaixam no mundo. Essas visões de primeira e segunda ordem não são apenas distintas, mas completamente independentes: certo indivíduo pode ser um cético moral de segunda ordem, mas não de primeira, ou o contrário. Um indivíduo pode sustentar fortes posições morais, e até mesmo aquelas cujo conteúdo é completamente convencional, acreditando ao mesmo tempo que elas não sejam mais que atitudes e normas de conduta que ele e outros adotaram.*

Como se supõe, o niilismo deve ser entendido como uma visão de segunda ordem, significando que o fato de sermos niilistas diz respeito a como *entendemos* os valores, não aos valores que praticamos.

Uma vez compreendamos a diferença entre visões de primeira (*e.g.* "não devemos matar") e segunda ordem (*e.g.* "o 'não devemos matar' é uma proibição humana"), fica imediatamente clara a origem de grande parte da confusão sobre niilistas serem "imorais". O niilismo costuma ter um aspecto sombrio e ameaçador à maioria dos indivíduos exatamente por não haver em suas mentes uma distinção muito clara entre teoria e prática.

✳ ✳ ✳

Então o niilismo moral é uma visão de segunda ordem. Mas ela diz exatamente o quê? Que não existem valores de primeira ordem (realismo moral). Mais precisamente, que tais valores não são objetivos, isto é, que não existem independentemente do homem. E, se valores morais não existem por si mesmos, isso significa que não existem *verdades morais*, pois não há uma realidade moral à qual poderiam corresponder. Logo, nenhuma ação é moralmente certa ou errada em si mesma: não há diferença entre estalar os dedos ou dizimar um continente.

De onde podemos tirar uma ideia tão insensível e revoltante? Ora, da realidade. Da observação. Para termos uma demonstração clara de que a realidade não se importa com esse tipo de coisa, imaginemos que uma pessoa houvesse sido assassinada. Quais foram as testemunhas? Uma árvore e dois pombos, os quais continuaram a coletar tranquilamente os farelos que havia pelo chão. Se esperarmos tempo suficiente, a árvore usará o corpo como adubo sem qualquer problema. Para as bactérias que o decompõem nesse meio tempo, faz diferença se o indivíduo foi assassinado ou se morreu por causas naturais? Nenhuma. Houve alguma consequência terrível ao assassino? Nenhuma. Sua vida continuou exatamente a mesma. A natureza não se importa com nossas regras.

Nessa ótica, se não considerarmos nossos desejos como referencial, como poderíamos justificar a afirmação de que foi "errado" assassinar aquele ser humano? Não poderíamos. Nada pode ser dito apenas com base no mundo natural, pois ele é indiferente aos nossos desejos. Assim, ao afirmar que nada é certo ou errado, referimo-nos ao fato de que o mundo em si mesmo não tem significação moral. Não se trata de uma "ameaça" — como muitas vezes se supõe —, mas de uma simples constatação.

Então, se a realidade não se importa, por que uma ação qualquer seria preferível a qualquer outra? Ora, porque nós as preferimos. O mundo não se importa, mas nós nos importamos. Julgar as ações é importante porque temos de assegurar nossas vidas. Mesmo assim, assegurar nossas vidas por acaso é "certo"? Se observarmos o comportamento da natureza como um todo, veremos que a resposta é *não*. Porém, façamos essa pergunta a nós mesmos, e veremos que nossos cérebros dirão "sim" com todas as forças. Esse é o resultado de termos sido evolutivamente programados para valorizar a satisfação de nossas necessidades. Naturalmente, quando satisfazemos tais necessidades, o resultado prático é *bem-estar* — e isso faz dele o único objetivo inteligível de qualquer valor moral.

Como fomos programados para reconhecer o bem-estar como um valor intrínseco, ainda que ele seja só uma reação química em nossos cérebros, dificilmente nos ocorre perguntar: "de que vale sentir esse prazer, se ele não faz sentido?" Levantar esse questionamento seria tão estranho quanto perguntar: "de que vale comer meu prato predileto, se a nutrição não tem sentido?" Naturalmente, comer não se trata de haver um "valor absoluto" nos alimentos. Comemos apenas para afastar a fome, não para fazer sentido. A ideia é apenas nos sentirmos bem ao satisfazer nossas necessidades. Não há qualquer "objetivo maior" na alimentação, como não há em nossas regras morais.

Alimentos têm valor porque fomos pré-programados para reconhecê-los como algo bom. Mesmo assim, faz sentido falar de alimentos como fins em si mesmos?

Se alguém nos diz: "acredito que comer milho seja errado em si mesmo", o que exatamente isso quer dizer? Pensaremos imediatamente em perguntar à pessoa por que ela pensa assim. Ele é tóxico ao organismo? Não tem grande valor nutricional? Foi descoberto algum efeito colateral de longo prazo? Mas a pessoa diz que não se trata de haver motivo, mas "da coisa certa a se comer". E prossegue: "Comer milho é simplesmente errado. Tenho pena de quem come milho. Tenho realmente pena".

Essa pessoa está nos *explicando* alguma coisa? Não. Está somente repetindo um mandamento que existe em sua cabeça, para o qual não parece haver nenhuma explicação (porque, se houvesse alguma, é razoável supor que ela teria *explicado* essa proibição, em vez de apenas gritá-la). Isso ilustra como é incoerente que defendamos valores como fins em si mesmos, sem relacioná-los a alguma perspectiva que dê sentido àquilo que se diz.

Assim como alimentos, valores morais não fazem sentido em si, mas apenas na medida em que os situamos como meios para um fim, criando uma dimensão em que se podem apreciar suas justificativas. Por exemplo, se acrescentarmos que "comer milho é errado porque o jantar está quase pronto", a proibição passará a fazer sentido, pois entenderemos sua relação com a realidade.

O valor dos alimentos, então, subordina-se ao fim com que os empregamos. O fim "último", como explicamos, seria nosso próprio bem-estar, porque, para além desse ponto, caímos na indiferença da realidade física, e perde o sentido falar de moral fora do contexto de nossas vidas.

Agora imaginemos que a pessoa acima, em vez de falar de milho, falasse de assassinato. Perguntamos "por que matar é errado?", mas ela só consegue repetir que "é errado porque é". Contudo, se não existem valores em si mesmos, perde o sentido argumentar dessa forma, como se determinados valores estivessem "no ar que respiramos".

Essa incapacidade de explicar o porquê de nossos louvores e de nossas proibições é um claro indício de que professamos valores cegamente, sem entender sua função. Temos um meio — não matar —, mas qual é o fim? Não se sabe. Nunca se pensou a respeito.

Para reconstruir o porquê de nossos valores — sem ter acesso às justificativas —, temos de fazer uma espécie de engenharia reversa. Porém, em vez de fazer esse reverso agora, façamos primeiro o caminho habitual de criação de valores, retornando depois a esse mesmo ponto.

✳

Suponha-se que alguém nos dissesse que consumir urina é errado. Precisaríamos de esclarecimentos adicionais para entender do que a pessoa está falando? A urina é rica em substâncias tóxicas, que causariam grande mal-estar se ingeridas — e como ninguém tem interesse em sentir-se mal gratuitamente, justifica-se dizer que é errado beber urina.

Note-se que, mesmo sendo autoevidente, não se trata de uma proibição absoluta. Beber urina não é errado em si mesmo: é errado *porque* causa sofrimento. Então, partindo da premissa de que queremos bem-estar, segue-se que *não devemos* bebê-la. O mandamento "não beberás tuas excreções" é, então, apenas uma forma de resumir a coisa toda elegantemente.

Temos assim um belo mandamento, e aparentemente universal. Imaginemos agora uma situação prática que justificasse abrirmos uma exceção. Representando a regra, temos um indivíduo que foi torturado por longos anos, tendo sido forçado a consumir sua própria urina diariamente. O sujeito desenvolveu um trauma tão profundo que nunca mais conseguiu tocar no assunto de uma forma civilizada. De algum modo, ele eventualmente escapa do cativeiro, retoma sua vida de sempre e, tempos depois, dá início a uma família.

Suponha-se que tivesse uma filha. Sentindo a obrigação de educá-la, de passar a ela seus valores, o indivíduo faz o que pode, mas não consegue ser razoável nesse assunto particular. Assim, em vez de explicar à sua filha que sua repulsa à urina deve-se ao quanto sofreu por ter sido forçado a bebê-la dia após dia, ele simplesmente a estapeava sempre que tocava no assunto, asseverando que era uma coisa má, sobre a qual nunca mais queria ouvir uma palavra.

A criança cresceu sem nunca entender por que urina era algo tão ruim, mas, depois de tantos anos, ela certamente sabe que é, mesmo que não possa explicar o porquê. Naturalmente, havia uma razão de ser nessa proibição, mas como o pai nunca se explicou, essa razão perdeu-se. A criança agora acredita na proibição por ela mesma, como um mandamento absoluto, que não se explica. Ela sabe algo que não entende: ela tem fé.

Tal garota representa a regra separada de suas justificativas. Agora, para representar a exceção, imaginemos outro indivíduo que, por uma mutação genética inusitada, sentisse grande bem-estar ao beber a própria urina. Logicamente, ele não perde uma gota (e nessa altura a escolha do exemplo já começa a parecer infeliz), mas imaginemos que ele tentasse ser discreto quanto a isso.

Por um gracejo do destino, ambos se encontram, se apaixonam e já fazem planos para o casamento. Faziam. Porque, com a intimidade, ele sentiu-se à vontade para explicar seu hábito, e a reação foi imediata: "está tudo acabado!" Ele tentou explicar que a mutação num certo gene é responsável pela alteração do sabor, dando ao consumo do líquido uma sensação aproximada de um sorvete de morango. Mas ela permanece irredutível: "poderia até ser de morango com cobertura!" Ele pergunta: "mas por que não pode aceitar? Não estou pedindo que beba, apenas que aceite que gosto, porque me sinto bem". Ela replica que beber urina é indecente, e não aceita nenhuma das explicações, por mais que elas façam sentido. Parte dizendo: "se fosse um homem *de valor*, simplesmente abriria mão de seu hábito".

Não é um perfil clássico? Para quem está do lado de fora, fica óbvio que o desencontro nasce de a garota ter sido emocionalmente condicionada a reprovar algo sem justificativas, como se se tratasse de um mandamento "divino". Por isso não soube reconhecer que o caso representava uma exceção legítima à regra. Lembremos que, de início, o princípio fazia sentido: o pai entendia a origem e o contexto dessa proibição. Contudo, como passou o princípio à filha sem justificá-lo, como uma espécie de superstição, ela nunca aprendeu a relacioná-lo à realidade.

Em nossas cabeças, se uma proibição não se aplica a nada em particular, então se aplica a tudo: uma proibição sem contexto é, por isso mesmo, uma proibição absoluta. Na situação em que se encontra, a garota nunca poderia julgar por si própria, pois não entende o porquê de seus valores. Dadas as limitações, sua única forma de lidar com o assunto é não lidar com o assunto. Seu argumento é permanecer irredutível. E assim vemos que a urina se converteu numa espécie de tabu: uma proibição puramente emocional que não se discute nem se justifica, deixando "marcados" aqueles que a transgridem.

*

Retornemos agora à questão original: o assassinato — que é outro tabu. Quando perguntamos a alguém por que matar é errado, em geral não se ouvem explicações, apenas uivos de indignação. Trata-se da mesma situação do pai conversando com a filha, ou da filha com o noivo: o indivíduo apenas repete insistentemente que está certo, sem explicar-se. Entretanto, assim como beber urina é errado por um motivo — que não é absoluto —, matar também o é.

Qual seria esse motivo? Não é difícil descobrir. Basta nos lembrarmos do que normalmente acontece quando matamos outrem. Suponha-se um contexto típico: certa pessoa vai todo dia ao trabalho, que é o sustento da família, composta de esposa e filha, que ama perdidamente. Nos finais de semana, frequenta um clube de campo, no qual se diverte com os amigos desde os tempos de faculdade. Nesta semana em particular, tem tirado as tardes para participar de campanhas de conscientização ambiental. O indivíduo vive dentro dessa rotina, que o faz muito bem. Vamos até sua casa e atiramos três vezes em sua cabeça.

Não pensemos agora em leis, pois nosso foco aqui é o que as justifica. Pensemos no que acontece com as pessoas. A filha ainda pensa que à noite seu pai a levará ao circo, e tem em mãos um presente para ele: um desenho que fez dos dois juntos, já passeando por lá. Ela agora está a apenas algumas horas de descobrir que nunca mais vai vê-lo. Nunca. Após saber disso, ela nunca mais sorriu com a mesma graça. Perdeu o brilho de seus olhos. A esposa, apesar de tentar permanecer firme enquanto a filha cresce, tem recorrentes crises depressivas, e pensa todos os dias em cometer suicídio. Suas vidas foram despedaçadas. Alguns dias depois do incidente, faz-se o velório, e nele todos os amigos estavam visivelmente tristes por terem perdido alguém que fazia diferença em suas vidas, que admiravam como ser humano. Sua família, inconsolável, perguntava-se como alguém tão pacífico poderia merecer um fim tão revoltante. Vários colegas de trabalho também estavam presentes, indignados com a gratuidade do crime.

Isso nos dá uma ideia razoável da quantidade de sofrimento ocasionada pelo assassinato. Então, mesmo não sendo "errado em si mesmo", não nos sentimos tentados a simplesmente ignorar essa proibição, pois somos capazes de entender que os motivos nos quais se fundamenta a proibição são muito bons, ao menos a quem consegue simpatizar com o sofrimento alheio.

Assim, em vez de "acreditar" que o assassinato é errado, podemos entender que, pelos motivos *xis* e *ípsilon*, a sociedade não o tolera. Com essa abordagem, ao mesmo tempo em que sabemos justificar a proibição, sabemos também avaliar que situações representariam exceções à regra (legítima defesa, guerras etc.), resultando numa posição esclarecida sobre o assunto.

Com o intuito de descobrir em que justificativas se baseia, nós "desmontamos" a proibição do assassinato. Vimos que tal proibição faz sentido. Porém, agora, pensemos em um tabu que normalmente não saibamos explicar, e cujo sentido não seja tão óbvio. Por exemplo, canibalismo.

É errado comer carne humana — mas por quê? Faz algum mal? Não falamos de matar outrem para consumir, mas apenas de usar cadáveres frescos como alimento. Se comemos defuntos bovinos quase diariamente, por que não humanos? Não parece haver qualquer motivo muito claro. Por exemplo, com base em quê poderíamos condenar uma família que, em vez de enterrar seus mortos, almoçaos? Talvez não seja muito saborosa, mas a carne humana é tão nutritiva quanto qualquer outra. Consumi-la não causa qualquer prejuízo à saúde. Então, se os membros dessa família não se sentem emocionalmente perturbados pelo que fazem, por que deveríamos impedi-los?

Contanto que ninguém fosse prejudicado, em geral concederíamos que essa família tivesse a liberdade de canibalizar seus entes queridos. Como o problema não é realmente nosso, tudo bem. A questão permanece confortavelmente distante. Porém, imaginemos que um dos membros nos perguntasse: "ei, por que não experimenta? É muito reconfortante consumir familiares". Mas a ideia nos aterroriza, e sentimos arrepios da cabeça aos pés apenas por considerá-la por alguns segundos. Temos a cabeça aberta a novas experiências, mas só até certo ponto, o qual o canibalismo certamente ultrapassa. Nossa provável resposta será algo como: *nunca, nunca mesmo!*

Que não vamos almoçar nossos entes queridos, disso temos certeza, mas ao mesmo tempo não sabemos explicar o porquê.[15] Apenas *sentimos* que o canibalismo é errado, e assumimos ferozmente a defesa dessa ideia, como se se tratasse de uma proibição absoluta, que valesse por si mesma, bastando demonstrar aos demais "como isso é óbvio". Mesmo assim, por que enterrar, se podemos comer? Diante da insistência numa questão que não sabemos responder, nossa única reação será aumentar a voz — e, ao partir para a ignorância, vemo-nos pegos na mesma situação da garota que proibia o milho, ou da outra, que condenava a urina: censuramos algo por motivos que não entendemos.

A mecânica, como se percebe, é simples: em vez de partir da realidade, partimos da sensação de que estamos certos e, em torno disso, levantamos muralhas de racionalizações abstratas, tentando proteger racionalmente uma convicção emocional, a qual é lentamente disfarçada em "teoria" conforme sofisticamos nossas explicações.[16] Num sentido muito literal, agimos como cartomantes com

---

15. Se inventarmos, agora, uma explicação qualquer para justificar nossa posição, ela não será mais que uma racionalização *post hoc* de nossas emoções, ilustrando o típico perfil das posições defendidas apaixonadamente.

16. Pensemos, por exemplo, como é comum que indivíduos se tornem vegetarianos por compaixão dos animais, por simpatizarem com seu sofrimento. Nenhum problema nisso. Porém, em torno desse motivo emocional, elaboram diversas teorias "racionais" que à primeira vista justificam sua posição, mas sempre a partir de razões completamente diferentes de seus verdadeiros motivos, que frequentemente relutam em admitir. Por
→

suas bolas de cristal. Porém, em vez de sinais numa esfera, lemos nossos próprios sentimentos, confabulando racionalizações que "explicam" aquilo que sentimos, mas não como quem explicasse aquilo que sente, e sim como quem explicasse o próprio mundo (um exemplo incomum para percebermos a incoerência desse tipo de raciocínio: argumentar que o dia de nosso aniversário é "especial" porque nele nos sentimos especiais, e que isso, de alguma forma, prova que o mundo "se lembra" do dia em que nascemos).

Mas continuemos na questão do canibalismo. Precisamos argumentar em favor de uma posição que não sabemos justificar racionalmente. Sem qualquer terra sensata à vista, parece previsível que apelaríamos para o absoluto — e, diferentemente do que se poderia imaginar, essa invocação do absoluto não é algo complicado. Pelo contrário, está ao alcance de qualquer verborragia. Com grandes palavras, construímos explicações espalhafatosas quaisquer: por exemplo, podemos alegar que não canibalizar parentes é um "princípio de humanidade", ou algo do gênero. O que isso quer dizer? Nada. Mas ajuda a vencer debates.

O caso é que, se alguém nos perguntasse por que comer carne estragada é errado, não ficaríamos às voltas com esses mesmos "princípios de humanidade": simplesmente iríamos direto ao ponto. Isso confirma que só apelamos para "princípios de humanidade" e outros falsos absolutos quando não temos bons motivos, quando estamos à procura de razões para algo que, desde o início, foi puramente emocional. Guardemos bem em nossas memórias o tipo de situação que nos leva a defender valores como fins em si mesmos, pois retomaremos essa noção várias vezes pelo restante da discussão.

Para nossos fins, tais noções bastam. Porém, antes de iniciarmos nossas reflexões na segunda parte, pensemos nalgum valor moral para "desmontar", apenas para ilustrar a eficácia dessa forma de abordar o assunto. Por exemplo: honestidade. Em geral, não temos dúvida de que ser honesto é bom. Todos gostam de pessoas honestas, mas sabemos explicar o porquê? Claro que sabemos. Basta nos

---

exemplo, é comum a suposição de que dietas vegetarianas seriam mais "saudáveis" (quer sejam ou não). Contudo, lembremos que o indivíduo não se tornou vegetariano por preocupar-se com saúde. Por isso mesmo, se refutarmos essa ideia, o indivíduo não abandonará sua posição. Em vez disso, movido por um misto de orgulho e hábito, ele simplesmente procurará outra "teoria" à qual se abraçar. Nessa ótica, suas teorias são como tentáculos linguísticos que crescem ao redor de um cerne emocional, os quais se regeneram rapidamente uma vez refutados, como braços de polvo.

lembrarmos da última vez que fomos enganados, do quanto foi desagradável a experiência. Por isso somos honestos, pois não queremos ser como aqueles que nos traíram, e também não queremos expor os demais a esse tipo de situação.

No dia a dia, falamos da honestidade dessa maneira ingênua, como se fosse boa por si mesma, subentendendo que, se não somos sempre honestos, é porque não estamos "à altura" desse ideal. Então, se nos perguntam se devemos ser sempre honestos, nossa resposta é um fervoroso *sim*.

Porém, imaginemos o seguinte caso: estamos andando por um campo, e um sujeito armado nos aborda, pedindo que entreguemos a carteira. Vendo que só temos cartões de banco, ele exige que digamos a senha. E então: devemos dizer a senha correta, e deixar que o indivíduo saque todas as nossas economias, com as quais contamos para assegurar nosso futuro, ou permanecemos firmes à convicção de que todo indivíduo decente deve ser sempre, sem exceção, total e completamente honesto? Na dúvida, lembremo-nos da regra de ouro: tratar os demais como gostaríamos de ser tratados. Se fôssemos o ladrão, não gostaríamos de saber a senha correta?

Como se nota, se defendidos de forma absoluta, como fins em si mesmos, até os valores morais mais incontroversos podem nos levar a situações desastrosas. Aqui somos forçados a reconhecer sua relatividade, confirmando a suposição de que valores morais só fazem sentido na medida em que dizem respeito aos nossos interesses, não havendo razão para pensarmos neles como algo objetivo.

7. TEORIA E PRÁTICA II

Se pelo menos tudo fosse tão simples assim! Se as pessoas más ficassem isoladas em algum lugar cometendo atos diabólicos e fosse possível apenas separá-las do resto de nós e destruí-las. Mas a linha divisória entre o bem e o mal atravessa o coração de cada ser humano. E quem estaria disposto a destruir parte de seu próprio coração?
— Aleksandr Solzhenitsyn

Há qualquer incompatibilidade entre niilismo e moral? Não podemos ver nenhuma. Pelo contrário, o niilismo parece o pressuposto de qualquer visão esclarecida de moralidade humana, pois a alternativa é acreditar que valores existem por si mesmos, flutuando magicamente sobre nossas cabeças. Há algo de respeitável nessa noção? Fundamentações absolutas são medievalismos dispensáveis. Para justificar valores morais, basta entender como eles servem aos nossos interesses. Não é preciso — nem vemos por que seria preferível — enterrar-se até os joelhos nos lamaçais da superstição.

Naturalmente, muitos pensam que o niilista não pode ser moral porque não acredita em nada, mas desde quando a fome depende daquilo em que se crê? Se quisermos entender como um niilista pode ser moral, basta lembrar que, como qualquer pessoa, ele tem necessidades práticas a serem satisfeitas, precisa assegurar as condições básicas que o permitam viver confortavelmente — e é nisso que se baseiam nossos valores morais, não em caprichos irrelevantes que se inventam às dúzias.

Para além disso, tudo o que niilista rejeitará serão os dogmas morais que formos incapazes de explicar, que tiverem de ser aceitos por fé — e isso é uma coisa boa, até mesmo em termos morais. Como vimos na primeira parte, em vez de ajudar, convicções só parecem confundir, levando-nos a insistir na proibição até nos casos que representam exceções legítimas à regra. Por outro lado, se a proibição fizer sentido — *e.g.* não coloque a mão no fogo —, não há motivo para pensarmos que o niilista vai desrespeitá-la simplesmente por "não acreditar em nada".

Assim, o fato de niilistas rejeitarem a existência de valores "bons por si mesmos" não impede que sejam cidadãos exemplares, como a rigor não impede nada, pois uma coisa não tem qualquer relação inteligível com a outra. O fato de entendermos o ser humano como uma máquina, por exemplo, é similarmente desprovido de implicações diretas sobre nosso comportamento. Ninguém supõe que, por pensarmos assim, trataremos os demais como engrenagens de relógio. Então, ainda que a ideia tenha um grande peso em nossa forma de entender o mundo, não tem virtualmente nenhum sobre como agimos nele.

Pelas mesmas razões, questionar o valor da vida humana não é o mesmo que propor que nos tratemos sem qualquer critério, como animais selvagens. Trata-se somente de não acreditarmos em coisas para as quais não há evidências, não de nos revoltarmos contra a ordem social ou algo do gênero. Claro que a ideia pode soar agressiva, mas quem escrevesse um romance sobre assassinato também soaria. Não se pode condenar um indivíduo com base nisso, pois moral diz respeito ao que se *faz*, não ao que se pensa daquilo que se faz.

Para ilustrar tal distinção de uma forma mais concreta, consideremos aquilo que um niilista típico diria a respeito do assassinato: "matar outra pessoa não é errado em si mesmo". A afirmação nos dá calafrios. "Alguém assim mataria sem pensar duas vezes!", pensamos com nós mesmos. A impressão é que o indivíduo esteja de algum modo defendendo a "legalização do assassinato", mas não é nada disso. Ele só está dizendo que o assassinato não é *em si mesmo* errado, que não é em si um "ato moral", mas um ato físico — como tudo o que acontece no mundo natural. Assim, que o ato de matar outrem só adquirirá um teor moral a partir do momento em que essa ação for julgada por algum indivíduo com base em seus valores pessoais, sendo óbvio que o resultado desse julgamento dependerá da interpretação desse sujeito, não apenas do que efetivamente ocorreu — pois a realidade, por si mesma, não condena ninguém. Logo, o assassinato não é errado *em si mesmo*, mas errado *aos olhos* daqueles que o condenam — ou aprovam, se for o caso. A ideia é basicamente essa. Agora nos perguntemos: há algum traço de imoralidade nessa forma de pensar? Não conseguimos ver nenhum.

Assim, o niilista pode entender que o assassinato não é errado em si mesmo, mas pode ao mesmo tempo desejar viver numa sociedade em que o assassinato é proibido, e isso pelo simples fato de que prefere levar uma vida pacata — em vez de atravessar seus anos numa brutal luta pela sobrevivência. Por que, afinal, precisaríamos acreditar que o assassinato fosse "ontologicamente reprovável" (seja lá o que isso signifique) para querermos viver numa sociedade pacífica, na qual podemos ir à padaria sem nos preocuparmos em ser assassinados? Não parece existir qualquer relação necessária entre ambas as coisas. Claro que, se formos mortos a caminho da padaria, será só isso: uma máquina quebrou outra para aumentar suas próprias chances de sucesso. Contudo, *entender* os fatos dessa forma nada diz sobre como *queremos* levar nossas vidas. Esse é o ponto que estamos tentando explicar. Viver e entender não se guiam pelas mesmas regras.

Por outro lado, se insistíssemos que o assassinato é errado em si mesmo, simples: bastaria prová-lo. Por ser errado em si mesmo, teríamos uma proibição que não depende de nós para existir. Seria então parte do mundo natural. Restaria apenas encontrá-la. Mas onde está essa proibição? Ninguém sabe dizer. Até onde sabemos, está apenas em nossas cabeças. Isso porque, se tal proibição estivesse entranhada na constituição do mundo natural, assassinatos simplesmente não ocorreriam, como não ocorrem caminhões falantes voadores. Matar seria algo tão impossível quanto transformar chumbo em ouro: fisicamente impossível. Ou seja, exatamente porque o assassinato não é "proibido em si mesmo", precisamos proibi-lo por nós mesmos. No fim das contas, não é justamente isso o que fazemos?

Longe de parecer um "apelo à imoralidade", tal perspectiva parece apenas uma descrição sóbria e adequada da realidade que vemos acontecer todos os dias. Em vez de nos tornar "maus", essa forma de entender a questão parece, pelo contrário, nos tornar mais conscientes de nossos valores, mais atentos à necessidade de responder por eles — e isso, por qualquer definição razoável, é uma coisa boa.

Diante dessa conclusão, a tendência que manifestamos de condenar o niilista por repetir o óbvio só demonstra como é comum que nossas ideias a respeito da realidade distanciem-se da própria realidade, de tal modo que cheguemos inclusive a julgar ofensivo ser lembrados de nossas vidas do ponto de vista de nossas ações (e não de nossas "explicações").

✶ ✶ ✶

Há muitos devaneios a respeito dos "arroubos imorais" que se seguem (sempre "necessariamente") de uma ótica niilista. Porém, em vez de apenas imaginar as implicações do niilismo, não seria mais coerente observá-las no comportamento dos niilistas de fato? Contudo, procurando-as, não as encontramos. E por uma razão muito simples: porque tais implicações, em vez de observadas, foram meramente sonhadas.

Para entender a razão dessa fantasia sobre niilistas serem "maus", suponha-se que tivéssemos aprendido a justificar a proibição do assassinato através da ideia de que a vida é "inestimável". Assim, não matamos porque a vida humana tem valor. Que valor? Não sabemos ao certo. Mas é um valor grande, muito grande mesmo. Enorme. Inestimável. Isso é o melhor que conseguimos em termos de explicação.

Pois bem, nessa situação, acreditamos que assassinatos não ocorrem como *consequência* do valor da vida (e aqui temos a mesma lógica da dança da chuva). Segue-se a sensação de que, se abandonarmos essa fé, será inevitável sairmos mundo afora matando todos que encontrarmos, pois em nossas cabeças o "valor" da vida é aquilo que nos "freia". Então, quando o niilista afirma não acreditar nesse valor, isso solapa automaticamente nossa justificativa para proibir o assassinato: logo, se fôssemos niilistas, mataríamos. E é assim que "descobrimos" que niilistas são imorais. Porém, assim como nós próprios não "saímos matando" ao abandonar esse tipo de fé, o niilista também não "sai matando" apenas porque sentimos que sairíamos se fôssemos ele.

79

Como já explicamos, só precisamos ter fé na medida em que não tivermos boas justificativas.[17] Então, se as tivermos, acreditar torna-se supérfluo. No caso, bastará associar nossa fé de que "matar é errado" a uma justificativa racional para essa mesma proibição (*e.g.* o sofrimento que ocasiona), e o teor afetivo que estava vinculado à fé "migrará" lentamente à realidade, restando da crença apenas um casulo vazio. Teremos assim boas razões para não matar, e baseadas na realidade, não em dogmas sobre o valor da vida, livrando-nos ao mesmo tempo da necessidade de "defender" essa ideia. Não que deixar de crer seja um ato voluntário. Até onde podemos perceber, não é — assim como deixar de amar também não o é. Porém, se já tivermos uma boa explicação para ocupar o lugar da fé, não haverá a sensação de que estamos "saltando num abismo" ao abandoná-la. A ideia é apenas mitigar esse "medo do abismo", pois ele dificulta grandemente o processo.[18]

Como se nota, a ideia de que o niilista mataria é apenas uma reação defensiva de nossa parte, ao sentir que nossa fé foi ameaçada, não uma descrição acertada do que realmente acontece. Esse tipo de desencontro ocorre porque ter explicações nos dá segurança, e é comum que, na ausência de dados confiáveis, "expliquemos" o mundo imaginariamente, confiando na fé ("nossas verdades"). Feito isso, claro que não queremos mais soltá-las, nem por um instante, pois elas passam a constituir o eixo a partir do qual nossas vidas fazem sentido. Assim, ao longo do tempo, como se empilham mais e mais justificativas sobre essa fé fundamental, ela se torna importante demais para ser questionada, e é assim que não a questionamos.[19] Naturalmente, se aprendemos a justificar aquilo que fazemos por meio de uma fé, torna-se óbvio que abandoná-la fará "ruir" nossa visão da realidade, e essa perspectiva nos aterroriza.

Esse tipo de "visão desesperada" é algo muito típico de nosso cérebro emocio-

---

17. Uma ideia que se aplica inclusive ao Fantasma Supremo. Se imaginarmos como seria a realidade se deus existisse, ficará imediatamente claro que não precisaríamos ter fé. Suponha-se que deus existisse, e que nos ocorresse encontrar uma prova de sua existência: bastaria nos espicharmos até a janela e dar um "alô" ao Todo-poderoso, e ele nos responderia: "alô".

18. Se pensarmos a respeito, veremos que se trata do mesmo princípio que torna mais fácil abandonar um emprego se já tivermos outro em vista.

19. Relacionando novamente às nossas vidas, trata-se da mesma dificuldade de abandonar um casamento após anos e anos de convivência: agora acrescente-se a isso termos tido filhos, e depois netos, e veremos que fica cada vez mais difícil "mexer" na base dessa estrutura.

nal. Pensemos, por exemplo, em algum amor que tenhamos superado. Não tínhamos, naquela época, a clara impressão de que jamais conseguiríamos viver sem a pessoa? E cá estamos. O mundo não desabou. Naturalmente, quando perdemos um amor, ficamos inicialmente desnorteados, como se não fosse mais possível "ver a luz". Sem a pessoa, nada parece fazer sentido. Porém, passado algum tempo, tudo volta a fazer sentido, bastando que nos acostumemos à vida sem ela. É assim que nosso cérebro emocional funciona. Ele nos faz constantes "ameaças" diante da ideia de mudarmos algo que nos é afetivamente importante. E é por isso que só conseguimos pensar em "chacinas e mares de sangue" ao questionar aquilo que sustenta nossa fé de que matar é errado.

Tendo isso em vista, torna-se compreensível que, segundo a maior parte dos religiosos, as implicações morais do ateísmo deveriam ser "abomináveis": trata-se, contudo, da mesma vertigem que sentimos ao imaginar nossas vidas sem aqueles que amamos. Evidentemente, assim como não "morremos" quando nossos relacionamentos acabam, também nunca vemos acontecer essas famosas "implicações terríveis" do ateísmo. E isso, pelas mesmas razões, se aplica também ao niilismo: não vemos niilistas cometendo atrocidades com base no fato de não haver finalidade na existência. Portanto, seja nossa fé para justificar a proibição do assassinato, seja para "dar uma finalidade" à existência, é a mesma ilusão que nos abraça quando pensamos em abandoná-la: a "visão desesperada" diante da ideia de perdermos aquilo que nos é emocionalmente importante (no caso, explicações para a realidade).

Naturalmente, religiosos tendem a pensar nos ateus como imorais porque têm uma visão equivocada das origens de nossa moralidade (pois aprenderam a explicá-la e justificá-la por meio da fé em deus). Contudo, a respeito de niilistas, até mesmo ateus costumam ter uma visão equivocada, pois em geral supõem que a moralidade nasceria de algum louvor gratuito pela figura humana. Todavia, se ateus podem ser morais mesmo sem ter fé em deus, e se niilistas podem ser morais mesmo sem ter fé em nada, então ambas as posturas estão claramente equivocadas.

✳ ✳ ✳

Como estamos falando de fé, lembremos o seguinte: não existe fé justificável. Toda fé é, por definição, injustificável. Simplesmente porque, se fosse justificável, seria conhecimento, não fé. Portanto, se nos zangamos ao discutir sobre nossos valores — ou sobre nossas "verdades" —, reagindo à honestidade com indignação, como se fosse inadmissível conversar abertamente sobre o que pensamos, reagindo

81

à realidade como uma exceção, como se o método científico só se aplicasse "na teoria", isso apenas demonstra que não temos bons motivos, e que até mesmo uma rápida análise racional bastaria para desmontá-los em um punhado de preconceitos empilhados sobre uma superstição.

Quando podemos nos justificar, nenhum questionamento nos incomoda — e isso torna suspeito qualquer movimento defensivo. Evidentemente, se o niilismo provoca fortes reações defensivas, é porque serviram as carapuças: reconheceu-se a fragilidade da própria teoria. O exagero vem de nossa parte? Não parece. Enquanto niilistas, não pedimos nada extraordinário, nenhum sacrifício sobre-humano: só pedimos explicações. Porém, quando não as temos, todo questionamento toma o aspecto de uma "força dissolvente" (um apelido carinhoso que se dá à razão quando está contra nós). Sim, dissolvente, mas notemos exatamente a quê: àquilo que não se sustenta, que não sabemos explicar, que defendemos como uma verdade sem que o seja, sem que haja provas. Trata-se da mesma "força dissolvente" que um policial tem perante alguém que roubou um banco — e agora não sabe explicar de onde tirou tanto dinheiro. Até onde podemos ver, não parece haver nada de ruim em "dissolver" preconceitos gratuitos, mas essa é apenas a nossa opinião. Seus donos sempre os julgam "ótimas ideias" — tão boas que nem mesmo precisam do apoio da realidade.

Esse é o primeiro ponto. O segundo é que, independentemente daquilo que pensamos, temos uma resistência natural à mudança. Mudar é incômodo, e tudo o que nos incomoda parece estar necessariamente "errado", mesmo quando são fatos que nos incomodam (em nossas cabeças isso faz sentido). Portanto, certos ou errados, continuamos com a razão: e, se são os fatos que nos contrariam, então os fatos que vão para o diabo! Essa é a firme opinião de nosso sistema límbico.

Assim, suponha-se que tenhamos muita estima pelo *valor x*. Infelizmente, não sabemos explicá-lo. Então, se alguém nos questiona a esse respeito, quem é esse alguém? Nosso inimigo. Não vamos ouvi-lo, e não interessa quantas razões tenha ao seu lado. Ao nosso temos a fé — e, se estivermos errados, lutaremos para permanecer errados! É basicamente isso. O cérebro emocional é essa herança da idade da pedra que não sabe "conversar", só bater e gritar, e é ele quem "toma conta" de nossas crenças.

Tendo em vista esse esquema, pensemos na forma apaixonada como se resiste ao niilismo. Não é uma reação previsível, aliás, a única a ser esperada? Contra fatos só podemos esbravejar, como religiosos esbravejam contra a ciência. Mas o caso é que os fatos não se importam (e isso é algo que nosso cérebro emocional nunca entenderá — daí nossas insânias animistas até com computadores lentos). Ninguém escolheu que o mundo fosse como é. Por isso a ideia de acusar o niilista de "frieza" por não acreditar, por exemplo, no sentido da vida, é algo tão incoerente quando culpar os cientistas por não terem descoberto que a lua é feliz. Enquanto niilistas, nossa ideia é procurar o que melhor *descreve* o mundo (em seu comportamento observável), não o que melhor o *explica* (para fazer mais sentido em nossas cabeças). Somos niilistas, não para que isso nos torne felizes, mas porque nos importamos em estar certos.[20]

Assim, na medida em que o niilismo nos impede de recorrer à fonte primária de nossas ilusões sobre nós mesmos (valores intrínsecos) para "explicar" o mundo, ficamos "de mãos atadas", restando explicá-lo por meio da observação. Não que não possamos nos enganar de maneiras insípidas. Porém, quando não há a tentação de acreditarmos no que nos convém, parece que recobramos o bom senso automaticamente — como uma criança que estuda por não haver outras distrações ao seu redor.

(Uma vez tenhamos entendido a proposta, será quase inevitável nos lembrarmos da passagem em que Ulisses, ao saber que toparia com sereias em seu caminho, consciente de suas limitações, mas ao mesmo tempo curioso, tapou com cera os ouvidos dos remadores, mas não os seus próprios. Em vez disso, ordenou que o amarrassem ao mastro do navio, para que assim pudesse conhecer o canto das sereias sem lançar-se ao mar.)

Portanto, desde que não tenhamos o hábito de nos enganarmos, não veremos no niilismo mais que um reforço do óbvio. Porém, se tivermos, veremos nele um reforço de nossos piores medos. Para traduzir em termos práticos, pensemos em nosso prato predileto. Deixaríamos de saboreá-lo se alguém nos explicasse que alimentos são apenas para nos dar energia? Não. Mesmo sabendo que não passam de matéria organizada, destituída de qualquer sentido? Isso nem chega perto de nos atrapalhar o apetite. Então, desde que não nos alimentássemos por razões delirantes, não haveria problema algum. Porém, se fosse dito que nascemos apenas para nos reproduzirmos (como qualquer espécie), e que isso não tem qualquer sentido (*idem*), conseguiríamos aceitar com a mesma tranquilidade? Depende. Se levamos vidas satisfatórias, sem base em mentiras, só veremos nisso mais uma

---

20. Claro, queremos ser felizes também, mas o ponto é que não há qualquer relação de dependência entre ambas as coisas: ser feliz não é garantia de que se está certo.

obviedade. Porém, se acreditamos viver em nome de alguma supermissão indemonstrável (divina *ou* humana), não haverá muitas chances de simpatizarmos com a ideia de revisarmos essa teoria passo a passo, com base na realidade.[21]

✷ ✷ ✷

A argumentação que desenvolvemos até aqui nos permite tirar algumas conclusões interessantes a respeito das razões que nos levam a acreditar em valores objetivos, bastando relacionar duas ideias que já apresentamos, e uma terceira que apresentaremos agora. Talvez demande um pouco mais de atenção, mas esse pequeno ajuste de perspectiva terá repercussões certamente esclarecedoras. Comecemos com esta observação de Mackie a respeito de nossa tendência de objetificar nossos valores (*i.e.* de projetá-los no mundo exterior):

O predomínio dessa tendência de objetificar valores — não apenas morais — é confirmada por um padrão de pensamento encontrado em existencialistas e nos que foram influenciados por eles. A negação de valores objetivos pode acarretar uma reação emocional extrema, um sentimento de que absolutamente nada importa, de que a vida perdeu o seu sentido. Naturalmente, isso não se segue; a falta de valor objetivo não é um bom motivo para abandonarmos nossos interesses subjetivos ou para deixarmos de querer qualquer coisa. Contudo, o abandono da crença em valores objetivos pode causar, ao menos temporariamente, uma diminuição do interesse subjetivo e da sensação de propósito. Isso é evidência de que os indivíduos em que essa reação ocorre haviam manifestado a tendência de objetificar seus interesses e objetivos, conferindo-lhes uma autoridade externa fictícia. A presunção de objetividade havia sido tão fortemente associada aos seus interesses e propósitos subjetivos que o colapso da primeira parece minar também a segunda.

Qual a relação entre objetificação e emoções? Já passamos pelo assunto no exemplo da filha supersticiosa: os valores nos quais temos fé são sentidos como algo "onipresente", que não diz respeito a situações específicas quaisquer, que não se relacionam ao mundo de qualquer forma definida, mas que, por uma relação muito particular conosco, passam a valer indistintamente para todos, sem que haja para isso qualquer explicação ou contexto (uma conexão bastante clara entre o emocional e o "absoluto"). Assim, paradoxalmente, quanto mais profundamente os

---

21. Fora de nossas cabeças.

valores estão entranhados em nós, mais os sentimos como algo exterior, independente de nós.[22]

(Tal tendência à "projeção" pode parecer algo sem muito sentido se observarmos a questão do ponto de vista intelectual, buscando apenas uma correspondência com os fatos. Porém, se considerarmos que o papel de nossas crenças é guiar nossas ações — e não instruir nossa inteligência —, veremos que se trata de uma tendência bastante funcional do ponto de vista evolutivo: ao acreditar que valores estão fora de nós, justifica-se automaticamente que busquemos impor aos demais essa "verdade óbvia" da qual nos sentimos profetas. Em termos práticos, não é exatamente isso o que fazemos — aliás, o que todo animal hierárquico faz? Nesse particular, por razões óbvias, estar convicto seria mais importante que estar certo. Isso nos permite supor que nossa capacidade de ter fé talvez seja (também) um subproduto dessa necessidade de nos afirmarmos convincentemente. Claro que, como somos muito bons em ler sinais de afetação, se esse tipo de mentira tivesse de ser elaborada conscientemente, seria muito difícil sermos persuasivos. Daí a importância de a fé ser uma "entrega completa" a uma verdade *pessoal*, manifestando-se como uma ideia fixa sobre a qual não temos controle — mas que mesmo assim sentimos como uma aliada.)

Agora pensemos: qual a importância de refutarmos a noção de valores morais objetivos (onipresentes), se ninguém parece sequer defendê-la? Exatamente para percebermos que a ideia não é sequer pensada: é simplesmente *presumida*. Por sua palpável fragilidade, essa presunção de objetividade não parece ser um processo exatamente consciente, mas o efeito colateral de uma influência emocional subjacente. Essa parece uma suposição razoável porque noções que defendemos racionalmente em regra nos permitem distinguir sujeito e objeto sem qualquer dificuldade (*e.g.* comer alimentos estragados). Porém, aquilo em que acreditamos por motivos apenas emocionais confunde-se facilmente com a própria realidade (*e.g.* canibalismo, suicídio, incesto etc.). Por que isso acontece? Comecemos relembrando a ordem em que se desenvolvem nossas habilidades mentais.

*

Nos primeiros anos de nossas vidas, nosso cérebro se encontra bastante imaturo

---

22. Para confirmar essa ideia, basta nos lembrarmos das cores, que são criadas por nosso cérebro, mas que experimentamos como parte do mundo objetivo.

do ponto de vista cognitivo, mas ao mesmo tempo experimentamos as emoções que mais profundamente influenciarão nosso futuro. Essa fase inicial marca-se por um padrão de pensamento egocêntrico, em que a criança não consegue distinguir-se do mundo, não consegue conceber outro ponto de vista além do seu próprio. Seu pensamento aborda o mundo exterior como uma extensão de si mesma, sendo comum que a criança confunda-se com pessoas e objetos, atribuindo a eles suas vivências pessoais, revelando que manifestamos tendências ao animismo desde cedo, muito antes de nossa inteligência ter amadurecido.

Mesmo que seus circuitos cerebrais ainda estejam em desenvolvimento, a criança tem de começar a aprender sobre a realidade. Sua racionalidade só amadurecerá nos anos seguintes, então ela precisa partir do que tem à mão. Incapaz de abstrair-se, de conceber uma relação com outra pessoa diferente dela própria, terá de relacionar-se com a realidade de uma maneira fundamentalmente intuitiva e emocional, centrada em si. Ações e reações, sem pensamento conceitual. Uma interação que não dá por si, estancada no presente imediato. A criança aprende sobre o mundo assim, sentindo-o, experimentando-o. "Tateando-o com o coração", por assim dizer. E é tudo basicamente impulsivo. Ela não sabe o que está fazendo. Seu conhecimento adquirido não tem contexto, não tem explicação, brotando de suas experiências como uma "revelação", como uma verdade que se mostra no escuro.

Ela aprende, mas não entende: seu conhecimento é, para ela própria, algo incompreensível, e lembremos que essas são as experiências mais marcantes de nossas vidas. (Para tentarmos conceber, seria como se nosso conhecimento a respeito da realidade tivesse vindo de experiências ocorridas enquanto dormíamos, durante episódios de sonambulismo. Na manhã seguinte, teremos esses novos conhecimentos à nossa disposição, mas sem a menor ideia de como chegamos a adquiri-los.)

Pelas limitações dessa forma de conhecer, nossas associações iniciais a respeito da realidade terão esse perfil de um "salto de fé", imersas num contexto de egocentrismo, alheias à razão e à experiência consciente de existir enquanto sujeito.

Em rudes linhas gerais, esses são os nossos primeiros anos de vida: um episódio autônomo de inconsciência, deixando registrada em nossos cérebros uma vivência do mundo centrada em si e ao mesmo tempo esquecida de si.

Naturalmente, essas primeiras impressões nunca se apagam, e o restante de nossas vidas lentamente se sobrepõe a elas, como camadas de rocha sedimentar, criando a estrutura que identificamos acima: crenças emocionais preexistentes justificando racionalizações abstratas *post hoc.* Não é exatamente esse o perfil que encontramos na fé? Parece muito sugestivo.

Basta observar que nosso pensamento, quando segue a "lógica da fé", comete os mesmos erros típicos do pensamento infantil, caracterizando-se pelo egocentrismo, pela confusão entre sujeito e objeto, pelos raciocínios rígidos e inflexíveis, pelas "explicações mágicas", pelo animismo etc. Considerando que o adulto constrói-se sobre uma criança, que nossas razões ancoram-se em emoções, que o neocórtex enraíza-se no sistema límbico, o que mais poderíamos esperar?

Acrescente-se, por fim, que o funcionamento de nossa memória é associativo, sendo nossa capacidade de lembrar grandemente influenciada pelo contexto emocional em que se registraram as experiências. Torna-se então razoável supor que todas as nossas crenças emocionais, mesmo subsequentes, estarão de algum modo vinculadas às nossas vivências infantis — e lembremos que essas vivências remetem a uma época anterior à racionalidade, em que o mundo era apenas uma sensação vaga e confusa de existir. A ideia é que esse padrão associativo tornaria ainda mais difícil escaparmos da influência do pensamento infantil ao tratar de assuntos emocionais.

Como resultado desse esquema de nossas mentes, tudo aquilo que foi determinante em nossas infâncias — juntamente com os instintos —, torna-se um assunto para sempre viciado, dissociado da razão, a qual fica, por assim dizer, "trancada do lado de fora" dos assuntos importantes, e isso pelo simples motivo de que a razão não existia quando se formaram essas primeiras memórias emocionais. Naturalmente, sem associações intelectuais para servir como pontos de entrada, não há meios de "acessar" essas memórias voluntariamente, por meio do pensamento consciente, exceto por um lento e penoso processo de reconstrução por engenharia reversa (e aqui temos o que normalmente se entende por autoconhecimento).

Por exemplo, como conseguimos digitar corretamente, sem saber conscientemente a posição de cada caractere do teclado? Sem saber, digamos, que a letra T fica ao lado da letra Y? Pensando em tais caracteres, nossos dedos movem-se à posição exata, mas não temos consciência de como eles fazem isso. Ao mesmo tempo, não conseguimos investigar tal conhecimento apenas por meio da introspecção: ele não se mostra à nossa consciência. Nossa única saída parece ser observar nossos próprios dedos enquanto eles se movem, aprendendo *novamente* algo que já sabemos, mas que nossa consciência não consegue acessar diretamente. Isso ilustra que não conseguimos pensar a respeito daquilo que aprendemos sem ter estado cientes *de que* e *daquilo* que aprendíamos. Esse exemplo, apesar de singelo, é uma demonstração bastante clara de que nossa consciência não tem acesso direto àquilo que aprendemos inconscientemente.

No decorrer da infância, aprendemos as lições mais básicas com pouca ou nenhuma consciência. Agora pensemos alguns anos à frente, no resultado disso. Uma vez adquiramos a capacidade de reflexão, o que sucede? Algo muito previsível. Em vez de construirmos nossa visão de mundo *outra vez,* desde o início, com base na realidade, tomamos o caminho mais fácil: racionalizamos aquilo em que, desde muito antes de termos acesso à razão, já acreditávamos por motivos emocionais. Em vez de ajustar nossas explicações aos fatos, explicamos os fatos ajustando-os às nossas crenças preexistentes, pois já estávamos comprometidos com elas. E é assim que chegamos a acreditar em valores morais objetivos, em sentidos da vida, em valores da vida humana, em deuses que nos amam e assim por diante: ideias que são todas racionalizações *post hoc* de nossa vida interior — e que projetamos na realidade exterior como *explicações*. Um resultado quase inevitável quando nossa razão já chega ao mundo com sua mão prometida à emoção.

*

Tais observações serão úteis para alcançarmos nossas conclusões. Porém, por ora, retomemos a noção de valores objetivos, lembrando que não houve dificuldade em demonstrar, logo ao início do capítulo anterior, que eles não existem. É demasiado óbvio que não existem. Contudo, limitar-se a uma refutação factual seria perder de vista o essencial. O interessante está em entender aquilo que nos levou ao equívoco.

Como já indicamos antes da digressão, parece claro que essa "presunção de objetividade" só poderia ter origem afetiva. Em primeiro lugar, porque nosso cérebro racional jamais cometeria um erro tão básico — misturar dentro e fora — de um modo tão consistente. Em segundo, porque simplificações conceituais grosseiras, em geral seguidas de arrebatamentos primitivos, são praticamente a assinatura de nosso cérebro emocional, em seu modo particularmente bruto e pragmático de "conhecer" a realidade.

Sem dúvida o cérebro primitivo é muito bom naquilo que faz, mas apenas nisto: em fazer, em alcançar resultados, não em entender. Diferentemente do cérebro pensante, ele não entende a realidade em termos conceituais, não entende sequer o que faz, por isso não distingue entre dentro e fora, mas é ao mesmo tempo ele quem governa nossas noções morais. Partindo dessa estrutura mental, seria inevitável que, ao racionalizar aquilo que sentimos, nossas explicações herdassem as típicas limitações cognitivas do cérebro emocional (lembrando algo como uma retomada "racional" do modelo de pensamento infantil).

Evidentemente, se houvéssemos *inferido* a existência de valores morais objetivos, ao menos saberíamos de onde tiramos essa ideia. Mas não sabemos. Em vez disso, nós *partimos* dela como previamente dada, e sem sequer dar por isso, tão naturalmente quanto presumimos a existência das cores. E por que presumiríamos que algo existe por si mesmo, senão porque esse algo sempre esteve presente, desde o primeiro momento em que demos por nós mesmos? Confirmando essa ideia, o filósofo e neurocientista Joshua Greene conclui que:

> *O julgamento moral, em sua maior parte, não é guiado por raciocínios morais, mas por intuições morais de natureza emocional. Nossa capacidade de julgamento moral é uma complexa adaptação evolutiva a uma vida intensamente social. Na verdade, somos tão bem adaptados a fazer julgamentos morais que, aos nossos olhos, o ato de fazê-los é bastante fácil, parte do "bom senso". Como muitas das habilidades de nosso bom senso, nossa habilidade de fazer julgamentos morais nos parece uma habilidade perceptual, uma habilidade, neste caso, de discernir imediata e confiavelmente fatos morais que independem de mentes. O resultado é que somos naturalmente inclinados à errônea noção de realismo moral. As tendências psicológicas que encorajam essa crença equivocada têm uma importante função biológica, e isso explica por que julgamos o realismo moral tão atraente, ainda que seja falso. Digamo-lo ainda outra vez, o realismo moral é um erro que nascemos para cometer.*

Então não há valores objetivos. Muito bem. O que se segue? Acreditávamos que havia um "certo e errado" fora de nós mesmos, isto é: que o mundo nos refletia. Portanto, que a mágica que nos animava por dentro, por fora também estava lá, fazendo do mundo um lugar amigável e atento às nossas expectativas. E estávamos redondamente enganados. Naturalmente, ao nos darmos conta de que essa perspectiva não se sustenta, tomando consciência de que os valores pelos quais aprendemos a viver são ilusões óbvias herdadas da infância do pensamento, seria esperada uma forte reação emocional, e isso nos leva à segunda parte do argumento.

Por que é tão comum que o niilismo esteja associado a episódios de desespero e vazio existencial? Tragamos à lembrança o desânimo que nos abate quando morre alguém próximo, ou quando termina um relacionamento. Trata-se da mesma reação. Naturalmente, se nos afeiçoamos às teorias que usamos para entender o mundo, seria esperado que, ao descobri-las falsas, seríamos forçados a atravessar uma penosa fase de luto, a mesma que se segue de qualquer mudança importante em nossas vidas afetivas. Para nosso cérebro emocional, não há diferença entre afeição por familiares, cônjuges ou ideias.

Segue-se que a associação entre niilismo e estados mentais depressivos se deve ao fato de que romper com crenças infantis costuma ter fortes repercussões emocionais. É praticamente um clichê de nossas vidas mentais que, após reviravoltas em nosso mundo afetivo, passamos por uma fase de "reajuste" marcada por instabilidades emocionais que só se resolvem com o passar do tempo. Assim, a típica sombra de negativismo[23] que acompanha o niilismo não é mais que um acidente de percurso, sintoma do modo como o cérebro emocional lida com "ajustes de perspectiva", e não há razão para pensarmos que deveríamos tentar "justificar" esse tipo de coisa em termos filosóficos, como se fosse parte integral da postura niilista racionalizar angústias e perplexidades.

Agora, para concluir o raciocínio que viemos desenvolvendo, imaginemos que houvéssemos nos acostumado, desde crianças, a justificar nossas vidas por meio da ideia de que seremos recompensados por nossos esforços. Por quê? Não sabemos. Por quem? Menos ainda. Nunca nos disseram. Mas, por razões tortuosas, acreditávamos firmemente na ideia. Não é inevitável que, ao descobrirmos que essa recompensa nunca virá, nos sintamos desmotivados, sentindo que não há razão alguma para levarmos nossas vidas adiante? Seria o mesmo que esforçar-se num emprego, visando melhorar nossa condição de vida, apenas para depois descobrirmos que não seremos pagos, pois o emprego nunca existiu. Alguém disse que existia, e nós acreditamos. Ingenuidade de nossa parte.

Mesmo assim, por mais ingênua, a ideia que usamos para justificar nossas vidas terá grande valor afetivo, como se houvéssemos, por assim dizer, "casado" com ela. Então, se usávamos certa ideia para justificar nossas vidas, e a ideia desaba, nossas vidas desabam junto, e teremos de "reconstruir" nossos motivos para viver, ou seja, fazer novas associações emocionais que justifiquem nossas ações. Na prática, teremos de encontrar um emprego real para nossas forças e, de alguma forma,

---

23. Bastante bem ilustrada por Ivan Turgueniev nesta passagem de *Pais e Filhos*, em que o personagem Bazárov reflete sobre a nulidade da vida: *o lugar insignificante que ocupo é tão minúsculo em comparação com o resto do espaço em que não estou e onde não se importam comigo. A parcela de tempo que hei de viver é tão ridícula em face da eternidade, onde nunca estive e nunca estarei... Neste átomo, neste ponto matemático, o sangue circula, o cérebro trabalha e quer alguma coisa... Que estupidez! Que inutilidade!*

passar a gostar dele como gostávamos do antigo (isso é o que normalmente se denomina "superar" o niilismo, mas tal concepção parece apenas um mal-entendido).

Então, por certo tempo, justificávamos nossas vidas com a vaga ideia de que seríamos "recompensados". Essa ideia era, sem dúvida, um erro. A recompensa nunca existiu, mas mesmo assim vivíamos. Isso significa que, desde o início, nunca foi preciso uma "razão" para que vivêssemos: só era preciso acreditar. Mas é preciso acreditar? Já vimos que não: crenças e explicações são intercambiáveis, bastando apenas que estejamos dispostos a atravessar a fase de adaptação. Acreditávamos que seríamos "recompensados" apenas porque havíamos feito associações incorretas acerca da realidade. Basta corrigi-las, e a vida segue seu rumo, também sem a necessidade de crença. Então nunca foi preciso acreditar. Assim entendemos finalmente como se pode viver sem ter fé alguma.

* * *

Da teoria à prática, passamos por vários tópicos, aprofundando nossa compreensão de como ambas se relacionam. Na primeira parte, abordamos a teoria: partimos da distinção entre visões morais de primeira e de segunda ordem, e então explicamos que não há valores morais objetivos. Nesta segunda, enfatizamos a prática: observamos que o niilismo não implica imoralidade, investigando também o mecanismo pelo qual surge essa impressão. Por fim, discutimos as forças emocionais por detrás de nossa tendência de acreditar em valores objetivos, alcançando nesse processo algumas conclusões interessantes.

Feito esse trajeto, podemos agora retomar a questão inicial: como validar nossos valores morais? Se não há critérios objetivos, como justificar nossas escolhas para além de uma opinião pessoal? Não é inevitável cairmos no relativismo? Talvez não. Mesmo na ausência de valores morais objetivos, parece haver um modo de contornar o relativismo, mas para isso teremos de esclarecer a distinção entre objetivo e subjetivo em maiores detalhes. Tomaremos emprestada a definição proposta pelo filósofo John Searle[24], que consiste na seguinte ideia: algo pode ser objetivo ou subjetivo num sentido *ontológico* (*i.e.* relativo à existência), e também pode ser objetivo ou subjetivo num sentido *epistemológico* (*i.e.* relativo ao conhecimento).

---

24. Consciousness and language, pp. 22-3.

Num sentido epistemológico, uma proposição é objetiva se pudermos determinar sua veracidade ou sua falsidade sem que isso envolva nossas preferências, opiniões ou traços pessoais. Por exemplo, se afirmamos que árvores são seres vivos, trata-se de uma afirmação epistemologicamente objetiva, cujo valor de verdade (verdadeiro ou falso) pode ser conhecido por si mesmo, sem misturar-se à opinião do investigador. Como conhecimentos objetivos independem de qualquer sujeito, valem para todos: não podemos ter a "opinião" de que árvores não estão vivas, pois a vida das árvores não depende de nossa opinião, e sim daquilo que se observa.

Entretanto, se afirmarmos que mangueiras produzem frutos mais saborosos que jabuticabeiras, estaremos diante de uma alegação epistemologicamente subjetiva, significando que o resultado será inevitavelmente condicionado pelas opiniões pessoais do sujeito, não havendo meios de conceber um experimento capaz de decidir essa questão em termos puramente objetivos. Como demonstrar que mangas são mais saborosas que jabuticabas *sem* que isso dependa da opinião de um sujeito? Não parece possível. Alguém teria de prová-las e decidir, significando que o resultado do experimento dependerá do gosto desse sujeito. Portanto, se mangas ou jabuticabas são mais saborosas, trata-se de uma questão de opinião pessoal.

Por outro lado, algo também pode ser objetivo ou subjetivo num sentido *ontológico* (ou metafísico). Aqui falamos de modos de existir: certas coisas existem *objetivamente* (*i.e.* por si mesmas), e certas coisas existem *subjetivamente* (*i.e.* para o sujeito que as experimenta). Por exemplo, se neste momento sentimos frio, essa sensação é ontologicamente subjetiva. O frio existe, não há dúvida sobre isso: mas existe apenas para nós, na medida em que o experimentamos. Não há um frio por si mesmo, independentemente do sujeito: o que existe por si mesmo (para todos) é apenas o correlato físico-químico desse frio, enquanto o experimentamos. Assim, na medida em que *resulta* de processos neuroquímicos em nossos cérebros, o modo como nossos conteúdos mentais existem é diferente do modo como prédios, paredes e ares-condicionados existem: prédios, paredes e ares-condicionados são *ontologicamente objetivos*, pois não dependem de um sujeito para existir. O frio depende.

Como se nota, a primeira distinção (epistemológica) diz respeito à diferença entre *conhecimento* e *opinião*, enquanto a segunda (ontológica) diz respeito à diferença entre existir *dentro* e *fora* de nossas cabeças. Tais ideias podem ser sumarizadas da seguinte maneira.

Uma proposição:

- **Epistemologicamente objetiva** não depende de nós para ser verdadeira (*e.g.* o inverno é mais frio que o verão);
- **Epistemologicamente subjetiva** depende de nós para ser verdadeira (*e.g.* o inverno é mais agradável que o verão).[25]

Uma entidade:

- **Ontologicamente objetiva** existe por si mesma (*e.g.* um calmante);
- **Ontologicamente subjetiva** depende de nós para existir (*e.g.* uma calma).[26]

Agora, para percebermos a importância dessa distinção, pensemos no perfil do conhecimento científico. Com seu método, o que a ciência busca? Um conhecimento objetivo, que independe das preferências do investigador. Ou seja, o ideal de objetividade científica é *epistemológico*, não ontológico. O método científico visa assegurar um conhecimento objetivo, mas o detalhe é que isso não restringe seu objeto de estudo: essa forma de conhecer pode ser aplicada tanto ao que é *ontologicamente objetivo* quanto ao que é *ontologicamente subjetivo*.

Então, com a ciência, passamos a ter o melhor dos dois mundos: podemos conhecer objetivamente aquilo que existe objetivamente (*e.g.* recifes de coral), assim como podemos conhecer objetivamente aquilo que existe subjetivamente (*e.g.* a sensação de frio). Assim, mesmo que o frio seja ontologicamente subjetivo, ele continua passível de investigação científica, pois sua existência não depende daquilo em que acreditamos: se sentimos frio, não podemos ter a opinião de que não sentimos frio. Noutras palavras, esse frio é um fato. Então, na medida em que o conhecimento desse frio não deriva de uma opinião pessoal, mas de um fato pessoal, ele é epistemologicamente objetivo. Portanto, passível de investigação científica.

---

25. 1. Leia-se: não depende de nós para ser (conhecida como) verdadeira (ou falsa).

2. Como o inverno depende de nós para ser agradável, não se trata de um conhecimento objetivo, mas de uma opinião pessoal que temos sobre o inverno. Claro, cientistas poderiam medir objetivamente o prazer que sentimos em climas frios, mas isso só provaria que estamos sendo honestos, não que o inverno é agradável a todos.

26. A calma existe como um fenômeno secundário (*i.e.* mental, subjetivo) a partir de um fenômeno primário (*i.e.* físico, objetivo) ocorrido em nossos cérebros. É comum que se use o termo *epifenômeno* para designar esse modo de existir de nossa vida mental, como algo que ocorre "por cima" da física (*e.g.* "a consciência é um epifenômeno do cérebro").

✲ ✲ ✲

Feita essa dupla distinção entre objetivo e subjetivo, retomemos sob essa perspectiva a discussão sobre moral. Perguntemo-nos: a moral existe independentemente do homem? Pelas conclusões que alcançamos acima, nossa única resposta é *não*. A moral só existe aos nossos olhos, não no mundo em si mesmo: noutras palavras, ela é ontologicamente subjetiva.

Até aqui, nenhuma novidade. Porém, agora, perguntemo-nos: valores morais são epistemologicamente objetivos? Se nossa resposta for *não*, caímos no relativismo: tudo se reduz à mera opinião. Mangas ou jabuticabas? Matar ou não matar? Tanto faz. Tire uma opinião da cartola e seja feliz, pois todas são igualmente respeitáveis: é o que nos dizem os relativistas morais, e é o que em geral se espera que niilistas digam.

Contudo, consideremos o seguinte: o sofrimento causado por um assassinato depende de nossa opinião? Não. Ou seja, podemos matar, mas não podemos ter a opinião de que matar não causa sofrimento, pois sabemos que causa. Basta então este pequeno ajuste de ótica: em vez de pensar no assassinato em si mesmo, pensemos nas razões pelas quais ele é proibido. Essa é a chave para conseguirmos superar o relativismo.

Com essa ótica, em vez de pensarmos na moral conceitualmente, como uma mera concatenação de ideias logicamente consistentes, passamos a pensar nela em termos de *consequências no mundo real*. Por exemplo, se tentarmos discutir sobre pena de morte em termos de "certo" e "errado", a discussão simplesmente não terá fim: cada qual poderá defender que executar outro ser humano é "certo" ou "errado" por tais e tais motivos, e outro poderá dizer o contrário por tais e tais motivos. Porém, se, em vez de discutirmos tal pena conceitualmente, em termos de "certo" e "errado", nós a investigássemos empiricamente em termos de *consequências ao nosso bem-estar*, a questão toda não ficaria muito mais clara? Essa é a ideia que tentaremos desenvolver nas páginas seguintes, ainda que em caráter muito provisório, apenas para darmos um tratamento preliminar a essa questão que, por sua importância, não poderíamos deixar passar em branco.

Para começar, imaginemos como seria a vida em sociedade se todo indivíduo pudesse, a seu bel-prazer, comprar armas de fogo e matar as pessoas das quais não gosta, sem quaisquer consequências legais. Seria, no mínimo, um tipo de vida bem menos agradável que a que temos em nossa sociedade. Nessa situação anárquica, em algumas décadas, presumivelmente já teríamos perdido boa parte de nossa família, vários amigos e conhecidos, e viveríamos ansiosos diante da ideia de ser mortos por alguém que simplesmente acordou mal-humorado. Agora pensemos: se as pessoas não matassem umas às outras, a vida em sociedade não ficaria muito mais agradável? Obviamente. Então, se proibimos o assassinato, não é por "capricho", mas porque ele tem um impacto claramente negativo sobre nossa qualidade de vida, enquanto permiti-lo não teria qualquer função, senão tornar nossas vidas desnecessariamente miseráveis. Proibimos, pelas mesmas razões, coisas como roubo, estupro, chantagem, violência etc. A ideia de uma sociedade em que não houvesse tais proibições parece pouco atraente, pois não apenas nós, mas todos teriam acesso a tais recursos: seria um retorno à lei da selva. A proibição do assassinato é, então, um meio para um fim: não matamos *porque* se vive melhor assim.

Perceba-se que, quando vemos nossos valores como *meios para um fim*, isso automaticamente os relaciona à realidade. E eis o detalhe interessante: ao justificar-se como um *meio*, e com base na realidade, esse valor está ao mesmo tempo fazendo uma *predição* a respeito do funcionamento dessa realidade — supomos certas consequências para certo tipo de comportamento, e com isso temos uma *hipótese*. Por exemplo: descriminalizar o aborto é certo ou errado? Pensemos nas implicações, e depois nos perguntemos: melhorariam ou piorariam nossa qualidade de vida? Se melhorar, é certo; se piorar, é errado. Segue-se que, se o aborto é certo ou errado, a resposta dependerá, não de nossa "opinião", mas daquilo que *acontece* na sociedade — e, se não sabemos o que acontece, sempre podemos descobrir.

Esse último passo — por à prova, testar, descobrir — coloca nossos valores ao alcance da ciência. Assim, ao entender a moral em termos de regras justificadas para a promoção de nosso bem-estar[27] — e não em termos de deveres absolutos ou

27. Essa ideia foi proposta por Sam Harris em *The Moral Landscape*, no qual defende uma reconstrução científica de nossa moralidade tomando o bem-estar como parâmetro. *No momento em que admitimos ter qualquer conhecimento científico sobre o bem-estar humano, precisamos também admitir que certos indivíduos ou culturas podem estar absolutamente errados a seu respeito*, argumenta Harris, na tentativa de contornar o relativismo que costuma envolver esse tipo de questão. Trata-se de uma abordagem prática (por oposição a ideológica) que preenche notavelmente bem a lacuna deixada pelo ateísmo, mas sem envolver qualquer tipo de "crença". Nesse particular, lembremos que o humanismo secular costuma ser apresentado como uma alternativa "ateia" à moral cristã: porém, nesse caso, seria igualmente necessário "acreditarmos" nos valores humanistas.
—

de opiniões gratuitas —, passamos a possuir um critério epistemologicamente objetivo no qual basear nossas decisões: podemos *conhecer* a eficácia de nossos valores, independentemente da opinião que se tenha a esse respeito.

A ideia é que, ao apontar as melhores opções, a ciência *pode* decidir questões morais. Se a ideia soa estranha, lembremo-nos da dor: trata-se de algo que só existe subjetivamente, mas que pode ser estudado objetivamente. O conhecimento científico da dor é, aliás, parte integrante da medicina, e esse conhecimento só é possível porque nossas experiências subjetivas não dependem de nossas opiniões: dependem de como nosso cérebro funciona, de processos físico-químicos passíveis de medição.[28] Tal conhecimento vem sendo utilizado com grande sucesso para determinar os melhores meios de minimizar o sofrimento humano: e com isso queremos dizer os melhores meios *com base nos fatos*, para além de uma opinião pessoal. Naturalmente, na medida em que soubermos que circunstâncias causam mais ou menos dor, estaremos automaticamente mais bem capacitados a decidir, dentre várias escolhas, aquela que nos permite passar do ponto *a* ao ponto *b* com o mínimo possível de sofrimento. Pois então, se funciona para a dor, se funciona para a saúde, por que não funcionaria para a moral?

Para ilustrar como tal conhecimento poderia ser utilizado para justificar decisões morais simples, pensemos num contexto em que um paciente, diagnosticado com certa doença, precisa ser submetido a um tratamento doloroso. Há duas opções: o tratamento 1, que causa uma x quantidade de dor, e o tratamento 2, que causa uma quantidade $5x$ de dor. Nos demais aspectos, como custo, eficácia e

---

Por outro lado, nessa abordagem pragmática proposta por Harris, não precisaríamos acreditar em nada: só entender qual escolha nos dará os melhores resultados. Naturalmente, ainda há muito trabalho a ser feito até que essa ótica se torne algo aplicável no dia a dia, mas Harris parece estar no caminho certo ao tentar reconciliar moral e ciência.

28. Aqui se percebe que, na medida em que "explicamos" essa dor racionalmente, sem relacioná-la a eventos físicos, inventamos para ela uma causa imaginária. Similarmente, na medida em que nossa consciência é, ela própria, resultado de um processo físico, também ela não "explica" aquilo que acontece em nossos cérebros. Metaforicamente, se fôssemos uma panela de pressão, a consciência equivaleria ao apito do vapor enquanto escapa da válvula. Assim, acreditar que "nossas razões" explicam nossas vidas equivaleria a acreditar que o apito faz água ferver. O resto segue-se: na medida em que vivemos em função de fantasmas racionais, nossa vida se converte numa espécie de ficção linguística, e isso vai muito além de ideias básicas como deus. Também nossa moral é, em grande parte, um fantasma conceitual.

duração, ambos os tratamentos equivalem. Não é perfeitamente possível, com base nesse conhecimento, afirmar que o tratamento 1 é *melhor* que o 2? Se o objetivo é tratar o paciente de modo a prejudicar o mínimo possível sua qualidade de vida, as implicações são claras: *devemos* submetê-lo ao tratamento 1 — e com isso a ciência determinou a escolha mais moral. Não haveria sentido em "respeitar a opinião" de quem acreditasse que o tratamento 2 é o melhor, pois tal opinião revelaria somente ignorância, indiferença ou crueldade. Por outro lado, se insistimos na ideia de que a ciência não pode decidir questões morais, pensemos então num médico que, para permanecer "imparcial", nos deixasse escolher livremente entre os dois tratamentos, sem nos informar sobre a diferença de dor envolvida, e depois tiremos nossas próprias conclusões.

Uma vez percebamos que o único objetivo plausível para nossos valores morais é a promoção de nosso bem-estar, os conceitos de "certo" e "errado" parecem imediatamente atenuados, pois passam a subordinar-se a tal fim. Deixar de ver valores como "absolutos pessoais" diminui o efeito hipnotizante do relativismo, que nos conduz facilmente a uma cegueira moral. Claro que tolerância é importante, mas basear nossa moral no fato de que "cada qual tem a sua opinião" seria algo tão despropositado quanto basear nossa medicina no fato de que cada qual tem a sua saúde. Assim como nem todos entendem o que é melhor para sua própria saúde, nem todos têm noções respeitáveis de certo e errado.

Parece muito mais consequente, ao determinar o certo e o errado, que priorizemos a realidade — aquilo que acontece —, em vez de priorizar as regras por elas mesmas, ou o mero direito de cada indivíduo de ter sua opinião. O certo e o errado, considerados por si mesmos, como opiniões pessoais intocáveis, nos fazem perder de vista que o objetivo de tais juízos não depende de opinião. Aliás, como a maior parte dessa controvérsia gira em torno de como o "certo" flutua de indivíduo para indivíduo, talvez fosse o caso de abandonarmos essa terminologia de falsos opostos, que claramente desvirtua nossas discussões. Sam Harris, comentando a inadequação da linguagem que usamos para descrever a realidade em termos de "erros" e "acertos", leva-nos a reencontrar o ponto essencial:

A moralidade pode ser diretamente relacionada a fatos sobre a felicidade e o sofrimento de criaturas conscientes. Entretanto, é interessante considerar o que ocorreria se simplesmente ignorássemos essa etapa e falássemos apenas de "bem-estar". Como seria nosso mundo se parássemos de nos preocupar com "certo" e "errado" ou "bom" e "mau", e apenas agíssemos de modo a maximizar o bem-estar, o nosso próprio e o dos demais? Perderíamos qualquer coisa importante? E, sendo importante, não seria, por definição, questão do bem-estar de alguém?

Falar apenas de bem-estar — um conceito que admite muito menos variação — ajuda a "dissolver" muito da falsa oposição entre certo e errado: somos levados a validar nossos conceitos morais por sua correspondência com uma condição humana ao mesmo tempo real e compartilhada, e não pelo simples embate de opiniões. Essa abordagem parece muito mais construtiva, pois nos faz perceber que estamos todos "no mesmo barco", algo essencial quando se visa à cooperação, resgatando o único contexto em que discussões sobre moral fazem sentido.

Ainda assim, mesmo que possamos basear nossos valores em fatos sobre nosso bem-estar, parece disparatado afirmar, como Harris muitas vezes faz, que existem "verdades morais",[29] pois tudo o que fizemos foi utilizar o conhecimento objetivo para distinguir as melhores opções. O que há são melhores ou piores meios de se chegar a um fim (o qual é nosso, e não do mundo): nesse contexto, "verdade moral" é só um nome que damos à melhor opção. Fazemos, a partir dos fatos, a escolha que nos parece mais apropriada (mais moral) para nossos fins: como Nietzsche bem observou, isso não é mais que uma *interpretação moral dos fatos* — fatos que não são, eles próprios, morais.

Como se percebe, só recusamos a noção de que a moral seria objetiva no sentido ontológico, existindo independentemente da experiência de sujeitos, no sentido em que pedras existem. Com isso se rejeita a ideia de uma moral exterior à condição humana — herança conjunta da biologia e da orientação teológica de nossa tradição —, mas não se abrem definitivamente as portas ao relativismo, não se igualam todas as perspectivas ao mesmo grau de validade: porque, se nossos valores são meios para um fim, a eficácia desses valores pode ser medida. Então, conforme alcançarmos um conhecimento objetivo sobre nosso universo subjetivo, a determinação das melhores escolhas será cada vez menos uma questão pessoal.

Tal conhecimento sobre nossa subjetividade tem começado a amadurecer rapidamente com o avanço da neurociência. Porém, mesmo que a maior parte dos

---

29. Note-se que, mesmo negando a existência de verdades morais objetivas, em nenhum momento se nega que tenhamos habilidades morais inatas, assim como temos habilidades linguísticas. Porém, o fato de podermos conhecer nossos próprios mecanismos mentais não prova a existência de verdades morais, como não prova a existência de verdades linguísticas. A linguagem consiste de convenções simbólicas às quais nos adaptamos evolutivamente, e a moral não é mais que essa mesma ideia, porém aplicada a convenções comportamentais.

avanços ainda esteja por vir, já há casos concretos que, uma geração atrás, eram questão de opinião e, agora, não são mais. Por exemplo: devemos ou não punir nossos filhos fisicamente? Em geral, supomos que isso só poderia ser decidido pelos pais (pois "ninguém pode lhes dizer como criar seus filhos"). Porém, há evidências muito boas de que crianças vítimas de punições físicas possuem maiores chances de se tornar adultos infelizes e problemáticos. Isso claramente pesa sobre o "tanto faz" do relativismo. Portanto, se nosso objetivo for criar nossos filhos de modo que tenham as *melhores* chances possíveis de ser felizes, então *não devemos* submetê-los a castigos corporais. Dado o fim, os melhores meios simplesmente *não são* nossa escolha. Podemos ter a opinião que quisermos, mas não é dessas opiniões que a melhor escolha depende. Assim se ilustra como a ciência, apesar de parecer um campo completamente alheio à moral, pode ser usada para nortear nossos valores de forma objetiva.

Porém, no dia a dia, como ainda usamos a intuição — e não o conhecimento — para guiar a maior parte de nossas decisões, parece justo dizer que nossa moral ainda é bastante "caseira", baseada em apreensões relativamente singelas, cujas consequências não sabemos antever com clareza. Procuramos fazer aquilo que sentimos ser "a coisa certa", confiando que isso terá consequências boas, mas sem entender por que teria. Como intuições morais são intelectualmente "opacas", estamos na verdade agindo às cegas, confiando num aparelho moral sabidamente limitado, herdado de um passado muito distante, em que precisávamos caçar nosso almoço.

Tendo em vista o subdesenvolvimento científico de nossa moral, pensemos em como poderíamos viver melhor se realmente nos dispuséssemos a pesquisar sobre as melhores formas de se viver, se investíssemos em estudos que visassem apontar nossas necessidades emocionais básicas e como melhor satisfazê-las, isolando as variáveis mais importantes com clareza, distinguindo o que funciona e o que não. Isso seria um grande avanço ao "bom senso" que até hoje governou nossas noções de moralidade.

Se essa ainda nos parece uma perspectiva limitada, perguntemo-nos: a ciência pode dizer algo sobre esporte? A princípio, ficamos um pouco hesitantes, mas é claro que pode. Até pouco tempo atrás, esportes eram praticados apenas intuitiva-mente, "na raça". Contudo, percebamos como o esporte beneficiou-se de sua recente união com a ciência: investir no estudo sistemático do corpo humano levou o desempenho esportivo a níveis nunca sonhados. Aerodinâmica em túneis de vento, biomecânica, nutrição esportiva e assim por diante: são todos ramos de ciência desenvolvidos em torno de como praticar esportes com o máximo de eficiência. Esse tipo de pesquisa serve justamente para compensar onde nossa intuição costuma falhar. Se funcionou com o esporte, por que não funcionaria com a moral?

Se, por outro lado, essa visão parece diminuir a autonomia do indivíduo, isso não deixa de ser uma boa coisa. Lembremos que opiniões pessoais só são respeitáveis em assuntos sobre os quais não há conhecimento. Moral não é uma questão de sermos tão "originais" quanto possível, mas daquilo que nos permite viver bem em conjunto. Se, por exemplo, tivermos a opinião de que cirurgias cardíacas devem ser feitas com facas de pão, ninguém terá respeito por nossa opinião — e com razão. Não parece claro por que, no caso da moral, deveríamos desejar uma postura diversa, pois o conhecimento nos limita apenas na medida em que nos impede de tomar decisões ignorantes.

Nesse processo de investigação, conforme nosso comportamento deixar de ser um mistério para nós mesmos, é provável que comecemos a deixar de lado as proibições mais sem sentido, e isso, em certo sentido, já vem acontecendo — por exemplo, agora o casamento não é mais um laço indissolúvel, a liberdade sexual tornou-se algo corriqueiro, enquanto a escravidão, outrora comum, agora é inaceitável. Nossa sociedade dá cada vez menos espaço a pontos de vista racistas ou machistas, bem como a fanatismos em geral, e isso é algo bom, pois tais óticas tornaram — e ainda tornam — miserável a vida de muitos indivíduos, sem que haja para isso qualquer justificativa, senão uma noção "pessoal" do que é "importante" e "certo". Estamos começando a entender que tipos de hábito prejudicam nossas vidas, que proibições são desnecessárias e que qualidades são em geral desejáveis, rumando lentamente a uma plataforma moral globalizada, baseada num conhecimento esclarecido sobre nós mesmos, não em meras tradições.

Consideremos por fim que, como a moral tem em vista apenas nosso bem-estar, ela não pode realmente nos dizer *o que* fazer de nossas vidas, mas apenas *como* fazer. Se, ao viver, tivéssemos um objetivo qualquer a ser alcançado, seria fácil entender como organizar nosso comportamento a fim de alcançá-lo. Porém, ao nascer, não temos realmente uma "missão", uma obrigação de fazer isto ou aquilo. Podemos fazer o que quisermos, e o que eventualmente fizermos de nossas vidas será mais um acidente de percurso que algo buscado conscientemente. Então, como nossas vidas não têm qualquer finalidade específica, a ideia passa a ser apenas como preencher nosso tempo de modo a satisfazer as necessidades esculpidas em nós pela evolução, e a moral entra na equação no sentido de conciliar essa satisfação com a vida em sociedade.

* * *

Uma vez nos disponhamos a ser morais, o caminho é relativamente claro, e a ciência pode nos guiar. Há uma resposta bastante satisfatória à interrogação: *como podemos ser morais?* Porém, para além disso, não há garantias, nem poderia haver. Não há garantias porque, como dissemos logo ao início, a realidade não se importa. A responsabilidade está inteiramente em nossas mãos, e não há a quem "recorrer".

Por mais que gostemos de vodus atrasados, é inútil "acreditar" em verdades morais. Nenhuma ação tem "implicações morais", apenas implicações físicas. Então, se alguém transgride certas regras, não podemos simplesmente denominá-lo "imoral" e esperar que isso faça alguma diferença. Tudo o que uma violação moral transgride são os riscos de giz que fizemos no chão. Pode soar frágil, mas a linguagem baseia-se nesses mesmos riscos, e isso nunca foi um empecilho à comunicação. Basta sermos razoáveis.

A moral, como a linguagem, é uma ferramenta compartilhada que temos à nossa disposição. Uma convenciona significados (palavras), a outra convenciona valores (comportamentos). São apenas códigos que normatizam nossas expressões. Assim como não precisamos ter "fé" na gramática para falar bem, e assim como não precisamos de uma sintaxe impecável para nos fazermos entender, também não há necessidade de nos aferrarmos a padrões irreais de moralidade: a possibilidade de falarmos frases sem sentido não solapa os "alicerces últimos" da linguagem.

Ademais, assim como não existe "a língua correta", também não há "os valores corretos": qualquer valor é correto se nos ajuda a viver bem; qualquer língua é correta se permite que nos expressemos com clareza. Não importa se falamos "bom dia" em português, inglês, alemão, francês ou italiano, a mensagem é a mesma. Cada grupo tem sua língua e seus costumes, mas em todos eles as línguas e os costumes cumprem a mesma função: permitir que se viva bem (ou ao menos melhor do que viveríamos sem tais coisas). Sendo razoáveis, só podemos esperar da moral o mesmo que esperamos da linguagem: funcionalidade básica.

Assim como existem diversos modos de se falar claramente, existem diversos modos de se viver satisfatoriamente, e eles não se dividem em "certos" e "errados". Nossa psicologia nos leva a pensar dessa forma polarizada por questão de autodefesa, mas conclusões baseadas nisso são frequentemente falsas. Por exemplo, ao discutir questões controversas quaisquer, é muito comum sentirmos que "nós estamos com a razão", enquanto "os outros" estão todos errados: porém, isso não é mais que uma herança da idade da pedra, uma ilusão que ajudava a manter grupos unidos. Afinal, que sentido faz "discutir" quem está certo, se o certo é determinado pelos fatos, não pelos berros? Nossa intuição nos engana.

Para percebermos de uma outra maneira quão frágil e fantasmagórica é essa separação entre "nós" e "os outros", basta pensarmos o seguinte: se fôssemos esse outro, se sentíssemos o que ele sente, se tivéssemos vivido o que ele viveu, não faríamos exatamente o que ele faz? Obviamente. Mas, mesmo assim, "sentimos" que estão errados pelo simples fato de que são "os outros", como se isso automaticamente os transformasse noutra espécie de gente — talvez autômatos de alguma burrice universal da qual só nós e nossos pares escapam. Isso ilustra que nossas "sensações" não são tão confiáveis quanto parecem. Fazer cegamente aquilo que sentimos ser "a coisa certa" não é garantia alguma, pois essa "coisa" é diferente para cada indivíduo, e cada qual sente sinceramente que está com a razão.

Ademais, pelo modo ansioso como nos dirigimos à moral, vê-se que queremos algum tipo de *garantia*, e isso ela não pode nos dar. O problema não parece estar na imperfeição de nossos códigos morais: praticamente qualquer moral seria um guia seguro se nos dispuséssemos a ser perfeitamente obedientes, justos e sinceros. Mas não precisamos ser. Podemos jogar sujo, e até certo ponto isso é esperado, pois somos uma espécie inteligente, sofisticada e oportunista. Faz parte do jogo que se possa escapar das regras, e não há muito a ser feito quanto a isso. Não está ao nosso alcance eliminar a possibilidade de transgressão, como não está ao nosso alcance banir erros de concordância.

Pelo modo "aberto" como a vida se relaciona à realidade, e pela natureza amoral dessa realidade, haverá sempre essa margem para o "caos", essa brecha que nenhum esforço poderia fechar. Seria tolo negar esse fato com fantasias otimistas, se vemos tal margem ser explorada a todo momento, todos os dias, onde quer que estejamos. Nada nos obriga a ser morais e, se somos, nada nos assegura que o outro também será. Esse é o problema, e ele não pode ser resolvido, pois o outro é livre, e nós também.

✳ ✳ ✳

Tentamos até aqui justificar a ideia de que não há valores morais objetivos. Naturalmente, essa posição só precisa ser defendida por ser comum a presunção de que valores humanos existam por si próprios. Para alguns, o niilismo moral é algo tão óbvio que nem mereceria menção. Porém, a tendência de nos sentirmos emocionalmente abalados ao perceber que nossos valores não encontram respaldo na realidade em si mesma deixa claro que tendemos a tomá-los como uma parte do mundo objetivo, sendo essa a razão pela qual o assunto nos parece digno de nota, ao menos a título de esclarecimento, para nos darmos conta desse mecanismo. Claro que, no caso da linguagem, já não há essa mesma presunção de objetividade. Como ninguém parece presumir que a linguagem existe por si mesma, não chega a ser necessário defendermos alguma espécie de "niilismo linguístico".

8. MITOS SOBRE NIILISMO

O desejo de salvar a humanidade é quase sempre um disfarce para o desejo de controlá-la. — H. L. Mencken

Nesta seção, abordaremos alguns dos principais mitos a respeito da postura niilista, procurando desfazer os mal-entendidos mais comuns. Veremos que, uma vez esclarecidos tais equívocos, a linha de pensamento niilista se torna muito mais inteligível, quase óbvia. Para facilitar a exposição, utilizaremos o formato *argumento/refutação*, recorrendo às questões mais comumente levantadas como "objeções" ao niilismo, e que ainda não tenham sido esclarecidas nos capítulos anteriores.

1. Niilistas não acreditam em nada.

Essa é a afirmação mais comum que se faz contra o niilismo, para então demonstrar que o indivíduo na verdade acredita em várias coisas. Por exemplo: quanto é 1+1? Se a resposta for *dois*, então se acredita na matemática. Logo, o niilismo não se sustenta. Esse argumento só parece demonstrar desonestidade no uso das palavras, ao lado de uma inexplicável pressa em descartar o niilismo com base em raciocínios dignos de pena.

Definamos "acreditar". Uma pessoa normal, em circunstâncias normais, não precisa "acreditar" que riscar a cabeça de um fósforo vai acendê-lo: ela *sabe* que isso vai acendê-lo. Noutras palavras, o conhecimento é uma *crença justificada*. Por outro lado, se uma pessoa aposta numa corrida de cavalos, ela não pode saber qual será o vencedor, a não ser que o jogo tenha sido comprado. Então, se ela não sabe qual será o vencedor, mas ao mesmo tempo "acredita" que determinado cavalo vencerá, isso só pode significar que inventou uma explicação qualquer em sua cabeça para justificar o cavalo de sua escolha. É para preencher esse tipo de lacuna que recorremos à *fé*, e isso faz dela uma *crença injustificada*.

Nessa ótica, "ter fé" equivale a agir às cegas, porém presumindo saber alguma coisa, e é nesse sentido que o niilista não acredita em nada — ele não "tem fé", não "acredita" em nenhum cavalo. E por que deveria? A aposta no cavalo, seja qual for, será simplesmente uma escolha aleatória baseada em informações insuficientes. Se houvesse uma forma de saber com certeza, corridas de cavalo simplesmente não existiriam. Como a incerteza é a condição para que a atividade seja emocionante, teremos de apostar. Não que isso seja problema. Não há problema em apostar, em agir com base em informações precárias, mas por que deveríamos mentir sobre isso? Com base em quê asseguramos que nosso cavalo vencerá, se simplesmente não sabemos? O fato é que, se só acreditamos quando não podemos saber, ter fé se torna automaticamente uma confissão de ignorância.

Se ponderarmos a respeito, veremos que a necessidade de "ter fé" sempre envolve a aceitação de uma mentira óbvia por razões práticas. Por exemplo, por que acreditar que "no fim tudo dará certo", se tantas vezes dá errado? Seja qual for a nossa empreitada, em regra não há como saber se tudo acabará bem, e "acreditar" — *i.e.* fingir saber — não faz diferença. Nessa ótica, ter fé seria somente uma forma de nos acalmarmos, de suspender o julgamento sobre aquilo que não podemos decidir — como uma espécie de estoicismo delirante. O mecanismo psicológico por detrás dessa postura tão estranha é, na verdade, bem simples: se simplesmente admitíssemos que somos ignorantes, isso nos causaria ansiedade. Então presumimos injustificadamente que o mundo conspirará para nosso sucesso, para que esse pensamento nos acalme — exatamente como se soubéssemos como tudo correrá, mas não sabendo. Quanto mais analisamos, mais a fé se mostra indistinguível de um placebo.

Feita a distinção entre saber e crer, pensemos agora na interpretação rasteira que normalmente se faz da postura niilista. O indivíduo nos questiona: *Você acredita no meu cavalo?* O niilista responde: *Não, não acredito.* E a resposta é: *Mas você está errado, pois o cavalo existe!* O desencontro é evidente. Ninguém estava questionando a *existência* do cavalo. Não parece razoável supor que o niilista duvide que cavalos sejam reais simplesmente porque a etimologia do niilismo dá margem a essa interpretação forçosa, que ultimamente só demonstra má-fé.

Quando afirmamos, por exemplo, que não acreditamos em cartomantes, não estamos duvidando da existência literal de pessoas que se envolvem em mantos, usam descrições vagas, bolas de cristal e baralhos personalizados capazes de "prever" o futuro. Se ninguém está duvidando da existência de cartomantes, que lógica há em interpretar a afirmação do niilista no sentido mais inadequado possível, um sentido que nenhum indivíduo em sã consciência usaria? Trata-se de uma óbvia falácia do espantalho, em que reduzimos a postura de nossos oponentes a algo ridículo simplesmente para fugir da verdadeira questão, exatamente como quando religiosos reduzem o ateísmo a uma "mágoa com deus".

Se o niilismo fosse tão fácil de refutar como se sugere, ele já teria sido. O fato de muitos sentirem a necessidade de demonizá-lo, deturpá-lo e difamá-lo de uma maneira tão feroz e gratuita parece, pelo contrário, indicar que desconfiam secretamente que ele tenha grandes chances de ser verdadeiro — afinal, ninguém se daria ao trabalho de atacar um ponto de vista que fosse absolutamente inofensivo. Além disso, a constante tentativa de refutá-lo por meio de argumentos espúrios parece sugerir exatamente a incapacidade de o refutarmos por vias tradicionais — *i.e.* com base em evidências e argumentos sólidos.

Assim, se entendermos que *saber* e *acreditar* são coisas distintas, e que o impulso de acreditar é em geral apenas uma forma de justificar um autoengano com fins práticos, ficará claro em que sentido o niilista "não acredita em nada", e que isso indica apenas bom senso.

2. Niilistas são apenas indivíduos cínicos.

A imagem típica do niilista é a de alguém que nos apresenta prostíbulos como uma alternativa ao amor. Talvez uma imagem mais adequada seja de alguém que nos recomenda não fazermos compras quando estivermos com fome. Bem menos dramático, mas bem mais realista.

Agora, aos fatos. Se niilistas são cínicos ou não, isso nem mesmo vem ao caso, pois não é simpatia o que está em questão. Essa afirmação é apenas um ataque pessoal, e não há por que nos defendermos desse tipo de alegação, já que a proposta do niilismo não é *moral*, não é tornar o homem "virtuoso". Assim, em vez de rebater essa afirmação propagandeando alguma "bondade niilista", façamos apenas o possível para colocar cada coisa em seu devido lugar, e com sorte o esclarecimento nos ajudará a evitar mal-entendidos similares no futuro.

Por que tendemos a pensar no niilista como um indivíduo cínico? É fácil perceber: o niilista acredita em deus? Não. Acredita que a vida tem sentido? Não. Acredita no valor da amizade? Não. Acredita que o trabalho enobrece? Não. Acredita que um indivíduo justo vale mais que um injusto? Não. Acredita que devemos ser bons? Não. Então que devemos ser maus? Também não. Nessa altura, a maior parte de nós levanta as mãos aos céus e exclama: *como assim*?!

É compreensível que muitos reajam com perplexidade diante das respostas do niilista, que parece estar "brincando com a cara" dos que acreditam em valores tradicionais, mas não é exatamente esse o caso. Na verdade, o problema está no tipo de pergunta que se faz, que é uma espécie de falácia de interrogação. Perguntemos a um ateu: você acredita em Zeus? Não. Acredita em Thor? Não. Acredita em Afrodite? Não. Poderíamos passar uma semana listando deuses. Nunca poderá haver uma resposta afirmativa quando o questionamento erra em seus pressupostos.

Assim, os indivíduos querem que respondamos questões sobre "o que é certo em si mesmo" ou "o que vale mais em si mesmo", mas o caso é que simplesmente não acreditamos nesse tipo de coisa. Não julgamos que exista alguma obrigatoriedade de sermos desta ou daquela maneira. Regras não existem por si mesmas: nós inventamos todas elas, sem exceção — e o mesmo se aplica aos valores. É a isso que o indivíduo está se referindo ao afirmar que não "acredita" que devamos ser bons nem maus. Isso não significa que, na prática, ele não respeitará determinada regra, mas apenas que não a aceita como um dogma, isto é, como um fim em si mesmo, como algo indiscutível.

Para ilustrar, imaginemos a ideia de atravessar a rua na faixa de pedestres. Em circunstâncias normais, faz sentido, e em geral é uma boa ideia. Porém, suponhamos uma cidade totalmente deserta. Há nela um só indivíduo, o qual está ansioso por chegar ao outro lado da rua. O problema é: não há faixas pelas quais atravessar. Assim, mesmo que não haja carros para representar perigo, e mesmo que não haja testemunhas, tampouco autoridades para puni-lo por isso, o indivíduo se angustia com a ideia de atravessar fora da faixa. Deve ou não deve? Ele não está preocupado em saber se atravessar fora da faixa está errado *aos olhos* da lei — ou a quaisquer outros olhos. Sua preocupação é se atravessar fora da faixa está errado *em si mesmo*. Se o indivíduo acha que sim, isso seria "acreditar" na faixa de pedestres, e é apenas essa ideia que estamos rejeitando. Nada pode ser certo ou errado "em si mesmo", sem que haja um contexto, pois em si mesmo só há átomos e espaços vazios, já dizia Demócrito.

Assim, quando nos perguntamos "como devemos viver?", entenda-se bem: isso é apenas uma indagação retórica. Não é como se houvesse um modo de "descobrir" o que devemos fazer. O modo como vivemos depende de como queremos viver, não do que "devemos". Isso porque, se quisermos viver de outro modo, podemos.

Podemos viver como bem entendermos. Não há limitações quanto a isso em qualquer sentido existencial, já que a existência é essencialmente amoral, indiferente à vida. Claro que, em termos práticos, não somos totalmente livres para viver como quisermos, pois estamos limitados aos recursos que nossa máquina nos oferece, mas essa já é uma questão distinta.

3. Niilistas não respeitam nada.

Pensemos em nossas famílias. Como o indivíduo pode pensar que ela não seja "sagrada"? Bem, vamos por partes. Primeiramente, temos de distinguir entre a *sensação* de que algo é especial e a *crença* de que algo é especial. No primeiro caso, sentimos que nossa família é especial e tratamo-la de acordo, à altura da devoção que sentimos. No segundo caso, em geral na tentativa de racionalizar essa sensação sem realmente entendê-la, temos a tendência de inventar explicações delirantes envolvendo importâncias metafísicas que devem ser aceitas por fé — como se precisássemos pagar algum tributo àquilo que nos faz felizes, dando em troca metade de nossa inteligência e todo o nosso bom senso. Desnecessário dizer que só se costuma solicitar esse tipo de "respeito" às hipóteses que desmoronariam até diante de um soluço de sensatez.

Nossa família é *nossa* família, e gostamos dela por isso, assim como cada qual gosta da sua. Seres humanos tendem a se organizar em grupos, e tendem a se afeiçoar aos membros desses grupos em que vivem. Isso não é algo "sagrado", não é algo que deve ser "respeitado" com uma devoção paspalha. É simplesmente nossa natureza. Somos uma espécie social.

Isso significa que o niilista não gosta de sua família? Claro que não. Ele pode gostar, pode não gostar, mas não é essa a questão. Por exemplo, suponhamos que gostemos de nossas famílias. Mais ainda: nós as amamos mais do que tudo. Agora nos perguntemos: que possível relação esse amor que sentimos tem com sacralidade? Qual é o passo que nos leva do amor ao sagrado? Ao que parece, é o delírio — pois uma coisa só pode ser vinculada à outra por meio de um salto de fé ininteligível.

Tudo o que sabemos sobre a realidade índica que o amor está em nossos cérebros — e, sendo esse o caso, por que deveríamos levar a sério uma explicação que parece ignorar os fatos mais básicos sobre nós mesmos? Como estar completamente errados sobre a natureza daquilo que sentimos pode ser sinal de respeito? Essa postura só se justifica se estivermos habituados à ideia de que *não pensar* é indício de respeito.

Não é suficiente tratar nossos entes queridos com carinho, respeito e considera-ção, fazendo-os sentirem-se especiais? Precisamos ainda acreditar, sabe-se lá como, que eles são "sagrados"? E o que isso quer dizer? Que são metade anjos? A coisa toda parece mais um vodu tribal que uma teoria. Então, se gostamos de nossas famílias, tudo bem, mas o caso é que não há necessidade de mentir sobre isso, como se com fanfarronices metafísicas pudéssemos transformá-las em algo maior do que realmente é.

Nessa ótica, se o niilista não entende sua família como algo "sagrado", é sim-plesmente porque não existem coisas sagradas. Existem coisas que amamos, mas isso não as faz sagradas, as faz amadas. Por sua vez, o sentimento de que algo é "especial" deriva de nosso comprometimento emocional, e só. Não há um "algo mais" envolvido. Se essa parece uma abordagem limitada, que seja, mas é limitada aos fatos, e não fica exatamente claro como estar equivocados a respeito das bases neurológicas do amor demonstraria algo além de ignorância.

Em geral, poucos conseguem aceitar essa postura sem se indignar, mas isso só revela quão profunda é nossa necessidade de ser parciais. Essa incapacidade de distinguir entre ambas as coisas — entre nossas vidas vistas "por dentro" e "por fora" — é o que responde por grande parte do preconceito sobre niilistas serem "insensíveis". Aliás, se pensarmos a respeito, veremos tratar-se do mesmo precon-ceito com que religiosos costumam ver os ateus, por serem "incapazes de amar nosso criador".

4. Não seria melhor usar outra palavra no lugar de _niilismo_, se não está sendo empregada no sentido _xis_, como definido pelo autor _ípsilon_?

Se considerarmos a ideia que estamos defendendo — de que a existência não tem finalidade e de que a vida é um acidente —, parece difícil imaginar uma palavra melhor que _niilismo_. Trata-se de uma postura que se coloca num nível tão fundamental que incorpora exatamente o que se quer dizer com a expressão "não acreditar em nada". Daí ser oportuno o termo _nihil_-ismo, isto é, _nada_-ismo.

Traduzida em linguagem clara, a expressão "não acreditar em nada" significa apenas não dar o braço a torcer em nenhuma crença sem fundamento. De um modo um tanto curioso, temos em geral uma noção muito boa do tipo de coisa em que "precisamos acreditar". Contudo, nunca utilizamos essa intuição para interpre-tar a alegação do niilista coerentemente. Tendemos, pelo contrário, a "nos fazermos de bobos" ao discutir o assunto, supondo sempre as interpretações mais inúteis, nunca procurando encontrar o modo mais sensato de entender as afirmações que se fazem (e note-se que criacionistas fazem exatamente o mesmo em relação ao evolucionismo, sendo esse um perfil muito típico em debatedores desonestos). Esse seria exatamente o comportamento esperado caso não tivéssemos qualquer interesse sincero em analisar o assunto, estando simplesmente em busca de um pretexto para deixá-lo de lado sem levantar suspeitas.

Notemos também que a postura niilista é em grande parte mal compreendida exatamente pela facilidade com que pode ser caricaturada — algo que costuma ser habilmente explorado pelos que têm medo dessa postura. Nessa ótica, não deveria nos espantar que se levantassem inclusive "objeções históricas" a uma reconstrução mais coerente e sensata do significado do termo *niilismo*.

Devido aos preconceitos que nos habituamos a associar ao niilismo, normalmente se espera que qualquer indivíduo que se declare como tal tome o caminho de alinhavar tantas negações quanto possível simplesmente pelo prazer do aniquilamento, delirando apocalipses sociais e orgias de caos moral. O niilista não acredita em deus. E também não acredita no sentido da vida. Não acredita em nada: não existimos, não estamos sequer respirando! É tudo uma ilusão! Nada importa — exceto conseguir outra dose de heroína e finalizar a bomba atômica que estamos construindo para dar fim à civilização.

Esse é o estereótipo do niilista. Agora pensemos: alguém em sã consciência defende essa postura? Não. Ora, então por que utilizar essa palavra num sentido que não tem relação alguma com o que *pessoas reais* pensam? Seria mais sensato que baseássemos o niilismo em algo que se possa defender em sã consciência — e é o que estamos tentando fazer.

Uma vez despido de tais preconceitos, o niilismo se revela uma postura perfeitamente defensável. Ao contrário do que se faz parecer, não estamos negando isto ou aquilo por prazer, mas porque nos parece sensato, porque as evidências apontam nessa direção. Deus não existe, a existência não tem sentido, e mentir sobre isso não faz diferença. Se a existência parecesse ter um sentido, nós defenderíamos que tem, mas não parece ter nenhum. Assim, se não acreditamos que a existência tem sentido, se pensamos que estamos aqui para nada, e que nada tem valor algum — ficando nossa existência toda com o aspecto de um passatempo —, há alguma palavra que capta melhor essa ideia que o termo *niilismo*?

Claro que, no passado, nem todos entenderam o niilismo dessa forma, mas no passado muita coisa não era entendida. O ateísmo, por exemplo, não era visto como uma mera descrença, mas como um estilo de vida materialista e mesquinho de indivíduos que não davam importância à espiritualidade. Historicamente, a palavra *ateu* sempre foi utilizada como um insulto para designar os que professavam crenças divergentes das do grupo. Assim, nessa lógica, um cristão seria um "ateu" para um muçulmano, e um muçulmano seria um "ateu" para o cristão. Ainda hoje, se prestarmos atenção a qualquer missa em que se fale de ateus, veremos que a palavra continua sendo empregada exatamente nesse sentido. Fazer o ateísmo passar de um insulto a uma postura filosófica foi uma releitura moderna do termo, por haverem percebido que, por detrás dos preconceitos e das ideias errôneas a seu respeito, havia algo real a ser resgatado.

As coisas permanecem confusas até que alguém se dê ao trabalho de esclarecê-las, distinguindo o que se sustenta por si mesmo, com base na realidade, daquilo que se misturou ao assunto por acidente ou capricho. É exatamente isso que estamos buscando com essa "releitura" do niilismo com base na ciência: resgatar a essência dessa postura por si mesma, baseando-a apenas nos fatos, sem contaminá-la com posturas pessoais, e sem tentar justificá-la por meio do pensamento deste ou daquele autor.

5. O niilismo não serve para nada.

E a vida, serve para quê? Nascer, crescer, reproduzir-se e morrer — e daí? De que adianta levar uma vida produtiva? Aliás, qual a utilidade de ser feliz? Não serve para nada! Isso ilustra como é fácil questionarmos a utilidade de qualquer coisa. Se, com tais palavras, não se comprova a inutilidade da vida, também não se comprova a inutilidade do niilismo.

Se pensarmos a respeito, veremos que a utilidade do niilismo é a mesma do ateísmo: trata-se de uma postura defendida por aqueles que se importam em estar certos a respeito da realidade. Logicamente, o niilismo só será útil se tivermos esse tipo de inclinação à honestidade. Se, pelo contrário, tivermos a tendência de inventar nossas respostas a partir do nada, fantasiando uma interpretação pessoal do mundo com base no fato de isso nos agradar, a tendência será que vejamos o niilismo como um inimigo, como uma presença incômoda, pois ele limita nossa visão de mundo àquilo que é passível de fazer sentido — e esse é um preço alto quando não se tem uma visão de mundo inteiramente coerente.

6. O niilismo não é capaz de se sustentar como uma filosofia autônoma, capaz de fornecer uma visão de mundo completa.

Ninguém espera que o fato de alguém não acreditar em divindades seja capaz de orientá-lo na escolha de cebolas durante uma visita ao supermercado, então por que o niilismo, ao rejeitar a ideia de valores intrínsecos, deveria nos orientar em questões sem qualquer relação possível com o assunto, ou mesmo nos fornecer uma visão de mundo — quanto mais uma visão completa? O niilismo não é uma filosofia autônoma, no sentido de ser uma doutrina sobre como devemos viver ou entender o mundo. Ele é apenas uma filosofia acessória, como o ateísmo, e não há por que esperar que seja algo além.

Basta pensar no assunto com alguma sensatez e um mínimo de honestidade para percebermos como é descabida a ideia de que deveria existir alguma "cartilha de princípios" sobre o que deveríamos fazer e pensar caso a existência não tivesse sentido. A própria ideia de que o niilismo talvez pudesse justificar posturas práticas não passa de fantasia. Para colocarmos as coisas em perspectiva, pensemos o seguinte: o que um ateu faz com base no fato de deus não existir? Nada. No máximo, não frequenta igrejas ou algo do gênero. Ou seja, temos apenas implicações irrelevantes. O que o niilista faria com base no fato de o mundo não ter sentido? Isso é ainda menos claro. Talvez apenas não tivesse a tendência de dar conselhos muito otimistas.

Ateísmo e niilismo não são posturas práticas. Assim como o ateísmo diz respeito à recusa de uma ilusão sobre um fantasma paterno, o niilismo diz respeito à rejeição de uma interpretação delirante da vida humana, segundo a qual nossa existência seria algo além do acidente que *sabemos* que é.

Por mais que essas posturas sejam chocantes àqueles que acreditam em versoes "alternativas" da realidade, o fato é que ateus levam vidas normais, e niilistas também, pois esse tipo de consideração intelectual a respeito da realidade dificilmente se mistura à vida prática.

Porém, para entendermos por que temos a tendência de pensar o contrário, basta nos lembrarmos da forma como religiosos costumam imaginar a vida dos ateus. Ao pensar numa vida sem deus, o religioso tem a imediata impressão de que seria uma existência indefinivelmente horrorosa, cujo único sentido possível consistiria numa sequência de desatinos que nos levaria rapidamente à prisão ou à morte. Agora observemos os ateus em nossa sociedade. Isso realmente acontece? Não, não acontece. A coisa toda era apenas fantasia do indivíduo. Trata-se de algo não baseado nos fatos, mas meramente em seu medo de perder algo que o conforta. Similarmente, quando pensamos no niilismo como algo que carrega implicações terríveis e sombrias às nossas vidas, temos basicamente a mesma situação, porém aqui o medo diz respeito à nossa crença num valor imaginário do ser humano.

7. Niilistas não vivem de acordo com o que pensam.

O que exatamente isso quer dizer? Físicos quânticos vivem de acordo com aquilo que pensam? Como o fato de elétrons terem um comportamento imprevisível poderia possivelmente ser posto em prática? Assim como física quântica, niilismo não é um estilo de vida, e é mesmo difícil imaginar como o fato de a existência não ter sentido poderia de algum modo refletir-se em nossas ações. Nesse caso, o mais provável é que o indivíduo que lança a acusação tenha elaborado em sua mente várias implicações imaginárias do niilismo, e agora tenha passado a condenar os niilistas fora de sua cabeça como "hipócritas" por não se enquadrarem em suas confabulações.

Seja como for, o raciocínio que se usa é geralmente algo desta natureza: "O niilista diz que matar não é errado em si mesmo. Porém, se encostarmos uma arma na cabeça de sua amada, então a conversa será bem diferente! Apenas agora vemos que ele não age de acordo com aquilo que pensa".

Muito bem. Agora a nossa versão. Imaginemos um semáforo. Ninguém parece ter dúvidas de que se trata de algo que inventamos para orientar nossas vidas. Nós os obedecemos, mas não há a necessidade de "acreditar" que o vermelho do semáforo é "mau", ou que o verde é "bom", situando o amarelo numa espécie de limbo semafórico. Isso quer dizer que o semáforo, em si mesmo, não quer dizer nada. *Sabemos* disso porque o inventamos. Então, como o significado das cores é apenas convencional, se a luz verde fosse azul, daria no mesmo.

Essa é a ideia. Agora pensemos nas implicações de entendermos ambos os lados dessa equação. Todos respeitam o sinal vermelho, certo? E fazem isso mesmo sabendo que, em si mesmo, ele não quer dizer nada. Logo, todos os motoristas habilitados são hipócritas, pois não estão agindo de acordo com o que pensam: "O motorista diz que parar no vermelho é apenas uma convenção, mas se houver um carro policial ao seu lado, a conversa será bem outra! Apenas agora vemos que ele não age de acordo com aquilo que pensa". Isso ilustra a incoerência do argumento, e demonstra que viver não se trata de colocar em prática, do modo mais bronco e literal possível, aquilo que pensamos.

Analogamente, também não há a necessidade de acreditar que roubar seja errado "em si mesmo" para querermos viver numa sociedade livre de crimes. É tão pouco concebível que o roubo seja "errado em si mesmo" quanto que o vermelho seja "pare em si mesmo". Roubar, em si mesmo, não significa nada, como não significam nada as cores. Porém, mesmo que não haja qualquer diferença palpável entre ambos os casos, sentimos que a diferença existe e está inexplicavelmente presente. Mas, no fim, isso só prova que perdemos a capacidade de pensar com clareza quando emoções entram em cena.

Assim, até onde podemos perceber, não precisamos "acreditar" em nada para querermos viver em paz. Só precisamos entender que, ao sermos roubados, ficamos infelizes. Por isso que não queremos ser roubados. Daí a proibição. Não há a necessidade de fantasiar alguma interpretação extravagante da realidade segundo a qual esse ato, simplesmente porque nos prejudica, é de algum modo "existencialmente reprovável".

8. O niilismo conduziria à desintegração da sociedade.

O mesmo se disse do ateísmo, da teoria da evolução, do heliocentrismo, e em geral da ciência como um todo, alegando-se que esse tipo de interpretação "limitada" da realidade, por não levar em conta nossa "espiritualidade" — ou nossos "ideais", para uma palavra laica equivalente —, de algum modo destruiria os alicerces da sociedade, conduzindo-nos ao aniquilamento de tudo o que mais amamos. Tudo o que podemos dizer é que a profecia não se cumpriu. Não há evidência alguma de que a falta de espiritualidade ou a "educação excessiva" tenha efeitos negativos sobre nosso comportamento. Basta notar que os presídios estão repletos, não de ateus, mas de religiosos com educação escassa para perceber a inconsistência dessa linha de argumentação — do contrário deveríamos algemar todo indivíduo capaz de defender uma tese de doutorado.

Profecias apocalípticas envolvendo niilismo representam só mais um caso em que o ser humano prevê a destruição da sociedade com base em suposições que nunca se realizam. Isso parece acontecer porque tais indivíduos partem de uma noção equivocada de quais seriam os fundamentos de nossos valores morais. Lembremos que nossa moralidade, em si mesma, não tem significado, não depende das fantasias que inventamos para explicar nossas ações: depende do funcionamento de nossos cérebros. Nossas reações de luto diante de perdas, nossas tendências à cooperação em tempos de dificuldade, nossa mágoa diante de uma traição, nada disso depende dos "valores" em que acreditamos. Pelo contrário, tais coisas estão entranhadas na própria constituição de nossos cérebros — assim como estamos programados para secretar lágrimas em resposta à tristeza ou para mostrar os dentes em resposta à hilaridade. Assim, se o niilismo não destrói as bases da sociedade, é apenas porque essas bases estão em nossos cérebros, não em nossas explicações.

9. Nada impede um niilista de cometer atrocidades.

E o que impede um religioso de cometê-las e depois pedir perdão? O simples fato de levantarmos esse tipo de argumento já revela o quanto nos sentimos incomodados numa situação em que os demais não nos são completamente previsíveis. Nesse contexto, o niilista é frequentemente denunciado como um elemento caótico, não por ter cometido qualquer transgressão, mas simplesmente porque desafia nossos modelos mentais de classificação — porque "poderia muito bem tê-las cometido".

Não saber o que esperar nos deixa ansiosos. Porque, se o indivíduo não acredita em nada, como podemos saber o que ele fará? Não podemos. Contudo, por que deveríamos poder saber, de antemão, tudo o que alguém pode fazer? Se perguntarmos a nós mesmos por que queremos saber esse tipo de coisa, ficará evidente a raiz do problema: o desejo de controlar os demais.

Como controlamos uns aos outros? Com valores morais convencionados. Os exatos valores nos quais o niilista não acredita. Nessa situação, quando tentamos imaginar um niilista na prática, primeiramente pensamos em todos os limites que impomos a nós mesmos, depois pensamos em alguém que não respeitasse nenhum deles: é o niilista, a imagem perfeita do criminoso, da pessoa que não tem limites, que não se detém diante de nada, cuja vida se dedica essencialmente a não seguir regras. Em nosso imaginário, o descrente e o facínora compartilham o mesmo espaço.

Porém, considerando que a maioria dos criminosos acredita em deus, e que isso evidentemente não os impede de matar, deveríamos ao menos ficar desconfiados diante desse tipo de raciocínio, segundo o qual niilistas seriam todos "maus" simplesmente por não acreditarem em certos dogmas morais que nos passam segurança.

Assim, à primeira vista, nossa intuição nos leva a crer que um indivíduo sem crenças está sempre "fora de controle", mas talvez esse fosse o caso de usarmos os olhos: se um indivíduo é capaz de enxergar através das regras práticas que segue, em vez de se submeter a elas cegamente, como se fossem dogmas, isso não o torna um indivíduo mais flexível, mais apto a se ajustar às diversas situações da vida, inclusive a ouvir o nosso lado? Comparemos esse indivíduo a um animal intransigente que, até o fim de seus dias, apenas repetirá os mesmos padrões aprendidos, e então tiremos nossas próprias conclusões.

9. O VALOR DA VERDADE

Se não nego minhas origens, é porque prefiro não ser nada a ser o fin-
gimento de alguma outra coisa. — E. M. Cioran

Afinal, o que há de tão interessante no ponto de vista niilista? Justamente o fato
de não ser um ponto. Talvez em momentos de divagação já tenhamos pensado em
como seria se pudéssemos entender a realidade para além de todas as opiniões,
para além de todas as disputas humanas. Uma perspectiva que independesse de
qualquer ótica particular, que se aplicasse ao mesmo tempo a todos os indivíduos,
mas que não partisse de ninguém em específico. É exatamente essa a ideia. O
niilismo, na medida em que nos ajuda a encarar a realidade de uma forma imparcial, permite que construamos nossa visão de mundo imparcialmente, com base nos
fatos. Naturalmente, se nossa opinião coincide com os fatos, ela ao mesmo tempo
deixa de ser apenas uma opinião.

Como se supõe, se quisermos ver além das óticas, será preciso que abandonemos não apenas a nossa própria, mas todas elas, pondo de lado todas as ideias que
dependam de óticas, focando apenas aquilo que existe por si mesmo, independentemente das construções que sujeitos projetam na realidade. Para tal fim, em vez de
partir de um ponto de vista particular, não partimos de nenhum: focamos a
realidade conhecida em sua totalidade, em seu funcionamento global, fazendo
desse ponto de vista exterior o nosso próprio, como se estivéssemos abordando a
questão do "ponto de vista do universo".

Se a ideia parece vaga, pensemos num caso concreto. Por exemplo: se um indivíduo diz que o dinheiro é algo "bom", e outro diz que é algo "mau", como podemos
chegar a um denominador comum? Será preciso remover do dinheiro todos os
atributos que dependam de óticas particulares. O dinheiro ser "bom" depende de
uma ótica; ser "mau", de outra. Então "filtramos" tais atributos, pois dizem respeito
apenas ao modo como certos indivíduos veem o dinheiro. Além disso, o próprio
valor do dinheiro, ainda que seja consenso, não é mais que uma convenção de
nossa sociedade: se depende de nós para existir, o valor do dinheiro é também
subjetivo.

Procedendo dessa maneira, se removermos toda essa interpretação, chegaremos à conclusão de que o dinheiro é o quê? O que são as cédulas em si mesmas? Papel. E quanto a isso todos estão de acordo. O dinheiro ser papel é um fato que está além de nossas opiniões. Todo o mais depende de como o vemos. Agora, se quisermos uma confirmação independente desse resultado, imaginemos que fôssemos até uma civilização distante, do outro lado da galáxia, na qual não houvesse o conceito de dinheiro, pedindo que analisassem algumas cédulas com suas tecnologias mais poderosas. Como se supõe, eles nada poderiam dizer do "valor" desse papel, menos ainda do fato de ele ser "bom" ou "mau". Mas, ao mesmo tempo, estariam em perfeitas condições de averiguar que se trata de papel, pois isso ele é em si mesmo, independentemente dos atributos que nele projetamos.

A ideia é basicamente essa. Desconstruímos a realidade até seu denominador comum, chegando àquilo que é universalmente válido para todo e qualquer observador. Feito isso, reconstruímos nossas óticas pessoais exatamente como eram, mas *por cima* desse alicerce básico, distinguindo quão relativo é o modo de existir de cada elemento que compõe nossa visão de mundo. Evidentemente, uma reconstrução exata de nossas óticas pessoais nem sempre se mostrará possível sobre esse novo alicerce. Nossa forma pessoal de ver as coisas só permanecerá intacta na medida em que for compatível com uma visão natural da realidade.

Para fins de ilustração, organizemos dentro desse esquema os atributos mencionados no exemplo acima. Podemos dizer que o fato de o dinheiro:

1. Ser papel não depende de qualquer ótica. (nível físico)
2. Ter valor depende da sociedade como um todo. (nível social)
3. Ser bom/mau depende da opinião de alguém. (nível pessoal)

O item número 1 corresponde ao "alicerce básico" de nossa visão de mundo, que é o mesmo para todos, independentemente daquilo que se pense (o "ponto de vista do universo"), enquanto os itens 2 e 3 são construções — sociais e individuais — que "sobrepomos" a essa realidade básica.

Agora, se lembrarmos as distinções que há pouco apresentamos sobre objetivo/subjetivo, veremos que esse "alicerce básico" corresponde a um conhecimento epistemologicamente objetivo a respeito daquilo que existe de forma ontologicamente objetiva. Noutras palavras, trata-se de um conhecimento independente de opiniões a respeito daquilo que existe independentemente de qualquer sujeito. Exatamente o que buscávamos.

Ao colocar tal perspectiva como o alicerce de nossa visão de mundo, teremos uma visão da realidade baseada na própria realidade — e, como dissemos, na medida em que nossa forma de ver o mundo independe de nós, ela também deixa de ser apenas uma opinião. Assim, por exemplo, se afirmamos que átomos de potássio são mais pesados que átomos de hidrogênio, já não há margem para a resposta "essa é a sua opinião". Não é apenas nossa opinião: são os fatos. Similarmente, se afirmamos que o homem tem uma "alma", isso não pode fundamentar-se simplesmente em nossa "opinião": tem de ser um fato, pois nesse nível da realidade opiniões não importam, já que nada existe ou deixa de existir em função daquilo que pensamos que existe.

Por outro lado, mesmo que seja bom termos uma visão de mundo independente de opiniões, essa ótica, sozinha, tem óbvias limitações. Se considerarmos toda a complexidade do modo como lidamos com o dinheiro, depois pensarmos na singeleza do que ele é por si mesmo, veremos como é pouco aquilo que resta quando removemos nossas óticas. Essa visão "esvaziada" do mundo parece-nos desértica, gerando a clara impressão de que não há "nada" por detrás de nossas vidas. Porque não há. Naturalmente, essa versão "empobrecida" da realidade não é tudo o que existe, mas é tudo o que existe *por si mesmo*, independentemente de óticas quaisquer. Ao mesmo tempo, sabemos que grande parte da realidade em que vivemos constrói-se a partir de nossas subjetividades. Mas esse subjetivo não foi ignorado: ele vem exatamente agora, não "por detrás", mas *por cima* dessa realidade básica.

Para entender o que esse "por cima" quer dizer, basta lembrar como nossa espécie chegou a existir. Há uma realidade objetiva, e nessa realidade certa espécie evoluiu grandes cérebros com a capacidade de interpretar o mundo em termos subjetivos. Daí nossa subjetividade. Ver a questão dessa forma nos dá uma ideia bastante acertada de como o subjetivo se relaciona com o objetivo — ao mesmo tempo em que faz parte dele. Claro que a realidade não se divide em objetivo e subjetivo, mas nós podemos dividi-la como um recurso didático, para melhor entendê-la. Isso não parece prejudicar nossa compreensão porque, reunindo novamente ambas as coisas, o resultado coincide com o que sabemos: temos o mundo como uma realidade física básica — que é tudo o que existe por si —, dentro da qual há vários sujeitos também físicos, cada um com sua ótica pessoal — criada por seus cérebros — sobrepondo-se a essa realidade básica, que é a mesma para todos. Esse modo de conceber o mundo parece bastante satisfatório, pois, ao mesmo tempo em que abarca a uniformidade da realidade física, estando de acordo com os fatos conhecidos, também dá conta de situar toda a diversidade de nossas óticas pessoais como construções de nossos cérebros.

Por sua vez, como esse modelo não se baseia numa simplificação, e sim numa categorização organizada dos fatos que conhecemos por meio da ciência, não há razão para considerá-lo reducionista. Nada foi reduzido. Nenhuma parcela de nossa subjetividade foi "negada". Tudo o que fizemos foi passar a limpo nossa visão de mundo com base no conhecimento atual, reorganizando cada elemento da realidade em torno de seu modo de existir, sem excluir qualquer parcela. Se, à primeira vista, há a impressão de que nossa visão de mundo tornou-se de algum modo "menor", é apenas porque coisas bem organizadas tendem a ocupar menos espaço.

Naturalmente, como nem todos têm uma visão científica do mundo, é comum que ao longo desse processo de revisão tenhamos de corrigir alguns — ou vários — pontos de nossa visão de mundo. Porém, mesmo que tenhamos de abandonar alguns equívocos, lembremos que a ideia nunca foi simplesmente "destruir", ou valorizar uma coisa acima de outra, mas apenas encontrar uma forma de tornar o mais clara possível nossa compreensão da realidade: e isso foi feito distinguindo-se até que ponto a realidade é uma construção humana, e até que ponto não é.

✳ ✳ ✳

Para justificar o trajeto que fizemos, tivemos de partir do pressuposto de que o conhecimento deve ser buscado como um fim em si mesmo. Se deve, isso é algo que cada um tem de decidir por si próprio. Tudo o que afirmamos é que o niilismo só é defensável se partirmos desse pressuposto. Então, diante de todo esse trabalho de desconstrução, seria justa a pergunta: se tais suposições estão corretas, que importa? Qual a importância de estar certo? Qual a importância de saber tanto sobre tudo? Niilistas não seriam como mecânicos aflitos pelo fato de nem todos saberem desmontar seus próprios carros? Tudo o que a maioria das pessoas quer é chegar ao trabalho, não entender como carburadores estão implicados nesse processo. Mais ainda: saber demais sobre nossos carros, ou sobre nós mesmos, em vez de ajudar, talvez apenas criasse preocupações desnecessárias.

Por que deveríamos priorizar o conhecimento, em vez de priorizar, digamos, o bem-estar, ou a justiça, ou a liberdade? E tudo o que podemos responder é: não deveríamos. Não há qualquer obrigatoriedade de priorizarmos qualquer valor em específico. Se priorizamos estar certos, é apenas porque nossa curiosidade faz disso um interesse pessoal. Os demais podem priorizar o que bem entenderem. O conhecimento só precisa ser buscado como um fim em si mesmo se nosso objetivo for o próprio entendimento, se nos agrada entender o mundo em que vivemos. Em quaisquer outras circunstâncias, estar rigorosamente certo não é imperativo, pois o valor da verdade pode muito bem subordinar-se a outros fins.

A absoluta imparcialidade pode ser importante do ponto de vista do conhecimento, porém, do ponto de vista da vida prática, estar certo é frequentemente irrelevante. Por exemplo, imaginemos dois competidores numa maratona de resistência. Vencerá o que conseguir correr a maior distância ininterruptamente. Que diferença faz se um deles pensa correr "sob inspiração divina", enquanto o outro é mentalmente são? Enquanto estar certo não nos dá nenhuma vantagem óbvia, a ilusão de "inspiração" poderia ter um impacto significativo sobre nossa motivação, levando-nos a um melhor desempenho. Supondo-se que ambos os atletas estivessem igualmente bem preparados, parece claro que o iludido, dispondo de um bônus psicológico de determinação, teria maiores chances de vencer — e notemos que isso não ocorre *apesar* de sua noção equivocada do mundo, mas exatamente *devido* a ela. A ilusão ajuda-o — não a entender, naturalmente, mas a vencer.

Como se percebe, as regras pelas quais nos guiamos em nosso cotidiano têm pouca relação com o conhecimento da realidade em si mesma. A vida se orienta em torno de metas que não dependem realmente de as entendermos, mas apenas de as realizarmos — indo desde rituais de acasalamento até carreiras profissionais. Noutras palavras, como a realidade física funciona por si mesma, podemos simplesmente ignorá-la — ou atribui-la a um fantasma —, focando apenas em como viver nessa realidade. Em termos práticos, dá no mesmo, pois metas são para ser alcançadas, não entendidas. Vidas são para ser vividas, não dissecadas. Assim como podemos dirigir sem nunca entender como carros são feitos, podemos viver sem nunca entender como a vida funciona, lembrando ainda que ser bons mecânicos não nos fará necessariamente bons pilotos. Portanto, se não precisamos entender para agir, torna-se indiferente se temos ou não uma noção acertada de nossas ações. Basta agir. Entender é opcional.

Nessa perspectiva, não chega a ser necessário dar total prioridade à história natural do universo, se o que queremos é apenas atravessar a rua para chegar à mercearia. E, se acreditar que teremos uma segunda vida nos dá mais motivação para fazê-lo a cada manhã, por que não? Por que deveríamos abandonar nossas ilusões? Somente porque são ilusões? Se o objetivo é alcançar bem-estar, talvez não devêssemos ser tão rápidos nesse julgamento, pois somos muito bons em forjar fantasias que, em termos de conforto, são muito superiores à realidade. Assim, a depender da situação, acreditar pode ser mais vantajoso que saber, não havendo benefício em nos desvencilharmos de nossas ilusões até as últimas consequências.

Para melhor ilustrar esse ponto no contexto de nossa discussão, pensemos, por exemplo, na razão pela qual se acredita em divindades. Primeiramente, o óbvio: ninguém procura uma religião em busca de esclarecimento, mas de conforto. Se quisessem conhecimento, simplesmente iriam à biblioteca. Porém, num confronto entre um ateu e um religioso, é comum que um não "entenda" a ótica do outro, pois partem de pressupostos diferentes: o descrente costuma dar valor absoluto à verdade, enquanto o crente costuma priorizar o bem-estar, subordinando a verdade a esse fim. Enquanto um vê na felicidade uma prova de que deus existe, o outro contra-argumenta que a felicidade não tem nada com isso — mas como não? Se felicidade é o que se quer, tem tudo. O ateu diz que deus não existe, mas o religioso continua sentindo-o todos os dias em seu coração — e que importa fazer sentido, se o objetivo é alcançado? Que importância tem o fato de a explicação para a existência de deus não ter respaldo na ciência? Não é respaldo da ciência o que se quer, mas o conforto proveniente dessa crença, e nisso ela não deixou a desejar. O ateu pode até estar com a razão, mas está apenas com a razão. Aos olhos do religioso, ele parece estar falando algo completamente irrelevante — e está. Religiosos não estão preocupados com os fatos: se estivessem, seriam ateus.

O detalhe é que ateus também procedem dessa maneira "irracional" em vários assuntos. Por exemplo, nunca nos incomodamos em procurar razões para justificar o amor que sentimos por entes queridos falecidos, que têm um *status* ontológico ao menos tão duvidoso quanto deus. Assim, na prática, gostamos de algo que não existe, que está apenas "em nosso coração" — e até em nossas cabeças ateias isso faz algum sentido —, demonstrando que as coisas não precisam existir "mesmo" para podermos nos relacionar emocionalmente com elas. Se, uma vez por ano, tivermos o hábito de visitar a sepultura das pessoas das quais sentimos saudade, levando algo como flores e dizendo algumas palavras carinhosas, não daríamos a mínima para um racionalista alegando que nossos parentes não podem nos ouvir, pois nessa altura não passam de pedaços de cálcio. Ora, é demasiado óbvio que não estamos "querendo que nos ouçam", mas apenas buscando conforto do único modo como podemos. Essa abordagem demasiado literal do racionalista nos pareceria, não um indício de inteligência, mas de insensibilidade, pois o foco de nossa visita ao túmulo nunca foi encontrar a verdade. O exemplo talvez nos ajude a entender por que religiosos não se importam com a existência literal de deus, desde que possam continuar relacionando-se com ele.

Tais discussões são interessantes, mas qual a importância de as levantarmos aqui? Bem, para finalizarmos com o seguinte paralelo: sabemos que deus não existe fisicamente, mas ele existe *praticamente*. Noutras palavras, como só diz respeito à vida prática, a existência de deus é apenas *funcional*, e não tem correspondência na esfera intelectual. Exatamente como a crença no valor da vida.

10. A QUESTÃO FINAL

Há algo débil e um pouco desprezível no homem que não consegue encarar as adversidades da vida sem a ajuda de mitos confortantes.
— Bertrand Russell

Uma vez tenhamos deixado de lado a crença em deus, leva algum tempo para reorganizarmos nossa visão da realidade. Várias questões que eram facilmente respondidas com uma vaga alusão à vontade divina passam a requerer esforço, estudo e reflexão de nossa parte. Durante essa fase de transição, ficamos à procura de modelos naturais para substituir os antigos. Na esfera intelectual, é relativamente fácil nos acostumarmos, pois a ciência nos oferece modelos explicativos bastante satisfatórios. Porém, como a ciência pouco tem a dizer a respeito do que devemos fazer de nossas vidas, continuamos com o modelo moral antigo, em que seguimos certos valores que julgamos corretos por motivos que não compreendemos claramente.

Não havendo necessidade de mudar nossa vida prática, continuamos seguindo basicamente o mesmo conjunto de valores — porém, em vez de os atribuirmos a deus, atribuímo-los ao homem. Muda apenas nossa forma de entender, de explicar nossos atos, que permanecem essencialmente os mesmos. Passamos a encontrar na abstração de nós próprios, no "homem em geral", nos anseios e sonhos humanos, um novo referencial pelo qual viver. Porém, apenas para descobrir que também esse referencial é uma ficção, igualmente incapaz de sustentar-se diante dos mesmos fatos que nos levaram a rejeitar a ideia de deus. Pois, afinal, "deus" não é exatamente isso — uma abstração impessoal que o homem cria de si mesmo para justificar aquilo em que quer acreditar?

Do ponto de vista psicológico, esse seria um caminho previsível. Ninguém faz o percurso mais longo se há o curto. Como o processo emocional de adaptação à ausência de uma figura paterna costuma ser angustiante e cansativo, temos a tendência de abraçar a primeira ideia que nos pareça suficientemente firme para ocupar esse posto em nossas mentes — e depois não pensamos mais no assunto. Assim, em vez de buscarmos uma nova forma de compreender nossos valores, tentando entendê-los com base na realidade, continuamos a justificá-los fazendo alusão a essa figura paterna, que agora é um homem na terra, e não no céu. Noutras palavras, apenas reaproveitamos o modelo que já tínhamos na cabeça, o qual permanece virtualmente inalterado. O resultado é que o indivíduo se agarra à figura humana pelo mesmo motivo que o religioso se agarra a deus: para "resolver" o problema do niilismo, que parece incomodar ambos igualmente.

À primeira vista, parece difícil entender como a crença no homem poderia nos dar esse tipo de segurança que buscamos, como poderia nos "proteger" do niilismo — até percebermos que, nesse esquema, o homem passa a ocupar o lugar de deus. Claro que, em princípio, não há problema algum em utilizar o homem como referencial para orientar nossos valores. Mesmo porque, no fim das contas, não há outra opção razoável. O problema está na forma desesperada como isso é feito — como quem defendesse um "ideal" por seu efeito ansiolítico. Esse desespero se revela claramente pelo fato de passarmos a falar do "Ser Humano" com uma reverência hiperbólica, que nunca dispensaríamos uns aos outros, como se a ideia do ser humano valesse mil vezes mais que uma pessoa real. Desnecessário dizer que, psicologicamente, o indivíduo não se tornou descrente, apenas trocou de ídolo.

Por que isso acontece? Porque nosso cérebro emocional não pensa. Para termos uma prova disso, quando estivermos conversando com algum conhecido, peçamos, o mais educadamente possível, que considere a ideia de que sua vida não tem valor intrínseco, de que tudo o que ele faz ultimamente não serve para nada. Será rara uma reação: "Tudo bem, pensei; e agora?" Em geral, ouviremos apenas algum resmungo indignado: "Como assim, o que deu em sua cabeça? Quer dizer que posso me matar, e isso não fará diferença alguma? Ora, vá para o diabo, seu doido!" Essa é a típica reação do cérebro afetivo, cerceando nossa inteligência e impedindo-nos de pensar com clareza em assuntos emocionalmente importantes.

Tudo o que fizemos foi pedir ao indivíduo que pensasse nessa ideia, mas ele não pensou: apenas reagiu como se ela representasse uma ameaça. Esse é o problema das posturas que defendemos por motivos emocionais: o indivíduo está fechado num ponto de vista pessoal, que só vale para ele, e a única via de acesso a novas informações está bloqueada por uma reação emocional autônoma que desativa a racionalidade. Perde o sentido discutir, pois sempre que a razão ameaça colocar uma crença em xeque, o sistema emocional intervém, e começamos a argumentar com insultos e ameaças. Nessa situação, é muito improvável que o indivíduo chegue a mudar sua opinião apenas por meio de diálogos. A melhor chance é que a mudança venha de dentro, porque, se vier de fora, será vista como uma inimiga.

Considerando que nossas emoções são para nos ajudar a sobreviver, faz sentido que reajamos vigorosamente diante da ameaça de perder algo de que gostamos — e gostamos de pensar que somos o centro de tudo. O detalhe é que não somos. Foi isso o que a ciência descobriu, e isso criou o problema que estamos investigando: sabemos que não somos importantes, mas sentimos que somos, e queremos fazer nossa compreensão da realidade girar em torno disso. Porém, como a realidade não acompanha nossos delírios, a tendência é que reajamos negando-a, fechando-nos numa realidade particular. Daí que seja preciso "acreditar" nesse tipo de coisa, pois ela não tem base nos fatos, mas apenas em nossos anseios.

Verdades incômodas são difíceis de assimilar. Para exemplificar esse ponto, imaginemos que alguém estivesse nos insultando, mas não aleatoriamente: tudo o que ele diz é verdade. Ele está dizendo: "covarde, covarde!", porque fugimos de uma briga em vez de ajudá-lo, como havia sido combinado num momento anterior. Isso faz de nós covardes? Claro que faz. Tivemos medo, fugimos, depois inventamos desculpas esfarrapadas: é o que covardes fazem. Tudo bem, pode ser verdade, mas não significa que vamos aceitar calmamente essa acusação. Podemos saber que agimos como covardes, mas isso não quer dizer que nos sintamos à vontade com essa ideia. Assim, na tentativa de preservar nossa reputação, reagimos à verdade como se fosse uma inimiga. Uma vez colocados na contramão da realidade, começamos a levantar mais e mais pretextos para nos sentirmos justificados, tentamos racionalizar nossa inocência, e é assim que, por motivos emocionais, acabamos enredados numa realidade alternativa que só faz sentido em nossas cabeças.

Isso ilustra a típica dificuldade que às vezes temos de aceitar fatos que sabemos ser verdadeiros. Sabemos que eles são verdadeiros e, mesmo assim, não conseguimos aceitá-los: temos nisso a chave para compreender a razão pela qual se resiste ao niilismo. Trata-se de uma reação emocional de autodefesa, exatamente a mesma que impede um indivíduo religioso de abrir mão da crença em deus, só que essa nos impede de questionar o valor da vida humana.

Como está arraigada em nosso interior, a importância humana é algo que, desde o início, não vemos muito sentido em questionar: por que importar-se em ver o outro lado, se esse outro lado nem mesmo está vivo? Ninguém considera o ponto de vista da pedra ao chutá-la. Ademais, como somos humanos, ao defender a ideia de que somos importantes, simplesmente temos a impressão de estar defendendo nossos próprios interesses. Sem considerar que, na medida em que não pudermos ser prejudicados, geralmente estamos dispostos a defender mentiras, desde que elas nos favoreçam.

Naturalmente, não estamos sugerindo que talvez devêssemos deixar de valorizar nossas vidas, mas meramente questionando a *explicação* que damos para isso. Como podemos, com base nos fatos, acreditar que o homem é "importante"? De onde tiramos essa ideia? E o que isso quer dizer exatamente? Todos acreditam que a vida é valiosa, mas quão valiosa? Ninguém parece saber ao certo. Só nos dizem coisas vagas enquanto gesticulam com movimentos amplos e suaves, como que tentando nos acalmar. Temos a mesma situação quando perguntamos a respeito da aparência do céu, ao qual tantos são convictos de que iremos após a morte, mas sobre o qual permanecem incapazes de alinhavar meia dúzia de afirmações coerentes quando se trata de detalhes. Temos diante de nós uma importância que não pode ser demonstrada, que não tem fundamentação racional, que não se explica, mas que mesmo assim não é uma "fé". É o quê, então? Mágica? Como nosso interesse aqui é encontrar uma explicação satisfatória para o fato de valorizarmos a vida, bem como para a razão de nos enganarmos a esse respeito, tragamos a discussão ao seu devido contexto. Ao explicar a razão pela qual gostamos de doces, Dennett diz-nos que

> *A coevolução favoreceu a barganha entre plantas e animais, aguçando em nossos ancestrais a capacidade de discriminar açúcar por sua "doçura". Ou seja, a evolução equipou animais com receptores moleculares específicos que respondem à concentração de açúcares altamente energéticos em tudo o que saboreiam, e gravou esses receptores moleculares na maquinaria exploratória, grosso modo. Os indivíduos geralmente dizem que gostamos de algumas coisas porque elas são doces, mas isso está invertido: é mais correto dizer que algumas coisas são doces (para nós) porque gostamos delas! (E nós gostamos porque os nossos ancestrais que estavam programados para gostar delas tinham mais energia para a reprodução do que seus companheiros menos sortudos em termos de programação). Não há nada de "intrinsecamente doce" (seja lá o que isso signifique) em moléculas de açúcar, mas elas são intrinsecamente valiosas para organismos que precisam de energia, e assim a evolução fez com que organismos tivessem uma poderosa preferência inata por tudo o que ativasse seus detectores específicos para a*

alta energia. Essa é a razão pela qual nascemos com um gosto instintivo por doces — e, em geral, quanto mais doce, melhor.

Se não se sustenta uma argumentação segundo a qual certos alimentos são doces em si mesmos, por que deveríamos pensar no valor da vida como algo diferente? A ideia de que a vida humana é "intrinsecamente valiosa" faz tão pouco sentido quanto a de um alimento intrinsecamente doce. *A vida é valiosa porque gostamos dela; nossos antepassados que a valorizavam se reproduziam melhor; a evolução nos programou para gostar da vida. É só isso.* O que mais seria? Uma importância metafísica que magicamente se correlaciona às nossas necessidades biológicas? Isso é maluquice. Não há necessidade de racionalizarmos alguma "filosofia" para explicar o valor da vida — mesmo porque fazê-lo equivaleria a falsificar esse valor, fazendo-o nascer do lugar errado, com base em confabulações.

Ao fazer o valor da vida independer de nossa origem biológica, estamos apenas garantindo que nossas explicações não terão qualquer relação inteligível com a realidade. Não há como entender uma coisa independentemente da outra: explicar o valor da vida sem fazer referência ao instinto de sobrevivência é algo tão estranho quanto explicar por que gostamos de alimentos doces sem fazer referência à nossa necessidade energética. Imaginemos como seria esse tipo de argumentação em favor de uma doçura em si mesma: "a riqueza dos detalhes da doçura empresta valor à alimentação e a torna importante na determinação de nossos contextos de significação, de modo que viver se torna intrinsecamente relacionado ao pressuposto da doçura". E o lero-lero continuaria indefinidamente, numa tentativa de concatenar qualquer conjunto de pretextos que supostamente explicasse por que gostamos de doces, porém sem que isso tivesse qualquer relação com a realidade, com o verdadeiro motivo pelo qual gostamos, que é termos sido evolutivamente programados para tal.

Para entender por que isso acontece, lembremos que, mesmo antes de entenderem a razão pela qual tinham de respirar, os homens já tinham na ponta da língua uma resposta completa para a origem do universo. Sempre fomos assim, "criativos". Mas por quê? Porque nosso cérebro, quando não tem à sua disposição informações para explicar algo, contenta-se em simplesmente inventá-las. Para ilustrar, temos aqui um caso exposto por Giannetti em *Ilusão da Alma*, relatando sobre um paciente que teve seu corpo caloso seccionado, tornando independente o funcionamento de ambos os hemisférios de seu cérebro:

Um paciente com o cérebro cindido sorri nervosamente e sente-se embaraçado ao assistir, com o olho direito (hemisfério esquerdo) tampado, à exibição de uma sequência de fotos pornográficas. Quando perguntam a ele, após o término da exibição, por que motivo riu e se mostrou desconfortável, ele afirma que não sabe a razão. Mas, se os pesquisadores insistem na pergunta e cobram dele alguma explicação, o hemisfério esquerdo não se faz de rogado e oferece uma razão plausível: o motivo foi que alguém entrou na sala e o provocou contando uma piada obscena.

Assim, havendo a necessidade de explicarmos algo que não entendemos, mas para o qual é importante termos uma explicação, as chances são que simplesmente inventaremos uma razão qualquer — e, como essa ideia não terá base em fatos, cada qual inventará a sua, sendo inevitável que precisemos defendê-la pessoalmente, pois a única coisa que a sustenta somos nós. Naturalmente, conforme defendemos tais ideias em busca de segurança, afeiçoamo-nos a elas, e é assim que nos vemos pegos na teia do autoengano. Temos nisso a razão pela qual somos levados a defender "nossas verdades", "nossos ideais", "nossos valores". Tais coisas são simplesmente fantasmagorias linguísticas, construções de gramática estéril, contrapartes racionais de ímpetos cegos. São as nossas verdades, e nós as amamos.

Para percebermos de uma forma mais clara como o comprometimento se introduz em nossas vidas e sequestra nossas razões, suponhamos um indivíduo que se recuperou recentemente de uma doença grave. O indivíduo, antes de adoecer, nunca teve qualquer tipo de preocupação com movimentos de conscientização. Procurava levar uma vida normal, como qualquer pessoa, fazendo o que gosta sem dar exatamente muita atenção ao quê. Porém, uma vez afetado pela doença, tendo de atravessar vários meses de internação e outros tantos de recuperação, as coisas mudam. Ele "percebe" finalmente a "verdade óbvia" de que todos deveriam saber o quanto é importante trabalharmos na prevenção de doenças. Bem, na verdade não todas: apenas a sua. Com a qual, aliás, ele nunca se importou até ficar doente. Mas agora ele insiste que todos "deveriam", e está disposto a nos explicar todas as "razões" disso detalhadamente quando tivermos um tempinho. Não se trata de humor negro. Queremos ilustrar quão poderosa é a repercussão das emoções na esfera intelectual: o indivíduo realmente passa a acreditar que tal conscientização é a "missão" de sua vida e, aparentemente, nada do que dissermos vai convencê-lo do contrário. Nossas emoções, uma vez transpostas à esfera intelectual, tomam esse estranho aspecto de uma ideia fixa, de uma fé, levando-nos a defender tudo o que puder justificá-las, como mercenários.

Similarmente, o valor da vida não tem lógica, e o fato de sentirmos que tem não prova nada. Se quisermos pensar o contrário, tudo bem. Mas levemos então o argumento às suas consequências: se o fato de sentirmos que a vida é importante prova seu valor, então uma pessoa deprimida demonstra que a vida não vale nada — logo, ela deve cometer suicídio. Se não, por que não? Sentimentos só contam quando estão em nosso favor? Lembremos que, quando estamos emocionalmente comprometidos, temos a tendência de projetar nossos valores na realidade exterior — que, nessa altura, é a única coisa capaz de salvar o argumento. Então, se continuarmos acreditando, será apenas por isso, por estarmos comprometidos com tais crenças, porque sentido elas não fazem nenhum. Ao menos tenhamos a dignidade de admitir.

Temos todos os motivos para pensar que a crença no valor da vida é apenas uma racionalização de nossos instintos de autopreservação, e essa forma de abordar a questão é a única compatível com a realidade que conhecemos. Como não estamos discutindo vantagens práticas, de nada adiantaria levantar aqui, como "refutação", uma série de benefícios humanitários decorrentes de acreditarmos em fantasias construtivas. A questão não é essa. Estamos discutindo o que é o valor da vida, não quantos altruísmos que ele nos inspira. E tudo parece indicar que o valor da vida é um instinto. Essa explicação, além de ser a mais simples, deixa também a questão toda perfeitamente clara e inteligível, quase transparente à reflexão — e notemos que essa relação entre o valor da vida e nossas necessidades biológicas representa um interessante ponto de contato entre nossas vidas subjetivas e a realidade física. Ademais, é apenas a partir desse solo, livre de fantasias metafísicas e de valores que não se discutem, que se torna possível um projeto de reconstrução de nossa moralidade com base nos fatos (e não com base em palavras). Se ver as coisas dessa forma desbanca alguma de nossas mentiras, paciência. É um risco que se corre quando inventamos nossas verdades.

* * *

Dada a evidente conexão entre ateísmo e niilismo, é de se supor que todo indivíduo intelectualmente honesto, uma vez tivesse alcançado discernimento suficiente para tornar-se ateu, tomaria voluntariamente a iniciativa de levar adiante as consequências mais elementares da descrença, reconhecendo, por exemplo, a inexistência de valores intrínsecos. Porém, é raro[30] vermos isso acontecer. Por

---

30. Naturalmente, uma parcela considerável dos ateus tem um pensamento que, para todos os fins, é niilista. Pelo seu modo de ver o mundo, enquadram-se como niilistas típicos, mas resistem ferozmente à ideia de serem designados como tais, presumivelmente pela

razões não muito claras, costumamos permanecer abraçados aos destroços daquilo em que já não acreditamos — situação que geralmente envolve alguma forma de exaltação gratuita da figura humana. Fizemos o possível para explicar por que essa postura não parece sustentável para além de uma crença pessoal.

Esperamos que as observações feitas até aqui tenham sido suficientes para entendermos que não é realmente o ateísmo que implica niilismo, mas a realidade que dá suporte a ambas as posturas. Se partimos do ateísmo para chegar ao niilismo, foi apenas por questão de conveniência, visto ser mais fácil estabelecermos um ponto se já houver ao seu redor uma estrutura prévia que sirva de suporte — do contrário teríamos de demonstrar detalhe por detalhe coisas tão elementares quanto a inexistência de deus, e isso não parece muito importante para nossos fins, pois já existem diversos livros que discutem o assunto satisfatoriamente (alguns dos quais estão listados nas referências).

Tendo então esboçado a lógica básica do niilismo, pudemos perceber que não foi preciso recorrer a nenhum "salto de fé" para defendê-lo. Por meio da ciência, adquirimos um modelo suficientemente maduro do universo e da vida para que pudéssemos prescindir de superstições valorativas para justificar nossas vidas. Percebemos que não é necessário "acreditar" em nada para entender nossas vidas, tampouco para vivê-las — e nada há de mirabolante nessa forma de ver as coisas. Apenas pensávamos que a vida era algo especial, mas ela não era. O que se segue disso? Nada. A realidade continua sendo o que sempre foi — nós é que estávamos errados a seu respeito. Por isso mesmo, o niilismo não tem quaisquer implicações práticas sobre nossas vidas. Assim como o ateísmo, ele apenas marca a superação de um tipo de ilusão em que é muito comum acreditarmos.

Claro que, pelo seu histórico de controvérsias bizarras, alguns talvez se surpreendam pelo fato de o niilismo que apresentamos não envolver nenhum tipo de

---

conotação negativa que o termo assume aos olhos de muitos. Pode-se dizer que são niilistas "de armário". Além do estigma social, essa tendência costuma ser reforçada por uma noção errônea do que seria "ser" um niilista — como se houvesse a necessidade de realizarmos algum tipo de ritual para nos tornarmos "realmente" niilistas. Essa é uma ideia equivocada. Assim como, para ser ateu, não é preciso "fazer" alguma coisa — por exemplo, não é preciso chutar imagens de santos —, também não é preciso "fazer" algo para ser niilista. Para ser ateu, basta não crer em deus; para ser niilista, basta não crer em nada: assim como o ateísmo, o niilismo é apenas uma forma de entender o mundo, não algo que se pratica.

pensamento exagerado, parecendo, pelo contrário, uma posição bastante razoável. Porque ela é — do contrário, não nos daríamos ao trabalho de explicá-la. Naturalmente, essa clareza só foi possível porque destilamos nossa definição de niilismo diretamente dos fatos, do mundo como o conhecemos, sem recorrer à confusa mística das "autoridades" do assunto.[31] Resgatamos assim a transparência da questão, tornando-a fácil de entender por si mesma, sem a necessidade de sermos "iniciados" em algum vodu filosófico.

Nessa interpretação, o niilismo, como o ateísmo, seria uma postura negativa, pois marca uma ausência, um algo que não temos. Não se trata, em nenhum dos dois casos, de uma doutrina dotada de um corpo de princípios passíveis de guiar nossas vidas. Nem o ateísmo nem o niilismo possuem qualquer "conteúdo", qualquer "princípio" a ser seguido. Trata-se somente de não acreditarmos em algo em que é muito comum se acreditar. Os nomes são diferentes, mas a receita do bolo é a mesma: o mesmo ceticismo básico que, munido de fatos científicos, pode refutar a existência de deus, pode com a mesma facilidade refutar a crença no homem. Em poucas palavras, é isso. Assim como o ateísmo não é uma doutrina da blasfêmia, o niilismo não é uma doutrina da revolta. É apenas bom senso.

Por termos desenhado o niilismo dessa maneira isenta, nos mesmos moldes do ateísmo, sem transformá-lo numa "doutrina", talvez se possa dizer — como Smith disse do ateísmo —, que reduzimos o niilismo a uma trivialidade. Pode ser. Mas não é bom que algo seja redutível ao bom senso? Claro que, uma vez tenhamos superado a crença em deus, o ateísmo nos parecerá uma trivialidade; uma vez tenhamos superado a crença no homem, o niilismo nos parecerá um lugar-comum. Mas isso é esperado. Uma vez entendido, todo problema toma o aspecto de uma obviedade. O importante está em termos tido clareza mental suficiente para transformar um problema numa obviedade.

---

31. Pensemos, por exemplo, em Nietzsche, que ao lado do niilismo discute sua "vontade de potência" e seu "super-homem", tornando a questão toda quase incompreensível (exceto àqueles que compreendem o seu "Zaratustra", é claro). Para fins de comparação, imagine-se como seria dúbia uma defesa filosófica do ateísmo baseada no pensamento do autor sobre a "morte de deus" e a "moral do ressentimento". Apenas com base nisso, o ateísmo não nos pareceria nada convincente, não obstante a inexistência de deus. O mesmo se aplica, com ainda mais razão, ao niilismo, que é uma posição muito mais sujeita a mal-entendidos. Por isso pareceu-nos aconselhável fazer nosso próprio caminho, mesmo que para chegar ao mesmo lugar.

Naturalmente, nem tudo são flores. Lembremos que o niilismo, ao mesmo tempo em que faz sentido, deixa pouco espaço para cultivarmos nossas quimeras pessoais — e são poucos os que não têm as suas. Esse é um grande empecilho à sua aceitação, pois ninguém quer abrir mão de crenças confortantes. Pensemos nisso em termos práticos: teremos de atravessar uma desgastante fase de ajuste emocional, não para ganhar, mas para *perder* um benefício concreto. Sejamos francos: a ideia não apela a ninguém. Isso faz do niilismo um esclarecimento muito "caro" do ponto de vista emocional, explicando por que é tão comum haver resistência. É por isso que determinadas conclusões, mesmo sendo perfeitamente claras e lógicas, nem por isso são aceitas — e o ateísmo é um óbvio exemplo disso. Não por falta de evidências, resiste-se ao ateísmo por motivos emocionais, e também nisso ele se assemelha ao niilismo.

Aproveitando o ensejo, notemos ainda o seguinte detalhe. Sabemos que muitos combatem ativamente o niilismo, como se fosse uma "praga". Contudo, por que motivos? Não fica imediatamente claro — esses motivos nunca estão à vista. Os opositores do niilismo são sempre cuidadosos em não deixar transparecer os verdadeiros motivos dessa oposição. Por que isso acontece, e no que realmente acreditam, isso é matéria de discussão — contudo, o simples fato de *esconderem* seus motivos já deixa claro o quanto são conscientes das inconsistências internas de sua postura. Parece bastante sugestivo que, dentre tantos e tantos detalhes, escondam-se *exatamente* os que os incriminariam. Então, uma vez tenhamos entendido esse "jogo", não será preciso muito esforço para percebermos que os que "resistem" ao niilismo são exatamente os que já têm algo para colocar em seu lugar — ou seja, os que acreditam em algo que não podem justificar (e cientes disso, porque o escondem). Compreendemos assim que, se lutam contra o niilismo, é apenas para manter o *status quo* das crenças com as quais estão comprometidos, não realmente para *entender* a questão.[32]

Isso tudo é muito previsível. Como o niilismo conflita com certas coisas que muitos — inclusive ateus — gostam de acreditar, seria esperado que fosse demonizado tanto por crentes quanto por descrentes — e é bem isso o que vemos acontecer. Mesmo assim, em rigor, parece razoável supor que a maior parte dos ateus deveria, em tese, ser também niilista, ao menos se a proposta que os levou ao

---

32. Não é difícil supor que teria sido essa a razão pela qual Nietzsche, depois de uma experiência de quase morte que o fez "entender" o valor da vida, passou a recusar veementemente o niilismo de seu mestre, Schopenhauer.

ateísmo tiver sido a busca pela verdade, por estar certos sobre a realidade — e não uma mera "revolta" com a religião.

∗ ∗ ∗

Agora, para uma retomada da ideia geral que desenhamos nesta primeira parte, tentemos resumir em poucas palavras como inferimos o niilismo a partir dos fatos científicos. O começo é simples: se somos feitos de matéria, se surgimos neste planeta apenas porque se deram as circunstâncias favoráveis à formação da vida, então tudo o que somos, tudo o que vivemos, remete e está ultimamente circunscrito a isso. Não podemos reinventar nosso passado, nossa condição, como quem escolhesse seu lugar na existência num catálogo. O valor da vida humana não pode estar acima da biologia, se é só a partir da biologia que esse valor existe. O sentido da vida não pode estar dissociado de nossa história natural, se foi essa história que nos trouxe até aqui. Notemos, então, que essa questão não nos dá espaço para opiniões pessoais: explicar a vida é entender como viemos a existir, e nossas origens não dependem de nossas crenças.

Assim, por mais que gostemos de nossas vidas, o fato de estarmos aqui não é algo que possa ser forçado em algo "importante", como se a vida em si mesma, e nós nesse processo, estivéssemos fazendo alguma diferença ao existir. Até onde podemos perceber, não fazemos nenhuma. Não estamos no mundo para fazer qualquer coisa em particular, não fazemos parte de um "plano maior", e esse tipo de coisa não pode ser "superada" com boa vontade, como se fosse simplesmente questão de respirar fundo e encontrar algo de que nos ocuparmos. A questão é mais fundamental que simplesmente fazermos nossas vidas valerem a pena. Se isso já foi dito, digamo-lo novamente: não podemos reinventar o mundo com base naquilo em que "acreditamos", como se entender o mundo fosse simplesmente questão de inventar-lhe uma explicação que nos cativa. Já cometemos esse mesmo erro acreditando em deus, vamos cometê-lo novamente acreditando no homem?

Considerando o perfil indiferente e impassível da realidade em que vivemos, e o lugar indistinto que nela ocupamos, o niilismo parece inevitável. Ao mesmo tempo, essa conclusão de que o niilismo não pode ser "superado" é geralmente encarada como uma desistência, como um pessimismo deplorável — como se o simples fato de o niilismo ser verdadeiro nos impedisse de levar vidas satisfatórias. Na verdade, não impede. Podemos viver como quisermos, podemos lutar pelo que consideramos nobre, dedicar nossas vidas ao progresso da humanidade, e isso tudo está muito bem. O niilismo não se opõe a nada disso — mas também nada disso muda a natureza básica da realidade. Até onde podemos perceber, o niilismo é falsamente entendido como "oposto" a tais coisas apenas porque solapa alguns dos sonhadores "motivos" pelos quais as defendemos, mas isso não faz dele um inimigo do progresso, faz dele um inimigo da fé em fantasias. O niilismo opõe-se às fantasias, não aos objetivos humanitários dessas fantasias.

O caso é que, se o niilismo está baseado nos fatos, não podemos refutá-lo com subjetivismos humanistas, tampouco com apologias do dionisíaco. Pensemos em como seria patético que se tentasse refutar a teoria da evolução com base no fato de "acreditarmos" que não somos parentes dos macacos. Não importa no que "acreditamos" — esse tipo de fé nunca poderia "superar" a teoria da evolução, ao menos não em termos epistemológicos. Portanto, se é com esse tipo de argumentação que se tenta "superar" o niilismo, o resultado está muito claro. Considerando o nível em que o niilismo se coloca, qualquer ótica que busquemos como uma "alternativa" será apenas reflexo de um ponto de vista pessoal e parcial em favor de algo indemonstrável. E é claro que, com base em óticas pessoais, podemos defender o que quisermos, até a existência de deus. Mas sonhos sonhos são. A questão é o que podemos defender com base nos fatos.

Perguntemo-nos: podemos defender a existência de alguma ordem moral do mundo com base na realidade que conhecemos? Não. Podemos defender que a vida tenha por si mesma algum sentido, além de algoritmos de autoperpetuação? Não. Há como discernir qualquer finalidade em nossa existência, além dos planos que estabelecemos para nós mesmos? Não. Somos diferentes da terra que temos sob nossos pés em qualquer sentido fundamental? Não. As demais espécies nos reservam qualquer reverência especial? Não. Há alguma novidade nisso que estamos dizendo? Nenhuma. Somos apenas parte da história natural deste pequeno planeta rochoso.

A questão final pode, então, ser colocada nos seguintes termos: se deixarmos de lado nossas preferências pessoais, partindo do pressuposto de que o universo é regido por leis físicas impessoais, e de que nós próprios somos resultado de processos naturais, tendo vindo a existir sem que isso fosse mais que um evento acidental, é possível sustentar racionalmente qualquer postura que não seja niilista?

SEGUNDA PARTE

Delimitando valores

Nenhum preço é alto demais quando se paga
pelo privilégio de sermos nossos próprios donos.
— Friedrich Nietzsche

Quando o niilismo rejeita valores objetivos, não fica imediatamente claro que caminho deveríamos tomar para reorganizar nossa compreensão do assunto. Em geral, nós seguimos os valores por eles mesmos, como quem segue uma palavra associada a um sentimento, mas isso não nos permite relacioná-los àquilo que somos de uma maneira clara, não nos permite realmente entendê-los. Fica a impressão de que nossos valores pertencem a "outro mundo", um mundo de grandes palavras. Ficamos assim limitados à crença em ideais vagos que dizem respeito a uma visão ainda mais vaga de "como tudo deveria ser".

Nossa proposta, aqui, será encontrar o lugar que nossos valores ocupam no mundo natural, não no mundo de nossos sonhos. Buscaremos entender a função desses valores, o motivo pelo qual vieram a existir. Para tal fim, em vez de abordá-los diretamente, como é comum fazermos, buscando distinguir a questão intuitivamente, exploraremos antes o contexto em que surgiram, exatamente para delimitar possibilidades de uma maneira inteligível. Essa delimitação é importante porque entender o que algo *não é* ajuda-nos a entender o que é, ou ao menos pode ser. Um processo que, passo a passo, leva-nos a olhar cada vez mais na direção certa.

Começaremos por um rápido esboço de nossa compreensão geral do universo, da realidade como um todo, e então afunilaremos essa visão até chegarmos aos valores humanos, mas sem perder de vista o conjunto, o contexto. Queremos entender nossos valores como parte da realidade em que estamos, não como "ideais" em que precisamos "acreditar".

Portanto, diferentemente do que se poderia esperar à primeira vista, nossa intenção não é negar a existência de valores morais. Pelo contrário, nós sabemos que eles existem. Sabemos porque os usamos para guiar nossas vidas diárias. De algum modo, eles existem, mas que modo é esse? Se tais valores não se encaixam na realidade em si mesma, encaixam-se onde então? É o que discutiremos a seguir.

1. O UNIVERSO CONHECIDO

Vivemos num naco de pedra e metal que orbita uma estrela comum, a qual é uma das 400 bilhões de estrelas que compõem a Via Láctea, que é uma das bilhões de outras galáxias que constituem o universo, o qual talvez seja apenas um entre muitos outros universos, talvez infinitos outros. Essa é uma perspectiva da vida humana e de nossa cultura sobre a qual certamente vale a pena refletirmos. — Carl Sagan

Até onde se sabe, o mundo em que vivemos é um lugar físico. Tudo o que existe é uma coisa física. Nossos modelos sobre o universo indicam que há aproximadamente 13 bilhões de anos toda a sua massa estava concentrada num pequeno ponto. Após um momento inicial de rápida expansão conhecido como *Big Bang*, tivemos a formação da matéria, que era composta quase toda de hidrogênio, o mais simples dos elementos. Assim, em sua fase inicial, o universo era basicamente uma grande nuvem de gás hidrogênio.

Essa grande nuvem, enquanto se revolvia devido às ondas de choque do *Big Bang*, era ao mesmo tempo atraída por sua própria gravidade. Assim, conforme o universo se expandia, a matéria nele contida, em vez de dispersar-se uniformemente pelo espaço, foi levada a concentrar-se em aglomerados menores. Passamos então de uma grande nuvem de hidrogênio e chegamos a várias menores, porém mais densas. Entre elas, espaços vazios. Pela descrição, fica fácil perceber que tais aglomerados eventualmente dariam origem às galáxias que observamos hoje em dia.

Imaginemos uma galáxia nesse estágio. Ela é basicamente uma nuvem de hidrogênio que se mantém unida devido à sua própria gravidade. Porém, conforme essa grande massa de gás interage consigo mesma, alguns pontos são levados a concentrar-se ainda mais. Tentemos visualizar um desses pontos, um grande aglomerado de gás que se atrai a si mesmo. O campo gravitacional desse aglomerado exerce sobre ele próprio uma força de fora-para-dentro em todas as direções, e assim ele começa a puxar-se para dentro de si mesmo, em direção a um núcleo esférico. Conforme diminui a distância, aumenta a atração. O hidrogênio compri-me-se. Comprime-se cada vez mais. Mas até que ponto? Sabemos que, quanto mais comprimimos algo, mais sua temperatura se eleva. O hidrogênio se torna cada vez mais comprimido, cada vez mais quente. A gravidade não cede. Isso continuaria indefinidamente, mas algo acontece. Os átomos de hidrogênio tornam-se tão quentes que desencadeiam uma reação termonuclear: eles começam a fundir-se entre si, formando átomos de hélio. Como esse processo libera enormes quantida-des de energia, o aglomerado começa a brilhar e, ao mesmo tempo, a energia dessa reação contrabalança a gravidade. Ambas as forças equilibram-se, e temos assim o nascimento das primeiras estrelas.

A depender de seu tamanho, a estrela durará mais ou menos tempo, podendo variar desde milhões até bilhões de anos. A regra é que, quanto mais massiva a estrela, mais rapidamente utilizará seu combustível. Porém, independentemente de seu tamanho, enquanto houver combustível, estará tudo bem. O caso é que, uma vez esgotado, a estrela já não tem como sustentar-se: a gravidade passa novamente a agir sozinha, continuando a comprimi-la. Maior compressão, maior temperatura. O núcleo fica cada vez mais quente, e isso continua até o ponto em que ocorre a fusão do próprio hélio em carbono, e do carbono em elementos cada vez mais pesados. Nessa fase, a estrela torna-se instável. Suas camadas exteriores começam a expandir-se, fazendo com que se torne uma gigante vermelha — o fim não está longe. A estrela já usou virtualmente todo o combustível que tinha à sua disposi-ção, e a fusão de elementos progressivamente mais pesados não continua indefini-damente porque, quando a fusão nuclear produz o ferro, temos um beco sem saída em termos energéticos. A fusão do ferro, em vez de produzir, gasta energia. Isso é a morte da estrela.

A vitória final é da gravidade, que continuará a comprimi-la, até o ponto em que a estrela colapsa. Nesse instante o núcleo implode sob sua própria gravidade, convertendo-se num buraco negro, e gerando uma explosão monumental, mais brilhante que uma galáxia inteira, conhecida como supernova.[33] Essa explosão, ao mesmo tempo em que cria todos os elementos mais pesados que o ferro, também ejeta parte do material da estrela em grandes nuvens de gás, as quais eventualmente

---

33. Note-se que apenas estrelas de grande massa dão origem a buracos negros e supernovas. Estrelas mais modestas, como nosso próprio sol, morrem em processos diferentes, mais calmos. Porém, para nossos fins, não parece importante detalhar todas as formas como estrelas podem morrer.

darão início a uma nova geração de estrelas. Ainda que de uma forma bastante simplificada, isso ilustra a vida das estrelas.

Por motivos diversos, é interessante saber esse tipo de coisa. Provavelmente já nos perguntamos de onde veio a matéria que nos constitui, o ar que respiramos, a terra que temos sob nossos pés. Agora sabemos a resposta: das estrelas. À exceção do hidrogênio (e de um pouco do hélio), todos os elementos que constituem o mundo como o conhecemos foram criados no interior de estrelas pelo processo de fusão nuclear, desde o oxigênio em nosso sangue, o cálcio em nossos ossos, até o carbono em nossas lapiseiras. Enquanto os elementos com peso menor ou igual ao ferro são forjados ao longo da vida da estrela, os mais pesados são criados no evento de sua morte, pela própria supernova. Daí os astrônomos dizerem que somos poeira de estrelas — uma afirmação verdadeira num sentido bastante literal.

✳ ✳ ✳

Desde o surgimento do universo, houve um intervalo de pelo menos 8.5 bilhões de anos até que nosso sistema solar começasse a formar-se, e nesse intervalo gerações de estrelas vieram e passaram, produzindo e dispersando todos os elementos necessários à formação da vida. Assim, mais ou menos no segundo terço da história do tempo, começa a história da vida — de nossa vida.

Ao considerar o surgimento de nosso sistema solar, o essencial será focarmos a formação de nosso sol. Por tratar-se de uma estrela típica, o processo não deve ter sido muito diferente do que acabamos de descrever. Nas periferias de uma galáxia comum, tínhamos uma nuvem de gás e poeira composta quase toda de hidrogênio, mas misturada também a resíduos de estrelas de gerações passadas, portanto com elementos mais pesados que o hidrogênio.

Essa nuvem estava dispersa por um grande espaço muitas vezes maior que nosso sistema solar. Porém, talvez pelo evento de uma supernova próxima, essa nuvem foi levada a comprimir-se. Nesse movimento de contração, conforme girava em torno de si mesma, essa nuvem assumiu o formato de um disco espiralado, em cujo centro a matéria começou a reunir-se. À medida que esse disco se contraía num espaço menor, girava cada vez mais rapidamente, tornando-se cada vez mais quente. Concentrava-se cada vez mais massa no núcleo, aumentando sua temperatura até que, ao atingir 10 milhões de graus, há a fusão do hidrogênio. Nasce nossa estrela.

O sol concentrou quase toda a matéria que constituía essa nuvem, mas não toda. Restou um pouco de matéria, a qual continuou a orbitá-lo. Tais nuvens de poeira residual, enquanto orbitavam essa estrela recém-nascida, começaram a aglutinar-se, mas como? Partículas tão pequenas não exercem atração gravitacional suficiente para atraírem umas às outras. A gravidade não pode reuni-las, mas outra coisa pode: cargas eletrostáticas, geradas justamente pela fricção das partículas entre si. A poeira começa então a agregar-se, formando partículas maiores. De poeira passamos a grãos, de grãos a pedregulhos, e de pedregulhos a blocos cada vez maiores, até o ponto em que a gravidade dos fragmentos mais massivos passa a exercer atração sobre os menores, que se somam à massa total. O processo continua em escalas cada vez maiores: blocos do tamanho de montanhas tornam-se do tamanho de cidades, de países e, finalmente, do tamanho de planetas.

Naturalmente, nada disso ocorreu de forma calma e serena. A formação de sistemas solares é um processo violentíssimo. Em seu início, colisões monumentais eram a regra, não a exceção. Especula-se que a nossa própria Lua foi formada quando, nessa fase, outro planeta do tamanho de Marte colidiu com a Terra, ejetando grandes porções de seu material no espaço. Esse material passou a orbitar a Terra e, pelo mesmo processo de aglutinação que originou os planetas, tivemos a formação da Lua. Sem entrar em muitos detalhes, foi assim que surgiram os planetas, feitos basicamente das sobras do material que originou nosso Sol.

Foquemos agora nosso planeta em particular. Considerando que, até hoje, 4,5 bilhões de anos depois, o interior de nosso planeta permanece a milhares de graus, podemos ter uma ideia de como ele devia ser em seu início. Uma esfera incandescente e furiosa de magma parece a melhor forma de descrever. Nessa fase, a Terra já tinha água, mas, claro, apenas sob a forma de vapor. Conforme se condensava, esse vapor causava chuvas torrenciais que, em contato com a crosta, evaporavam-se novamente, num ciclo ininterrupto. Quando a superfície do planeta resfriou-se abaixo de 100 graus Celsius, tivemos a formação dos mares primitivos e, neles, começaram a concentrar-se substâncias orgânicas que, pelas próprias condições oferecidas pelo ambiente, formavam-se espontaneamente. Parte desse material orgânico deve ter sido também trazido por meteoritos, mas a possibilidade de formação espontânea desses compostos, pela própria composição da terra primitiva, já foi comprovada laboratorialmente diversas vezes, sendo o caso mais célebre o experimento de Stanley Miller. Nesses mares, repletos dos elementos necessários à formação da vida, teria se iniciado o processo de evolução química que ultimamente daria origem às primeiras formas vivas. Porém, paremos por um instante nossa trajetória factual para refletir sobre outras possibilidades.

141

✳ ✳ ✳

Pensemos no universo nessa fase, enquanto ainda não havíamos surgido. Suponha-se que, uma vez formada, a Terra houvesse começado a resfriar-se, como acabamos de descrever. Porém, enquanto se resfriava, sofreu o impacto de um supermeteoro, sendo lançada diretamente na trajetória do sol. Fim da história. A vida nunca surgiu.[34]

Fixemo-nos nesse quadro do universo. Temos aglomerados de matéria formando estrelas, aglomerados de estrelas formando galáxias, aglomerados de galáxias formando o universo. Tudo é o mesmo que observamos atualmente. Porém, 4.5 bilhões de anos atrás, o planeta no qual a vida estava prestes a surgir foi destruído pelas mesmas circunstâncias acidentais que o fizeram nascer. 4.5 bilhões de anos depois, a órbita da Terra é apenas um espaço vazio entre Vênus e Marte. Nessa versão do universo, a vida poderia ter surgido. Poderia, mas não surgiu.

Agora pensemos: faria alguma diferença? Se tivéssemos surgido, teríamos surgido; se não tivéssemos, não teríamos. É só isso. Imagine-se, para todos os fins, que houvesse dois planetas Terra em nosso sistema solar, e que só um deles houvesse sido arremessado ao Sol: o nosso. O outro continuou a existir, dando origem a formas de vida que nunca chegaram a assemelhar-se conosco (talvez porque, por estar um pouco mais distante do Sol, sua biologia trilhou caminhos diversos da nossa). Nesse segundo quadro, a vida existe. Pode não ser a nossa, mas existe. Faria alguma diferença? Faríamos alguma falta? Parece óbvio que essas criaturas passariam muito bem sem nós, assim como nós passamos sem elas.

Então, se não fazemos falta, é exatamente porque não estamos cumprindo nenhum "papel" ao existir. O universo existiu por bilhões de anos sem nós, e poderia ter continuado a existir indefinidamente, por outros tantos bilhões de anos, sem que nós nunca tivéssemos sido parte do processo. Daria no mesmo. Claro que isso não muda o fato de que existimos, de que estamos aqui. Porém, estarmos aqui também não muda o fato de que somos simplesmente um acidente de percurso.

Ainda assim, se remover a vida da equação nos parece um recurso falacioso, talvez uma forma de fugir do assunto, tudo bem. Façamos então um quadro da existência contendo a vida como a conhecemos. O meteoro que vinha em nossa direção, de repente, desviou-se. A vida surgiu. Nós surgimos. Tudo como conta a

---

34. Falamos, aqui, da vida como a conhecemos.

história. Desse ponto em diante, teremos de especular. Mas, para todos os fins, pensemos num quadro bastante otimista para a vida: imagine-se que a espécie humana conseguisse manter-se viva por mais 3 bilhões de anos.

Agora vejamos como essa ideia ficaria numa linha do tempo: o universo surgiu há 13 bilhões de anos. 4.5 bilhões de anos depois do surgimento da Terra, surge a espécie humana. Ela vive por mais 3 bilhões de anos e, depois, morre. Fim da história. Que diferença fez termos existido? Mudou alguma coisa? Não mudou nada. Não fez diferença nenhuma. O universo existia antes, continuará a existir depois, e nós estivemos irrelevantemente presentes num pequeno intervalo entre uma coisa e outra.

✳ ✳ ✳

As observações que fizemos até aqui, como o próprio título indica, foram para esboçar uma visão básica do universo conhecido. Uma vez mais — mas agora com um segundo propósito —, tentemos imaginar esse universo como um todo. Desenhemos em nossas mentes um conjunto de 400 bilhões de galáxias vagando pelo espaço. Em cada uma dessas galáxias, centenas de bilhões de estrelas, algumas nascendo, outras morrendo, e as nuvens de gás das quais nasceram. Em termos estruturais, e sem entrar em detalhes complexos, o universo é basicamente isso.

Agora, tendo essa imagem em mente, imaginemos aquilo que, hipoteticamente, poderia estar acontecendo em alguns pontos desse universo. Num primeiro ponto, há uma galáxia de porte médio, que se encontra particularmente distante das demais, possuindo aproximadamente 352 bilhões de estrelas. Bem longe dessa galáxia solitária, há um agrupamento de galáxias. Nesse agrupamento, algumas são grandes, bem grandes; outras são médias; a maior parte é pequenina. Ainda noutro canto do universo, temos duas galáxias bem próximas. Na verdade, próximas demais: prestes a chocar-se. Elas se chocam. E então? Então nada. Chocam-se. Eventualmente fundem-se. Não há uma moral da história. Não é como se elas estivessem se fundindo para alcançar algum objetivo. Simplesmente aconteceu de elas se fundirem, como aconteceu de outras não se fundirem. Aconteceu de a primeira estar sozinha, mas de as segundas estarem acompanhadas. Nada disso quer dizer alguma coisa. O universo que conhecemos é assim, indiferente, e fazemos parte dele nesses termos.

Note-se que, quando falamos da existência "em si mesma", num sentido objetivo, é justamente essa imagem que devemos ter em mente. Falamos desse universo físico, indiferente à vida, no qual ela surgiu sem que isso fosse uma necessidade.

Também, quando falamos sobre o "ponto de vista do universo", fazemos alusão a essa mesma ótica, que concebe a existência como um todo, sem partir de qualquer ponto específico. Considerar o ponto de vista do universo é, então, considerar o universo como um todo e, o que é mais importante, fazê-lo em seus próprios termos.

Por exemplo, qual seria o ponto de vista do universo em relação à vida? Para descobrir, basta nos perguntarmos o seguinte: como o universo se comporta em relação à vida? Pelas nossas observações, a física não favorece a vida, porém tampouco se opõe a ela: é simplesmente indiferente. Assim, aos olhos do mundo em que estamos, somos um acidente, somos como todo o mais, e isso se revela pelo fato de não recebermos, enquanto matéria animada, um tratamento diferenciado por parte da física. Então, se afirmamos que, em termos objetivos, a vida não se distingue de qualquer outro bocado de matéria, é exatamente porque o próprio universo não faz essa distinção. Se nos distinguíssemos, passaria a ser o nosso ponto de vista. Mas aqui falamos do ponto de vista do universo, de como ele se comporta.

À primeira vista, talvez pareça estranha a ideia de considerarmos o ponto de vista "do universo". Porém, assim como, para entender o ponto de vista de outra pessoa, precisamos nos colocar em seu lugar, para entender o mundo objetivamente precisamos fazer o mesmo, pensando na realidade em seus próprios termos. Deixamos temporariamente de lado nossos desejos e interesses pessoais, utilizando o mecanismo da empatia para nos colocarmos, não no lugar de outra pessoa, mas no lugar da própria realidade física.

Ao pensar na realidade dessa forma, sem distinguir a vida, vem-nos imediatamente a imagem do mundo como um terreno baldio: um lugar eternamente abandonado a si próprio, que não foi criado por ninguém, que não possui dono, que não é monitorado por nada, que não existe em função de algo. Apenas existe, e nele as coisas acontecem sucessivamente, indefinidamente, visando coisa nenhuma. Esse é o nível mais básico da realidade que conhecemos, e o nível mais básico da realidade que conhecemos é indiferente à vida.

✷ ✷ ✷

Tentemos gravar em nossas mentes essa imagem do todo, pensando no assunto pelo tempo que nos parecer necessário para que a figura se fixe com clareza. Isso será importante porque, daqui em diante, nossa proposta será reconstruir, parte por parte, nossa compreensão da realidade dentro desse modelo que acabamos de esboçar. Ao longo dessa reconstrução, algumas peças se encaixarão, algumas outras não — mas isso não é realmente um problema. É mesmo esperado que nem tudo se encaixe, pois nenhum valor teria uma revisão que não deixasse os erros de fora.

Primeiramente, um caso simples: vejamos se é possível encaixar qualquer perspectiva moral em relação ao mundo em si mesmo. Para garantir que não tentaremos favorecer o nosso lado, consideremos o universo antes de a vida ter surgido nele. Pensemos nesse cenário desprovido de vida, puramente físico, governado por leis impessoais. Em determinada galáxia, há determinada estrela sendo orbitada por determinado planeta. Esse planeta está sendo bombardeado por meteoros. Isso é algo ruim? Se sim, se não, por quê? Bom ou ruim em relação a quê? Ao meteoro? Ao planeta? Não sabemos dizer. Continuamos a observar a cena.

Conforme meteoros caem nesse cenário desértico e inanimado, sentimo-nos levados a indagações ainda mais profundas sobre o bem e sobre o mal. Qual é a essência do bem? E as estrelas, estariam do lado do bem? Ou do lado do mal? Seria seu dever brilhar? Umas brilham mais que outras: isso é errado? É justo que as mais brilhantes morrem mais cedo? E a gravidade, seria uma espécie de vilã necessária para fazer tudo acontecer? Evidentemente, só seria justificável pensarmos dessa maneira se houvesse algum objetivo por detrás de tais processos, se houvesse qualquer intencionalidade no universo, mas não parece haver. Matéria interage com mais matéria. Matéria. Interação. Física. Nenhum propósito, sentido ou valor à vista.

Antes de desistir, consideremos o mais sagrado dos mandamentos: *não matarás.* Onde poderíamos, nesse contexto, situar a ideia de que é errado matar? Em primeiro lugar, aqui a ideia nem faz sentido. Se não há seres vivos, então não matarás o quê? Mas não apenas isso: se a regra existe por si mesma, onde ela está? Onde fica essa regra que, de tão especial, existe independentemente do homem? Onde fica o tripé moral do universo que sustenta o indiscutível "direito à vida"? Se a moral fosse independente do homem, deveria ser possível responder esse tipo de pergunta até aqui, onde não existimos. Mas, até onde podemos perceber, não há traços de valor, de sentido, de qualquer coisa que lembre remotamente nossas "humanidades" a ser encontrada no tecido básico da realidade.

Não parece haver saída. Quanto mais refletimos, quanto mais conhecemos, mais fica claro que a moral não se encaixa no funcionamento da realidade em si mesma, ao menos como algo independente de vida. Claro, já havíamos alcançado essa conclusão anteriormente. Porém, considerando o contexto da presente reflexão, pareceu-nos oportuno revisitar rapidamente essa questão, exatamente

145

para mostrá-la também sob essa segunda ótica, que é mais intuitiva. O exercício é interessante porque, quando pensamos somente em nossas vidas pessoais, a possibilidade de a moral ser objetiva não nos parece tão remotamente distante. Porém, quando consideramos a realidade num contexto mais amplo, a possibilidade simplesmente evapora. Fica nítido que não há valores morais intrínsecos à realidade — e, com isso, acabamos de delimitar nossos valores, isto é, reduzimos as possibilidades do que podem ser.

Para além do objetivo principal, explicamos ambas as coisas conjuntamente também para entendermos, da forma mais clara e imparcial possível, que o coração da realidade é *amoral*, e que esse fato, por si só, já é suficiente para justificar o niilismo. Vivemos numa realidade intrinsecamente amoral, e isso não é somente uma opinião pessoal: são os fatos. Tudo o que sabemos sobre a realidade corrobora essa ideia. Se, tendo em vista tal concepção de mundo, conseguirmos perceber em que sentido se afirma que a existência não carrega em si mesma qualquer tipo de valor intrínseco, o niilismo se tornará praticamente autoevidente. Ao mesmo tempo, ficará claro que essa percepção da realidade como algo intrinsecamente amoral não conflita com os valores práticos que utilizamos para guiar nossas vidas pessoais, assim como não conflita com as cores que vemos em nossas paredes.

2. VALORES E SEU CONTEXTO

Se um homem meditar muito a respeito da constituição universal da natureza, a Terra com o homem sobre ela (excluindo-se a divindade das almas) não parecerá muito diferente de um formigueiro, onde algumas formigas transportam grãos, outras, seus filhos, e algumas nada carregam, e todas se deslocam de um lado para o outro sobre um montículo de terra. — Francis Bacon

Retomemos a história que começamos a esboçar anteriormente. A Terra havia se formado e sua crosta se resfriado, a água em sua atmosfera havia se condensado em oceanos. Porém, em vez de ser atingida por um meteoro, ela não foi. Dada a constituição da terra primitiva, com todos os elementos necessários à formação da vida presentes, forjados, como vimos, no interior das estrelas, foi natural o surgimento da vida, pelas simples leis da química.[35]

Muito bem: a vida surgiu. Isso alterou a constituição básica da realidade? Não há motivo para pensarmos dessa maneira. A vida é perfeitamente compreensível em termos naturais. Então continuemos. As primeiras formas de vida surgiram relativamente cedo após a formação dos mares primitivos, talvez quatro bilhões de anos atrás, e lembravam algo como bactérias. De início, utilizavam os próprios nutrientes que havia nos mares primitivos como fonte de energia. Porém, conforme esses nutrientes se tornaram escassos, instalou-se uma crise energética, a qual foi contornada pelo desenvolvimento de organismos fotossintetizantes, os quais começaram a liberar oxigênio na atmosfera, possibilitando a formação da camada de ozônio, que passaria a filtrar parte da radiação solar (algo importante para que a vida pudesse explorar ambientes terrestres). Em certa altura, organismos desenvolvem a capacidade de respirar oxigênio. As coisas estão progredindo, mas é tudo ainda bastante rudimentar.

Levou muito tempo para a vida tornar-se complexa. Desde seu surgimento, até 550 milhões atrás — intervalo conhecido como pré-cambriano —, toda a vida consistiu basicamente de organismos unicelulares, à exceção de algumas formas de vida invertebradas que começaram a aparecer no fim desse período. Protozoários, algas e invertebrados: por sete oitavos do tempo em que a vida existiu, ela foi só isso. Porém, 550 milhões de anos atrás, ocorre um súbito e astronômico aumento de biodiversidade conhecido como explosão cambriana. Desse ponto em diante, tudo se diversifica e sofistica com espantosa rapidez. É a vida como a conhecemos.

Tivemos então a formação dos primeiros peixes e das plantas terrestres, depois apareceram os anfíbios, e então répteis e insetos, que conseguiram levar a independência do ambiente aquático um passo adiante. Há o florescer da era dos répteis — 245 milhões de anos atrás — durante a qual, à sombra dos dinossauros, surgiram os primeiros mamíferos. O predomínio dos dinossauros estendeu-se até 65 milhões de anos atrás, época em que uma extinção em massa presumivelmente causada por um meteoro deixou margem para que os mamíferos se tornassem dominantes, e

---

35. Não há necessidade de explorarmos aqui os detalhes desse processo. Para os interessados apenas num esboço geral, temos uma breve explicação no capítulo quinto de *Ateísmo & Liberdade*, bem como alguns artigos na seção *Ciências* de <http://ateus.net>. Claro que, para estudos mais aprofundados, seria recomendável recorrermos a livros específicos sobre o tema. Por exemplo, *Chemical Evolution and the Origin of Life*, de Horst Rauchfuss.

nós resultamos disso, tendo nossa espécie surgido há aproximadamente 200 mil anos. A linguagem deve ter surgido há aproximadamente 40 mil anos, e a escrita no século quatro a.c. Daqui em diante, a história é razoavelmente bem conhecida por todos.[36] Temos a idade Antiga, com os gregos e os romanos. Depois a idade Média, dez séculos dominados pelo cristianismo. A idade Moderna, com a descoberta da América e o Renascimento. A idade Contemporânea, com a Revolução Francesa e também a Industrial. Depois disso tivemos as duas Grandes Guerras, a queda do muro de Berlim e, finalmente, a *internet* de banda larga. Ainda que de um modo muito básico, isso resume a história da vida como a conhecemos.

✳ ✳ ✳

Desde o capítulo anterior até aqui, esboçamos o universo conhecido e a história da vida. Tal imagem é importante para que tenhamos uma noção clara de como viemos a existir, de como é o mundo no qual estamos, bem como o lugar que nele ocupamos. Fizemos esse preâmbulo exatamente para assegurar que o essencial não será deixado à imaginação. Daqui em diante, nossa proposta será tentar entender como nossas vidas — particularmente, nossas vidas mentais — se encaixam na realidade conhecida. Partiremos de algumas explicações preliminares envolvendo perpetuação genética e composição populacional, e veremos também a função de nossos sistemas nervosos nisso tudo, e de que modo eles se envolvem numa "personalização" da realidade com fins biológicos. Feito esse percurso inicial, teremos condições de entender como nossos valores, que resultam disso tudo, se encaixam na realidade conhecida.

Comecemos pelo básico. A vida é um sistema programado para perpetuar a si próprio, e a informação relativa a essa programação fica armazenada em moléculas de DNA. Nelas encontramos instruções para a construção de organismos que trabalharão ativamente para perpetuar, ao longo das gerações, essas mesmas moléculas que os criaram. Assim, conforme procriamos, é como se nosso DNA "saltasse" à geração seguinte, deixando para trás os corpos paternos, que nessa ótica seriam apenas envoltórios perecíveis, abrigos temporários que o DNA utiliza para saltar em direção à eternidade.[37] Colocando em termos práticos, o DNA humano

---

36. Referimo-nos à história do ocidente.
37. Essa noção de sermos "carcaças a serviço do DNA" foi proposta por Richard Dawkins em *O Gene Egoísta*, leitura indispensável aos que desejarem explorar melhor o assunto.

tem a receita para a construção de um corpo humano pré-programado para fazer cópias de si mesmo. A replicação, obviamente, acontece quando temos filhos, os quais produzirão netos, e assim sucessivamente. Desde seu surgimento, há cerca de 4 bilhões de anos, até os dias de hoje, a vida foi uma série ininterrupta de gerações de organismos que fazem sempre a mesma coisa: cópias de si mesmos.

Pensemos agora em como esse mecanismo chega a determinar a composição populacional das espécies. Imaginemos uma população de humanos na qual houvesse dois tipos de pessoas: a variante X e a variante Z. A variante X gosta de música e de sexo. A variante Z gosta de música, esporte, arte, literatura, línguas, ciência, política, antiguidades, sociedade, tecnologia, cultura e política. Mas não gosta de sexo. Trata-se de um modelo extremamente simplificado, mas é apenas para entendermos a ideia central. Vejamos então como as coisas progridem. Na primeira geração, temos uma população com 50% da variante X e outros 50% da variante Z. Na segunda geração, temos 100% da variante X e a variante Z está extinta. Em apenas uma geração, a variante Z simplesmente desapareceu. Por quê? Bem, o que mais poderia ocorrer, se ela não deixou descendência? Por admirável que fosse o currículo da variante Z, isso não tem nenhuma importância em termos evolutivos se o indivíduo não produz filhos.[38] A variante X, apesar de inferior em termos intelectuais, preocupou-se com a sua própria perpetuação, por isso continuou a existir.

Tendo em vista esse mecanismo, se pensarmos em longo prazo, não parece haver alternativa quanto ao tipo de organismo que dominará o horizonte da vida: apenas os bons reprodutores. Somente bons reprodutores pertencem à eternidade, e vimos que não há "poréns" nesse processo. Se, por um motivo qualquer, uma variante deixar de reproduzir-se, deixará também de existir em apenas uma geração, restando apenas aqueles que se reproduzem. Assim, a cada geração, predomina o perfil genético dos melhores reprodutores da geração anterior. Pode ser uma peneira simples, mas funciona, conduzindo a um refinamento progressivo e contínuo das formas de vida.

Portanto, considerando que os indivíduos são selecionados sempre pelo mesmo critério — o sucesso reprodutivo —, foi inevitável que a vida se tornasse altamente

---

38. Falamos aqui de "importância evolutiva" em termos da maximização de sucesso reprodutivo individual direto. Claro que, por meio da intelectualidade, a variante Z poderia influenciar as gerações seguintes de maneiras muito mais abrangentes que a X. Porém, entrar nesse particular seria outra discussão.

especializada em perpetuar a si própria. É nesse sentido que podemos dizer — em termos metafóricos — que o sentido da vida é "continuar existindo". Claro que as moléculas de DNA não "querem" nada realmente, pois elas nem sabem que existem. Mas o detalhe é que elas não precisam saber: só precisam funcionar. Só precisam se comportar *como se quisessem*, pois isso dá resultados. E o mesmo se aplica aos organismos que o DNA[39] constrói: eles não precisam entender por que fazem o que fazem em sua totalidade. Só precisam fazer. Fazer é essencial, entender é acidental — tanto que somos, provavelmente, a única espécie que entende.

Ao longo de sua evolução, as formas de vida se tornaram tão complexas, tão sofisticadamente interdependentes, tão espantosamente engenhosas em seus comportamentos, que nós, ao nascer neste planeta no presente estágio da evolução, e ver isso tudo já pronto, funcionando tão harmoniosamente, temos a clara impressão de que deve haver algum "objetivo maior" dentro disso tudo, mas não há. Não precisa haver. Assim como fotocopiadoras não precisam entender de fótons para criar cópias de documentos, organismos não precisam entender de DNA para criar cópias de si mesmos. Como qualquer processo físico, a coisa toda funciona sem a intenção de funcionar.

✷ ✷ ✷

Se observarmos as formas de vida ao nosso redor, veremos que uma porção considerável de seus esforços é direcionada a competir umas com as outras. Por que isso acontece? Por que não conseguimos viver em paz, sem rivalizar uns com os outros? Não é muito difícil entender. Comecemos imaginando uma população idealmente pacífica, que tenha à sua disposição recursos abundantes. Para nossos fins, suponha-se que essa população tivesse 100 membros, e que o ambiente no qual se encontra fosse capaz de sustentar 100 milhões de membros. De início, não haveria nenhum problema. Eles simplesmente continuariam fazendo o que sempre fizeram: viver em paz.

O caso é que, havendo recursos abundantes à disposição, a tendência é que os organismos reproduzam-se livremente até atingir os limites que o ambiente é capaz de sustentar. Talvez imaginássemos que levaria uma "eternidade" para que 100 organismos se tornassem 100 milhões — porém, em progressão geométrica, as coisas acontecem muito rapidamente. Para ilustrar, suponha-se uma taxa de

---

39. Ou o RNA, se for o caso.

reprodução modesta: cada organismo gera dois filhos. Nesse ritmo, quantas gerações seriam necessárias para que 100 organismos ultrapassassem o limite ambiental de 100 milhões? Se fizermos as contas, veremos que seriam necessárias apenas 20 gerações. Na primeira, temos 100; na segunda, 200; na terceira, 400; depois 800, 1600, e assim sucessivamente, até que, na vigésima geração, chegamos a 104.857.600 organismos.

104.857.600 são mais organismos do que o ambiente é capaz de suportar. Queira-se ou não, 4.857.600 deles terão de morrer. Mas é claro que nenhum organismo quer morrer. Então o que acontecerá? Eles precisarão competir entre si pelos recursos, arruinando a possibilidade de continuarem a viver em paz. Mas isso não é tudo. Observemos também que, como o resultado dessa disputa define quem vive e quem morre, a próxima geração será composta sempre pelos melhores competidores da geração anterior, piorando cada vez mais a situação, ao menos em termos de pacificidade. Portanto, mesmo que a paz, a princípio, seja possível, ela deixa de ser uma opção assim que os recursos tornam-se escassos, sendo automaticamente substituída por uma crescente competitividade.

Note-se então que, se mesmo nos dias de hoje, em que não há realmente necessidade de competirmos entre nós mesmos, continuamos a fazê-lo, é simplesmente porque fomos programados para ser assim. Claro que, do ponto de vista do próprio organismo, seria provavelmente preferível uma vida calma e pacífica. Porém, como a evolução é um processo cego, indiferente aos organismos que cria, a própria dinâmica da vida leva ao esgotamento dos recursos. Isso automatiza a competição interna, a qual passa a filtrar a composição genética da população como um todo em função de sua habilidade relativa de encontrar recursos. Temos assim um modelo bastante claro de corrida armamentista, no qual os organismos são selecionados brutalmente por sua capacidade de sobreviver e reproduzir-se melhor que os demais. A famosa seleção natural.

＊＊＊

Até aqui, apenas esboçamos um quadro básico da vida, explicando de que modo evolui e de que forma isso define nossas prioridades biológicas. Agora pensemos em nosso próprio caso. Nossa espécie costuma orgulhar-se de ter grandes cérebros, mas para que servem cérebros? Bem, imaginemos um organismo sem cérebro (e suponhamos que fosse possível sobreviver assim). Ele tem olhos que captam luz, e a luz é transmitida a lugar nenhum. Tem músculos que não são controlados por nada. Ele não foge diante de ameaças, pois não há nele nenhum sistema capaz de reconhecer esse tipo de situação e definir as reações mais adequadas. O organismo simplesmente ficaria inerte. Isso deixa óbvia a função dos cérebros: funcionar como controladores dos processos orgânicos e como processadores de dados, possibilitando aos organismos discernir as ações mais adequadas com base nas informações que seus sentidos coletam do ambiente. Assim, conforme interpretam a realidade, cérebros permitem que os organismos guiem a si próprios pelo mundo em busca dos recursos de que precisam para sobreviver. Desde um anfíbio fugindo do sol até uma pessoa na fila do cachorro-quente, a ideia é guiar o organismo da melhor forma possível em função de seus interesses.

Quando observamos isso tudo do lado de dentro, na perspectiva do organismo, parece fácil entender por que se faz o que se faz. Porém, quando olhamos para a realidade em termos puramente físicos, nada realmente se distingue de nada. São átomos disto interagindo com átomos daquilo, todos segundo padrões determinados, porém ultimamente caóticos e sem sentido. Assim, ao pensar nos organismos enquanto um fenômeno físico, não fica imediatamente claro como eles poderiam "querer" alguma coisa. Se os organismos são físicos, e se a física não visa a nada, por que os organismos não são simplesmente zumbis? O detalhe é que organismos vivos, ao mesmo tempo em que são estruturas físicas, são também máquinas que possuem programações. A informação que temos codificada em nosso DNA diz respeito exatamente às formas mais eficientes de programar robôs físicos com comportamentos que os levem a produzir cópias de si mesmos. Portanto, além de programar a constituição do robô em si mesmo, o DNA também precisa programar o seu comportamento — daí a importância dos cérebros, pois é onde essa programação fica armazenada.

Que programações serão essas? Podem ser várias. Mas, para ilustrar o básico, imaginemos um organismo que tivesse a missão de sobreviver, e que para isso tivesse de alimentar-se. Tentemos nos colocar no lugar desse organismo: que tipos de comportamento programaríamos em nós mesmos se tivéssemos de fazer tais coisas? Para nossos fins, pensemos só no essencial: seriam instruções sobre como localizar fontes de alimento e como identificar situações que representassem perigo. Nós então programamos o organismo com comportamentos que promoverão sua sobrevivência e, depois, deixamo-lo agir por conta própria. Suponhamos que esse organismo estivesse perambulando pelo ambiente e, eventualmente, se deparasse com uma fonte de alimento. Tendo sido programado para buscar alimentos, assim que seu sistema visual capta essas informações, seu cérebro processa os dados e dispara o comportamento adequado: alimentar-se. Porém, enquanto se alimenta, seu sistema auditivo capta mais dados do ambiente. Seu cérebro processa esses dados e, detectando a aproximação de um predador, dispara o comportamento adequado: fugir. Aos nossos olhos, isso tudo é trivial. Porém, o interessante está em notar de que modo o cérebro do organismo processa os dados que recebe: não imparcialmente, em função de um absoluto rigor para com os fatos, mas parcialmente, em função daquilo que promoverá sua sobrevivência.

Assim, o cérebro não precisa apenas entender, mas entender parcialmente, em função das metas desse organismo: noutras palavras precisa *interpretar* a realidade. Aos olhos do sujeito, a realidade passa a ser analisada em função daquilo que será favorável ou contrário aos seus objetivos. A ótica torna-se comprometida, o conhecimento torna-se um meio,[40] e temos assim o surgimento do ponto de vista subjetivo.

Ao lado disso, consideremos também que, na questão da sobrevivência, cada organismo é seu próprio objetivo, pois sobrevivência é algo individual (ao menos na maioria das espécies). Então, como é cada um por si, cada qual interpretará a realidade em função de seu próprio ponto de vista, em função dos objetivos específicos com os quais está comprometido — e é assim que a realidade passa a depender dos olhos do observador. Nesse processo de interpretação, os dados coletados da realidade física são, por assim dizer, "personalizados" por nossos cérebros em função de nossos objetivos, criando uma visão da realidade que só diz respeito a nós mesmos. Daí a famosa afirmação de que não vemos o mundo como ele é, mas como nós somos.

Portanto, quando observamos a realidade do ponto de vista de um ser vivo, não é apenas a realidade que vemos: nossas necessidades influenciam grandemente o resultado. Apresenta-se diante de nós uma interpretação da realidade já "processada", modelada em função de nossas necessidades. O processo, em linhas gerais, ocorre da seguinte forma. Primeiramente a realidade nos é *apresentada* aos sentidos — em sua forma crua e impessoal —, mas não é isso que vemos (mesmo porque o mundo em si mesmo não tem uma "imagem", só tem uma estrutura

---

40. Notemos aqui o começo da bifurcação entre os objetivos da vida e os objetivos do conhecimento, que tanta confusão causa. Como tudo em nossos corpos se orienta à sobrevivência, não à busca pela verdade, a questão da verdade realmente só nos importa na medida em que nos ajuda a alcançar nossos objetivos pessoais. Daí ser tão comum confundirmos a "verdade" com aquilo que nos causa bem-estar. Considerando que a "verdade" da vida é a perpetuação, faz até bastante sentido que sejamos assim.

física). Para ser transformada em imagens mentais, essa informação é enviada à central de processamento visual de nossos cérebros, que analisa esses dados e extrai deles tudo o que parecer relevante. Feito isso, a realidade nos é *reapresentada* na forma de sensações visuais, que é o que percebemos conscientemente.

Para melhor entendermos o que é esse "processamento" e essa "interpretação" de que falamos, imaginemos que tivéssemos um arquivo de computador. Uma imagem, por exemplo. Se algum dia já tivermos utilizado computadores, saberemos que arquivos de imagem não são, eles próprios, uma imagem. São, na verdade, uma série de *zeros* e *uns* armazenada no disco rígido. Então, se quisermos visualizar essa imagem, precisaremos de um programa que a interprete, que processe os dados armazenados no disco rígido e os exiba na tela do computador. Porém, isso precisa ser feito da maneira correta: se abrirmos esse arquivo com um processador de textos, ele simplesmente nos aparecerá como uma série de símbolos incompreensíveis, os quais nunca nos darão qualquer ideia do que se trata a imagem. Porém, abrindo esse mesmo arquivo com um processador de imagens, a série de *zeros* e *uns* será adequadamente interpretada como *pixels* de diferentes cores, os quais nos darão o que queremos: a imagem propriamente dita. Portanto, não vemos o arquivo "em si mesmo", mas apenas a representação desse arquivo feita pelo *software*, e não nos esqueçamos de que isso tudo ocorre a partir de um *hardware* físico, assim como nossa consciência ocorre em nossos circuitos neurais.

Assim como computadores, nossos cérebros precisam "processar" os dados coletados do ambiente antes de poder apresenta-los à nossa consciência. O mundo em si mesmo não nos é diretamente acessível: só podemos acessá-lo indiretamente, na forma de representação.[41] Isso ficará evidente se considerarmos que, no caso da visão, não vemos os objetos em si mesmos, mas apenas a luz que esses objetos refletem. O mundo precisa estimular nossos sentidos para que o percebamos, e o modo como interpretamos essa percepção dependerá de como nossos cérebros estão programados. Portanto, ainda que o mundo exista por si mesmo, não podemos conhecê-lo por si mesmo, mas apenas como ele se mostra a nós, ou seja, por sua aparência. Porém, como cada qual vê o mundo a partir de seus próprios olhos, o mundo parece a cada qual um pouco diferente, e disso nasce uma das questões mais tradicionais da filosofia: distinguir entre aparência e realidade. Uma

---

41. No primeiro parágrafo de *O Mundo como Vontade e Representação*, Schopenhauer exprime essa noção de forma excepcionalmente elegante.

questão sem dúvida interessante, mas que, para nossos fins, não há necessidade de abordarmos em detalhes, mesmo porque muitos já o fizeram, e com notável competência.[42]

O essencial é percebermos que, como nossos sentidos evoluíram para nos ajudar a sobreviver — e não para nos ajudar a alcançar a "verdade" —, tudo o que observamos no ambiente não é apenas entendido, mas também interpretado em função de sua utilidade à vida. É por isso que, aos olhos do sujeito, a comida torna-se saborosa, os sons tornam-se informativos, copular torna-se prazeroso, corpos saudáveis tornam-se atraentes. Como temos necessidades pessoais a serem satisfeitas, é na verdade imprescindível que interpretemos a realidade dessa forma pessoal, pesando os fatos em função daquilo que nos interessa. Se não fizéssemos isso, simplesmente não sobreviveríamos. Portanto, nesse contexto, a parcialidade não deve ser entendida como algo ruim, e sim como uma ferramenta de sobrevivência.

Agora, para entender como isso tudo se encaixa em nossas vidas cotidianas, encaremos a questão de uma forma mais prática. Por exemplo, imaginemos uma mesa. Nela há um prato de comida e outro prato de veneno. O que pensamos? A comida me alimentará; o veneno me matará. Claro, faz perfeito sentido. Porém, em termos físicos, o que é a comida, senão um tipo de composto do qual nosso corpo retira energia? O que é o veneno, senão uma substância que emperra nosso sistema? Em si mesmas, essas coisas não significam nada. Mas, aos nossos olhos, elas passam a significar muitas coisas, a depender de nossos interesses. Em regra, será mais ou menos automática a interpretação: a comida é boa; o veneno é ruim. Contudo, tais julgamentos não têm um valor objetivo, pois dependem de nosso ponto de vista, que não é imparcial. Apenas as propriedades físicas do veneno são objetivas: o veneno não depende de nosso ponto de vista para ser venenoso, mas depende de nosso ponto de vista para ser "mau". Assim, em nosso estômago, o veneno é mau; no estômago do inimigo, é bom. Isso deixa claro que julgamentos de valor dizem respeito às prioridades de nossa máquina biológica, não à realidade em si mesma, em termos físicos.

✳ ✳ ✳

Utilizemos mais alguns exemplos para ilustrar esse mecanismo de representa-

---

42. Caso haja interesse na questão, sugerimos *Os Problemas da Filosofia*, de Bertrand Russell.

ção da realidade. Suponha-se que, por algum motivo, acordássemos num lugar estranho. Qual será nossa primeira reação ao acordar? Olhar ao nosso redor. E o que está acontecendo nesse preciso instante? Nosso cérebro está fazendo automaticamente uma releitura funcional da realidade física em termos de interesse biológico. Metaforicamente, é como se nosso cérebro criasse para nós uma espécie de "versão legendada e comentada" da realidade, exatamente para sabermos o que fazer diante de cada situação.

Fazendo um paralelo, lembremo-nos de como o ponto de vista de androides é retratado pelo cinema: o androide vê o mundo normalmente, como nós, mas há em sua visão também todos aqueles números e mensagens descrevendo sua missão, suas prioridades, quanta energia tem à sua disposição, que partes de seu sistema precisam de atenção, e assim por diante. Em nosso próprio caso, temos basicamente isso, só que os dados, em vez de serem projetados em nossas retinas, nos vêm na forma de sensações, desejos, impulsos. Por exemplo, se estamos andando pela rua e, por azar, num tropeço, fraturamos a perna, isso não fará com que apareça uma mensagem em nosso campo visual: "atenção, a estrutura óssea de sua perna foi gravemente danificada; pare imediatamente de caminhar". A versão humana disso é sentir dor. Ficamos temporariamente incapacitados pela dor, e isso previne maiores danos.

Procuremos algum outro caso que nos pareça familiar. Por exemplo, uma barra de chocolate. Por que o chocolate é doce? Porque estamos programados para percebê-lo como algo doce. Nosso organismo aprendeu (evolutivamente) a colocar essa "legenda" no chocolate porque essa substância tem o típico perfil daquilo que será uma ótima fonte de energia. Quando pensamos a respeito, fica claro que a própria noção de haver um sabor "doce" só faz sentido no contexto de um organismo que precisa de energia para sobreviver — e a capacidade de sentir sabores evoluiu exatamente como um meio prático de distinguir que substâncias são capazes de nos fornecer energia (tanto que nem entendemos como isso tudo acontece em nossos cérebros). Assim, o chocolate existe por si mesmo, e sua energia está nas ligações químicas das moléculas que o compõem, mas a doçura está em nossos cérebros: ela é, por assim dizer, uma "linguagem" que a vida inventou para si mesma. A doçura não é uma "propriedade fundamental da realidade", mesmo porque, em si mesmo, o chocolate não tem sabor, cheiro, textura, cor. Porém, aos nossos olhos — *i.e.* aos olhos da vida —, ele passa a ter isso tudo, sendo óbvio que nosso cérebro cria tais sensações, não para nos "iludir", mas justamente para informar nossas ações. Assim, a cor marrom, o sabor doce, a textura macia, o cheiro suave, isso tudo diz respeito ao modo como o chocolate nos é representado em termos de valor biológico, levando-nos a percebê-lo como algo útil para permanecermos vivos.

Isso se aplica a várias outras coisas. Pensemos em fome, ansiedade, calma, raiva, tristeza, alegria. Tais coisas são apenas indicadores do *status* de nosso organismo. Naturalmente, não estamos dizendo que a fome não existe, mas que ela existe de um modo diferente da maçã que comemos para aliviá-la. A existência da fome é mental, relativa ao próprio organismo, cumprindo o papel de sinalizar quando precisamos de energia. Isso se comprova pelo fato de existirem comprimidos que suprimem nosso apetite. Como a fome é apenas um sinal criado por nossos cérebros, isso é bem simples. Contudo, não se sabe de comprimidos que suprimam nossa necessidade de comer para permanecer vivos. Claro que, para todos os fins, poderíamos gerar artificialmente uma sensação de perfeita saciedade, como se houvéssemos acabado de nos banquetear, recriando inclusive o sabor de cada alimento, mas essa experiência obviamente não teria qualquer valor nutricional. Portanto, enquanto o sabor dos alimentos é subjetivo, seu valor nutricional é objetivo. É diferente o modo existir de cada coisa. Não que isso seja desesperadoramente interessante. O que estamos tentando ilustrar é que, como tais processamentos ocorrem de forma inconsciente e automática, dificilmente chega a haver em nossas mentes uma distinção clara entre ambas as coisas.

Assim, em nossas vidas cotidianas, sem nos darmos conta, tudo o que fazemos, sentimos e pensamos é de algum modo orientado à sobrevivência. Olhamos para fontes de água e consideramos se são adequadas para o consumo. Olhamos para corpos e julgamos se são sexualmente compatíveis. Ouvimos uma conversa e avaliamos se contém informações que nos possam ser úteis. Aos nossos olhos, essa parcialidade é absolutamente natural — criando a tendência de tomarmos nossa representação da realidade pela própria realidade. Contudo, aqui nossa intuição nos engana, pois, como vimos, a realidade em si mesma não tem cores, sons, cheiros, sabores, texturas, sentimentos, intenções, interesses, desejos, nada disso. Tais coisas só passam a existir no contexto de nossas mentes, como representações da realidade.[43]

---

43. A título de curiosidade, poderíamos aqui comentar aquela famosa questão filosófica: se uma árvore cai numa floresta quando ninguém está por perto, ela faz barulho? A resposta é *não*, pois vibrações sonoras só se tornam barulho depois que alcançam nossos tímpanos e são convertidas em sensações auditivas.

Se tivermos detalhes em mente, já não nos parecerá muito exagerado sugerir que vivamos numa espécie de "realidade virtual", pois acabamos de ver que o mundo, como o experimentamos, é criado por nossos cérebros. Não que a vida seja pura e simplesmente um delírio: nossos cérebros não inventam isso tudo a partir do nada. Porém, também não há como negar o fato de que nossa experiência de existir é mental, uma "virtualização da realidade" que mistura o dentro e o fora — parcialmente baseada no mundo objetivo, mas também parcialmente baseada em nós mesmos. Naturalmente, se continuarmos nesse raciocínio, seremos levados à conclusão de que a vida, no fim das contas, é uma espécie de sonho. Claro, um sonho lúcido, porque sonhamos estar na realidade, e estamos. Porém, em rigor, nossas sensações nada mais são que uma alucinação que corresponde aos fatos.[44]

✷ ✷ ✷

Até aqui, passamos por vários assuntos, mas ainda não abordamos nossos valores propriamente ditos. Não o fizemos porque, conforme desenhamos seu contexto, a questão praticamente se responde sozinha: nossos valores se tornam tão claramente delimitados que praticamente não restam dúvidas a respeito do que são. Ao lado disso, como também discutimos de que maneira aquilo que somos influencia o modo como percebemos a realidade, podemos agora tratar a questão dos valores pessoais de uma forma mais isenta, mais clara e precisa, sem nos envolvermos em defesas de achismos ideológicos.

Primeiramente, o que é um valor? Vimos que é um julgamento, uma parcialidade em relação a algo, um gosto, uma preferência, uma opinião. São várias

---

44. Mas nem sempre, se considerarmos o caso dos loucos, cujos sistemas cognitivos interpretam a realidade de formas incomumente deturpadas. Não que distúrbios psiquiátricos tenham grande pertinência em nossa discussão. Porém, o simples fato de um defeito em nossos sistemas cognitivos ser capaz de alterar nossa percepção do mundo, de recriar a realidade, deixa claro o quão assustadoramente literal é a ideia de que nossa experiência de existir é um sonho, uma alucinação sensorial criada por nossa maquinaria biológica. Se a ideia ainda nos parece forçada, basta nos lembrarmos dos sonhos, nos quais nos vemos transportados a realidades que simplesmente não existem, mas que parecem existir. Sonhos não correspondem a nada porque são criados internamente, a partir de informações armazenadas em nossos próprios cérebros. Mesmo assim, quando sonhamos, o modo como experimentamos a realidade é basicamente o mesmo como quando estamos despertos. A diferença é que, depois de acordar, passamos a experimentar o mundo a partir das informações que coletamos do ambiente.

definições cabíveis, e todas elas discutíveis. Porém, mais importante que definir inequivocamente o que é um valor é entender sua função. Então: para que servem valores? Por que valorizamos as coisas? Porque, nunca é demais repetir, a realidade não se importa. Valores foram exatamente a solução que a vida encontrou para "contornar" essa indiferença. Além disso, considerando que a realidade em si mesma não "pende" para ninguém, e que também não pode ser controlada — no sentido de induzirmos "milagres" —, fica claro que ela nunca passará, em termos biológicos, de um pano de fundo, de um meio no qual a vida se propaga.[45] Noutras palavras, o jogo todo terá de ocorrer em termos de quais organismos são os melhores mecanismos.

Naturalmente, se a realidade não se importa com os seres vivos, eles próprios terão de fazê-lo — e é justamente isso o que fazemos. É o que todos os seres vivos fazem. Exatamente pelo fato de a realidade física não se importar com a vida, essa iniciativa teria de partir da própria vida, evolutivamente falando. Uma máquina que apenas captasse a realidade eficazmente, mas que não tomasse qualquer providência no sentido de satisfazer suas necessidades, simplesmente permaneceria em estado vegetativo até uma provável morte por inanição. Organismos indiferentes a si mesmos não funcionam. Para termos chances de sobreviver, precisaremos valorizar quem somos — e esse tipo de mecanismo, por ser tão básico, e ao mesmo tempo tão eficiente, seria algo que presumivelmente evoluiria com grande rapidez (ao menos na escala evolutiva).

Para traduzir em termos práticos, imaginemos um organismo apático, indiferente à vida ou à morte, e outro que ama viver. Não é óbvio que, diante de situações

---

45. E aqui talvez fosse oportuno trazer à lembrança o quanto o comportamento da vida se assemelha ao de um vírus. Assim como temos vírus de computador, que se propagam em ambientes informáticos, temos a vida biológica, que se propaga pela realidade física, como se fosse um "vírus da matéria". Ambos contêm instruções do tipo "replique-me", porém, no caso da vida, em vez de digitais, as informações são genéticas, e ficam quimicamente codificadas em moléculas de DNA. Falamos da vida, mas o princípio poderia aplicar-se a qualquer entidade que criasse cópias de si. Em seu livro O Gene Egoísta, Richard Dawkins sugeriu que nossas próprias mentes — que são, no fim das contas, grandes processadores de dados — poderiam também ser "infectadas" por ideias que, por suas próprias características, teriam a tendência de propagar-se de uma mente para outra, exatamente como vírus mentais. Ele batizou essas ideias autorreplicantes de "memes". O filósofo Daniel Dennett tem explorado essa noção de uma forma muito interessante — algo também feito pela psicóloga Susan Blackmore.

adversas, os organismos que julgassem suas vidas "importantes" lutariam mais bravamente para defendê-las? Não parece ser outra a razão pela qual julgamos importantes as nossas próprias. Em geral, todos pensamos ser importantes, mas baseados em quê? Temos alguma razão? Temos alguma evidência? Não temos nada. Até onde podemos perceber, simplesmente nascemos assim. Então, sendo esse o caso, parece claro que nosso "amor pela vida" deve ter evoluído ao longo das gerações como uma forma de nos motivar a comportamentos que conduzem à perpetuação da espécie, assim como nossa fome evoluiu para que mantivéssemos nossos estômagos cheios.

No fim das contas, é só isso. Nós nos importamos porque importar-se funciona, não porque sejamos "realmente" importantes. O valor da vida é apenas mais uma peça de nosso instrumental tecnológico de sobrevivência, assim como a habilidade de distinguir cores. Pois então, diferentemente do que poderia parecer à primeira vista, a questão nada tem a ver com a "verdade", mas apenas com a sobrevivência, com o que funciona em termos de perpetuação genética.

Considerando o percurso que fizemos até aqui, parece que conseguimos alcançar o objetivo ao qual nos propusemos inicialmente, que era entender o lugar que nossos valores ocupam no contexto da realidade conhecida. Pudemos perceber que a vida não "é" realmente importante, mas ao mesmo tempo entendemos por que é decisivo que nos sintamos importantes: porque funciona. Ao abordar ambas as faces da questão simultaneamente, conseguimos resgatar, não apenas a transparência das partes, mas também integrá-las numa só visão. Claro que, aos nossos olhos, essa visão talvez pareça algo vazio e sem significado. Na verdade, não deixa de ser — mas isso também não muda nada. Como máquinas não precisam de "significados" para funcionar, seria mesmo ingênuo esperar houvesse um "porquê" nisso tudo, uma "verdade" por detrás de nossas vidas.

* * *

Antes de encerrarmos, resta apenas tecermos alguns comentários acerca da distinção entre possibilidades físicas e possibilidades práticas. Comecemos pelo exercício mental de nos colocarmos no lugar da realidade física, porém do ponto de vista de um organismo biológico. Pensemos num ser vivo que traduzisse as características da realidade física em termos de funcionalidade biológica, ou seja, um ser que existisse e funcionasse por si mesmo, que não tivesse necessidades, que não precisasse assegurar sua própria existência, e assim por diante: não precisa comer, não precisa beber, não precisa se perpetuar, não precisa se divertir, não sente tédio, não sente cansaço, não envelhece e não tem predadores naturais. Em suma, não precisa de nada, sendo capaz de retirar do próprio ar que respira a energia necessária à sua sobrevivência. Concedamos a esse organismo uma consciência similar à nossa e o coloquemos no centro de uma planície qualquer. O que ele faria? Presumivelmente, nada. Por exemplo, digamos que passasse um organismo à sua frente. Por que matá-lo, se não representa perigo nem servirá de alimento? Por que unir-se a ele, se não tem necessidade de nada que o outro organismo possa oferecer? Para todos os fins, ele sem dúvida entenderia o que está se passando ao seu redor, entenderia por que os demais organismos fazem o que fazem. Mas ele próprio não tem essas necessidades. Não vê razão para explorar o ambiente, pois não precisa localizar fontes de alimento, não precisa cortejar parceiros sexuais, não precisa identificar predadores, e nenhum tédio lhe causa essa inatividade toda. Poderíamos inclusive lançá-lo num vulcão: daria no mesmo. Nessa situação, mesmo podendo fazer tudo o que quisesse — inclusive coisas absurdas, como alçar voo até a Lua —, ele nada faz, pois nada quer. Essa indiferença seria mais ou menos a tradução da física em termos biológicos.

Tudo bem. Mas isso demonstra o quê? Demonstra que não existe, em si mesma, a necessidade de fazermos qualquer coisa. Sim, isso é óbvio, mas o interessante está em perceber o que isso nos revela por contraste: se a física nada quer, tudo o que queremos só pode ser por conta de nossa biologia. Então, na medida em que precisamos "fazer" algo, esse algo obrigatoriamente remonta às nossas necessidades biológicas, que por sua vez remontam à continuação de nossa existência, que por sua vez não remonta a nada. Assim, nossos valores, que a princípio seriam completamente arbitrários — limitados somente pelas possibilidades físicas —, na prática não podem ser tão maleáveis, pois ficam circunscritos às possibilidades que nossa maquinaria biológica oferece, as quais foram esculpidas ao longo de nossa história evolutiva. Só seríamos perfeitamente livres para valorizar o que quiséssemos se tivéssemos à nossa disposição todas as possibilidades físicas, mas não temos.

Então, seja o que for que façamos, agimos com base numa valorização arbitrária de determinados aspectos da realidade que se revelaram importantes à sobrevivência em nosso passado evolutivo. Claro, podemos escolher: mas essa escolha sempre ocorre dentro de espaços determinados, criados pela própria biologia. Por exemplo, podemos gostar mais de peixe que de frango; podemos gostar mais de história que de psicologia; podemos gostar mais de astronomia que de matemática. Essas variações nossa mente está perfeitamente capacitada a acomodar. Contudo, outras não. Por exemplo, não podemos sentir prazer ao comer pedras; não podemos preferir não sentir dor ao fraturar um osso; não podemos deixar de nos zangar quando falhamos; não conseguimos nos sentir bem se não tivermos algo de que nos ocuparmos. Ou seja, só podemos encontrar prazer naquilo que nossos circuitos cerebrais foram previamente programados para reconhecer como algo bom. Em algumas questões, temos escolha. Noutras, não. Assim, o fato de nossos comportamentos possíveis ficarem sempre limitados àquilo que é compatível com nossos circuitos cerebrais preexistentes ilustra de que modo nossas possibilidades de valor ficam circunscritas ao contexto criado por nossas próprias maquinarias.

Claro que, em rigor, nada disso precisaria ser necessariamente assim. Da mesma forma que abutres encontram prazer comendo carniça, nós poderíamos encontrar prazer comendo terra, desde que nossos cérebros estivessem programados para isso. A princípio, as configurações possíveis são virtualmente infinitas, mas, dada a programação prévia de nossos cérebros, somos quem podemos ser. Vivemos restritos às possibilidades que nossa maquinaria atual nos oferece, e há claros limites quanto às formas de viver que nos podem ser satisfatórias. Daí nossa moral não ser totalmente arbitrária, como costumam supor os relativistas.[46]

3. DESNECESSIDADE DE IDEAIS

O juízo moral possui em comum com o juízo religioso a crença em realidades que não existem. A moral é tão somente uma interpretação de certos fenômenos, porém uma interpretação *falsa*. O juízo moral, como o juízo religioso, pertence a um estágio de ignorância em que falta o próprio conceito de realidade, a distinção entre real e imaginário: de modo que em tal estágio a palavra *verdade* serve para designar aquilo que hoje chamamos *imaginação*. — Friedrich Nietzsche

Até agora, estivemos ocupados em esboçar um panorama geral de nossa compreensão da realidade. Tentamos desenhar o contexto de nossas vidas do modo mais amplo possível, para que assim pudéssemos nos situar na realidade com

---

46. Conclusão que já havíamos alcançado no capítulo 7 da primeira parte.

clareza e imparcialidade, situando inclusive nossos valores dentro disso, porém sem nos comprometermos com qualquer ponto de vista particular. Feito esse preâmbulo, podemos agora prosseguir a uma análise mais direta de nossa moral: mais precisamente, da necessidade de sermos morais. Depois discutiremos de que modo nossa forma de ver o mundo "delimita" nossos valores, e que importância isso tem.

Comecemos com uma pergunta simples: existe alguma necessidade real de vivermos? Todos os dias acordamos, tomamos banho, escovamos os dentes, fazemos o café da manhã, vamos para o trabalho, voltamos, dormimos e, no dia seguinte, repetimos. Claro, supõe-se que, se fazemos tais coisas, é porque gostamos — e, sendo esse o caso, dificilmente nos ocorreria questionar o valor daquilo que nos dá prazer. Porém, não estamos indagando a respeito de nosso prazer em fazer tais coisas, mas sobre a própria necessidade de as fazermos. Precisamos fazê-las? Precisamos viver?

Vimos que a vida, pela própria inércia de seu mecanismo, se dirige à perpetuação: a tendência é que os organismos continuem a criar cópias de si mesmos indefinidamente, enquanto o ambiente prover as circunstâncias necessárias. Assim, sem dúvida estamos programados para viver. Porém, é necessário executarmos esse "papel"? Colocando de uma forma mais clara: há algum motivo concreto, lógico e demonstrável para permanecermos vivos? Algum motivo realmente racional que, diante de uma análise séria, não se revele incontornavelmente falacioso?[47]

Vejamos as respostas que geralmente se apresentam para esse tipo de questionamento: devemos viver para ajudar nossos semelhantes; devemos viver porque só temos uma vida; devemos viver para realizar todo o nosso potencial; devemos viver porque as pessoas ao nosso redor estão contando conosco; e assim por diante.[48] Como se percebe, os argumentos dessa categoria andam em círculos, baseando-se simplesmente em apelos e chantagens emocionais. Não é isso o que estamos procurando.

---

47. Essa forma de colocar a questão é, na verdade, uma reformulação da tese que H. L. Mencken apresenta em *Sobre o suicídio*, ensaio no qual defende que *é difícil, senão impossível, descobrir qualquer razão lógica ou probatória, que não se desmascare instantaneamente como cheia de falácias, para se continuar vivo.*
48. Não deixa de ser engraçado que ninguém responda que devemos viver para perpetuar a espécie, a única resposta que seria — minimamente — respeitável, ao menos por revelar algum conhecimento de causa.

Numa estratégia alternativa, talvez se argumentasse que questões assim só podem ser solucionadas pela "afirmação" da vida. Porém, tal resposta é igualmente insatisfatória. Essa abordagem parece somente uma evasiva — e das piores, análoga à dos teólogos com seu "creio porque é absurdo", que nunca chegou a convencer ninguém. Claro, podemos afirmar a vida, mas isso apenas porque podemos afirmar qualquer coisa. Por exemplo, poderíamos afirmar a morte. Isso comprovaria o valor do assassinato? Não comprovaria nada. Até onde podemos perceber, essa noção de "afirmarmos" algo é apenas uma versão racionalizada de acreditar, de ter fé. Também não é isso o que estamos procurando.

Procuramos, mas parece inútil procurar. Por mais que vasculhemos os motivos que se apresentam, nenhum deles se mostra respeitável diante da mais básica análise. Claro, isso não quer dizer que não devamos respeitar as crenças dos demais, mas o caso é que nossa discussão também não é sobre sermos gentis. Se gostamos de uma ideia, tudo bem, mas a questão aqui é se ela é verdadeira, não se é querida. Por exemplo, digamos que um químico acreditasse em alguma noção equivocada a respeito da constituição dos átomos: ele diz que nêutrons têm carga positiva. Agora pensemos: seria razoável passarmos a "respeitar" a opinião desse químico, mesmo estando completamente errada, apenas porque ele fala dos átomos como se fossem seus filhos? O valor afetivo atribuído a uma ideia não deveria nos desviar tão facilmente do assunto, mas desvia. Parece haver uma tendência natural de fugirmos desses assuntos.

Seja como for, a questão permanece: é preciso viver? É certo que não temos nenhum motivo positivo para deixar de viver, mas também não temos nenhum para permanecer vivos. Nessa situação, o prato não pende para nenhum dos lados, mas nossa intenção aqui não é fazer com que penda, é apenas entender que não pende. Então, até onde podemos perceber, essa questão não pode ser respondida afirmativamente — ou negativamente — sem que tenhamos partido de alguma premissa de valor, a qual será, ela própria, inevitavelmente parcial. Dada a situação, não parece haver saída. Então, diante da ausência de uma resposta positiva e satisfatória à questão, só podemos concluir que *não*. Não há nenhum motivo racional para vivermos.[49]

Se essa resposta nos parece duvidosa, nada nos impede de pô-la à prova. Tragamos então a discussão ao mundo real, pensemos em termos práticos: o que

---

49. O que é diferente de concluir que devemos nos matar, obviamente.

mudaria se não vivêssemos? Se não vivêssemos, não viveríamos. Aconteceria alguma coisa? Não aconteceria nada. Então de onde poderíamos tirar a ideia de que "devemos" viver? Ao que parece, somente de nossas cabeças. Evidentemente, sentimos que devemos viver, mas isso não demonstra nada, pois muitos sentem que devem matar. Sentimos que devemos viver apenas porque fomos evolutivamente programados para ser assim. Isso não equivale a afirmar que "devemos". Há apenas o impulso pré-programado, não o dever.

Deveres impessoais não existem, e essa é uma conclusão que, de forma independente, já alcançamos várias vezes. Também já havíamos concluído que o valor da vida é uma adaptação evolutiva, assim como a fome, e que ambas as coisas são subjetivas, isto é, dependem de nós para existir. Naturalmente, se algo depende de nós para existir, ele está automaticamente sob nosso controle. Podemos manipular aquilo que nós mesmos criamos, e isso não é nenhuma novidade. Porém, quando pensamos um pouco mais a respeito, abre-se aqui uma possibilidade inquietante: se podemos suprimir a fome com um comprimido, não poderíamos suprimir também o valor da vida com outro?

Estamos apenas sendo irônicos, obviamente. Mas pensemos em como isso afeta nossa compreensão da moral. Já não existe, em nosso entendimento moderno da realidade, qualquer espaço para considerações sobre como "devemos ser", pelo menos em qualquer sentido absoluto, como sendo algo "bom por si mesmo", que pudéssemos chamar de "ideal". Mesmo porque, se nem mesmo existe a necessidade de vivermos, de existirmos, como poderia haver qualquer outra necessidade?[50]

Quanto mais pensamos a respeito, mais fica claro que nossos certos-e-errados morais dizem respeito não ao que "podemos" ou "não podemos" fazer, mas ao que queremos fazer. E sabemos que, em última instância, podemos fazer tudo o que quisermos, absolutamente qualquer coisa, e que as únicas limitações nesse sentido são físicas: se é fisicamente possível, podemos fazê-lo, bastando que tenhamos os meios. Desde comprar um par de meias até civilizar outros planetas, a questão é apenas o que queremos fazer, não o que é "certo" ou o que "devemos". Se quisermos colonizar o espaço, colonizaremos; se não quisermos, não colonizaremos. Similarmente, se quisermos proibir o aborto, ele será proibido; se quisermos permiti-lo, ele será permitido. Se quisermos pena de morte, teremos pena de morte; se não

---

50. Queremos dizer, qualquer outra necessidade que não fosse meramente uma posição pessoal.

quisermos, não teremos. Se quisermos proibir a eutanásia, proibiremos; se quisermos permiti-la, permitiremos. Todas essas questões podem ser decididas racionalmente, em função de quais escolhas nos permitirão viver melhor.[51] Nenhuma delas precisa ser envolvida em superstições ignorantes a respeito de certas ações serem "intrinsecamente" certas ou erradas (porque "acreditamos" nisto ou naquilo, porque "seguimos" este ou aquele "princípio", e assim por diante).

✳ ✳ ✳

Tentemos ilustrar esse raciocínio de uma segunda forma. Pensemos, por exemplo, na afirmação de que devemos ser "justos" — seja lá o que isso for. Em teoria, soa muito bem. E é claro que, se quisermos ser justos, podemos ser. Mas e se não quisermos? Bem, se for apenas um indivíduo, é simples: podemos prendê-lo. Mas o que aconteceria se a humanidade toda pensasse dessa forma? Se, por algum motivo, quiséssemos todos ser injustos, não poderíamos simplesmente sê-lo? Qual seria o impedimento? Não poderia ser a injustiça mesma, pois isso é justamente o que se quer. A realidade física, de sua parte, não se importa com o que fazemos de nós mesmos. Então, se nós próprios não nos importamos em ser justos, que diferença faz se somos uma coisa ou outra?

Claro que, na prática, queremos levar vidas suportáveis, então nós nos importamos em ser justos, mas não é isso o que estamos discutindo. A questão é até que ponto nosso comportamento precisa ser necessariamente determinado por regras morais, e a resposta é: ele não precisa. Não há qualquer obrigatoriedade de que as coisas sejam justas. Nós apenas queremos que sejam, mas elas não precisam necessariamente ser. Ademais, no que toca a necessidade, quando afirmamos que a existência humana deve ser guiada pela justiça, isso só prova que ela não é: porque, se fosse, não teríamos a necessidade de fazê-la nós mesmos. Só há necessidades impessoais quando falamos de questões impessoais. Contudo, quando falamos de necessidades morais, falamos de algo que, do começo ao fim, depende apenas de nós. Nessa situação, só podemos afirmar que *queremos* ser justos. Assim, se devemos, é sempre e apenas porque queremos. Deixa de haver espaço para falarmos de justiça em terceira pessoa, como se estivesse "fora" de nós.

Naturalmente, não estamos tentando justificar comportamentos imorais, mas o caso é que não há nada de razoável em confundir leis físicas com regras de boa

---

51. Entenda-se "melhor" no sentido de correspondência àquilo que desejamos.

convivência. Dada a quantidade de conhecimento de que dispomos, isso é simplesmente vergonhoso. Seja como for, isso acontece e, se acontece, por quê? Se a questão não é falta de conhecimento, nem é sermos cegos, então é o quê? Ao que parece, é nossa necessidade de segurança emocional. Acreditamos, por exemplo, na justiça, porque esse tipo de ideal nos dá uma "boa sensação" — aquela de que, com nossas ações, estamos indo para algum lugar. Confiantes de que boas sensações nos levarão a bons lugares, fechamos os olhos e permanecemos abraçados aos nossos ideais, discursando sobre eles como quem adivinhasse uma "ordem moral do mundo" por detrás da sintaxe.

Paz. Justiça. Igualdade. Progresso. Democracia. Solidariedade. Respeito. Falamos tais palavras e suspiramos como um adolescente apaixonado. Depois emitimos algum clichê: "ah!, se todos fossem isso, ou se todos fossem aquilo, tudo seria tão diferente!" Mas diferente como? Não sabemos dizer. Mas que importa? O importante é "acreditar". Parece quase surreal que façamos isso com nós mesmos, mas fazemos. Forçamo-nos voluntariamente nesse grau quase inconcebível de alienação, e julgamos tudo muito natural, como que profissionalizados na racionalização de pretextos para não pensar.

Como qualquer religião, isso nunca nos levou a lugar algum, mas nós nos deixamos levar mesmo assim. É incrível como nos deixamos ofuscar pela crença neste ou naquele princípio, e como é comum que esses princípios, em vez de serem baseados na realidade que conhecemos — ao menos como uma inferência intelectualmente respeitável —, são simplesmente "tirados da cartola", tomando a forma de ideais invariavelmente impraticáveis que supomos serem "bons por si mesmos" somente porque eles nos "inspiram" — talvez porque sentimos um leve arrepio enquanto alguém discursava sua utopia. "Ora, foi só um arrepio", alguém poderia pensar, mas não precisamos de mais que isso. Essa "revelação" nos convence inteiramente.

Desse ponto em diante, passamos a falar de nossos ideais como quem tivesse no bolso uma solução final para todos os problemas da humanidade, seguros de que sua aplicação transformaria o mundo num lugar muito, muito melhor; num lugar — surpresa! — *ideal*. Pensemos seriamente no assunto por um instante: se considerarmos a magnitude dessa proposta, do conhecimento que seria realmente necessário para contornarmos todos os problemas humanos, ficará imediatamente claro que tal saber, ainda que alcançável, seria algo complicadíssimo. Porém, é curioso notar que, em nossas cabeças, as soluções mais completas distinguem-se por serem também as mais singelas. Basta perguntar à primeira pessoa que nos cruzar o caminho: como tudo poderia ser melhor? E todas terão uma resposta. Basta fazer isso, isto e aquilo, e *voilá*: a humanidade está salva.

Não apenas "ideais", nós cultivamos os mais variados disparates simplesmente porque eles nos soam simpáticos. Por exemplo, como podemos afirmar que o objetivo da vida é ser feliz, se vemos claramente que a felicidade não é a razão pela qual existimos? Podemos querer ser felizes, mas não foi para isso que nascemos — não foi para "alcançar a felicidade" que a natureza nos criou. As evidências são claras, mas nós as ignoramos. Mesmo sabendo tratar-se de uma ideia falsa, sempre racionalizamos algum pretexto que nos permita continuar propagandeando esse tipo de ladainha por seu valor "motivacional". Claro que, ao lado disso, devemos também acreditar em nossos "sonhos", devemos acreditar em nosso "potencial". Tudo bem, se quisermos prezar pelo desenvolvimento pleno de nossas habilidades, podemos, mas o caso é que isso é simplesmente o que queremos, não o que devemos. Se não o quisermos, não há nenhuma obrigatoriedade de fazê-lo. Porém, se não admitimos esse tipo de coisa, bem, deve ter sido realmente o caso de termos escolhido não desenvolvê-las. Agora, ser bondosos, isso todos devem ser! Não temos dúvida! Não temos dúvida, mas também não temos nenhuma explicação para isso. Devemos ser bons porque Dona Chi-ca-ca admirou-se-se do berro, do berro que o gato deu! A coisa toda é simplesmente assim, tresloucada. Se estivéssemos ainda na Idade Média, tudo bem. Mas hoje já temos os fatos à nossa disposição. Não precisamos continuar sonhando nossas opiniões.

Tentemos pintar uma situação prática que nos mostre de que modo essa ótica "moralizante" aborda os problemas da realidade cotidiana. Por exemplo, suponha-se que estivéssemos encostados num poste qualquer de uma grande avenida, aguardando um táxi. Enquanto isso, observamos o cenário. Vemos uma pessoa caminhando calçada abaixo muito apressadamente. Seria típico pensarmos com nós mesmos: "acho que esse sujeito não deveria andar com tanta pressa!" — mas é claro que deveria, assim como um objeto solto no ar deve cair. Seu cérebro está realizando uma instrução segundo a qual andar apressadamente parece a coisa mais acertada. Talvez tenha uma emergência pessoal. Talvez esteja atrasado para o trabalho. Não importa realmente o seu motivo, e nem é preciso que haja algum. O caso é que, apesar de torcermos o nariz para esse fato, o passo apressado desse sujeito "imperfeito" contém mais realidade que todos os nossos ideais juntos, empilhados e multiplicados por mil. O mundo não está acontecendo da forma "errada": somos nós que estamos pensando-o da forma errada, a partir de nós mesmos, e não a partir daquilo que efetivamente acontece. Essa realidade "vil" que temos à nossa frente, essa realidade em que as coisas são como são — e não como "deveriam ser" —, essa existência ordinária e cotidiana em que nosso nariz escorre, em que todos têm flatulência, em que ninguém é santo, essa é a única verdadeira realidade. O "mundo verdadeiro" não é aquela versão idealizada que temos em nossas cabeças, na qual tudo é perfeito. Isso se chama imaginação.

* * *

Até hoje, temos lidado com a moral dessa maneira supersticiosa, acreditando em ideais como quem lutasse para concretizar um conto de fadas. Para confirmar essa tendência, basta observar que nada daquilo em que acreditamos em termos morais parece ter qualquer ponto de contato com a realidade: tudo se encontra "do lado de lá" do mundo (mas "um dia" virá para cá). Como são o contrário da realidade, como opõem-se a ela, nossos ideais não apenas ficam perdidos da realidade, eles se tornam praticamente sua antítese: construímos nosso "ideal" a partir da contradição com o mundo real, como uma negação da realidade em favor do absolutamente nada,[52] que para nós é tudo (que gostaríamos que fosse). Por meio dessa inversão, passamos a acreditar que a realidade deveria ser justamente aquilo que ela não é. Ela pode "parecer" o que vemos, mas é "no fundo" o que imaginamos.

Ademais, como essas construções do mundo "ideal" são sempre conceitos vagos, injustificados e generalizantes — exatamente como um preconceito —, eles efetivamente não nos dizem nada, não nos guiam a lugar algum, só nos acalmam com uma gordurosa sensação de segurança. Porém, se nem nós mesmos sabemos para onde estamos indo ao adotar esse tipo de postura, quem saberá por nós — a palavra? É o que parece. Simplesmente vivemos assim, "pela paz", como que deixando nossas vidas nas mãos de um conceito, sob a proteção da gramática normativa. Se nos perguntam o motivo, queremos "paz" porque ela "significa" algo que desejamos. Mas como uma palavra poderia nos dar qualquer coisa? Ah,

---

52. Nietzsche comenta muito esse ponto ao discutir o cristianismo. Em sua forma de pensar, como cristãos vivem em função de um "além" ideal, construído a partir da negação da realidade (pois o além é o não-aqui), temos por isso mesmo um ideal de inexistência, significando que eles na verdade vivem em função do nada. Nessa ótica, acreditar em deus seria acreditar no nada, seria negar a vida em favor do nada. Daí ele afirmar que cristãos são "niilistas", algo que só podemos entender como uma ironia — equivalendo a chamar um cristão de "ateu" por não acreditar nos deuses das demais religiões.

detalhes, detalhes! Deixemo-los aos estudiosos!

Essa tendência de fantasiarmos soluções utópicas para nós mesmos mistura vários traços psicológicos, mas sua principal raiz é, como dissemos, nossa necessidade de segurança. É essencialmente em função disso que nos damos ao trabalho de "moralizar", porque moralizar nada mais é que tentar controlar, já que coisas controladas fazem com que nos sintamos seguros. A premissa, então, é que queremos controlar o mundo. O caso, entretanto, é que não conseguimos conceber o mundo literalmente, em termos físicos. Então nós o concebemos simbolicamente, em termos morais — como que tentando subordinar a física à linguagem. Nessa ótica, nossa moral passa a assemelhar-se a um *hocus pocus* aplicado ao comportamento humano, inteiramente baseada em simplesmente nada. Tendo isso em vista, não espanta que os moralistas de todos os tempos tenham fracassado tão completa e miseravelmente em todas as suas tentativas de "reformar" a humanidade por meio de conceitos.

Para nos aprofundarmos um pouco mais nessa questão, consideremos a clássica possibilidade de a humanidade inteira viver em paz. É um antigo sonho, mas ele é possível? Para começar a responder essa pergunta, façamos outra mais fundamental: como chegamos a desejar a paz? Bem, isso é fácil de entender. Ao longo da história, sempre nos vimos horrorizados diante de guerras sangrentas. Como reagimos a isso? Fazendo oposição. Tanto sangue derramado! Tantas vidas inocentes! Chega de sofrimento! Basta! Queremos viver em paz! Então passamos a acreditar que o homem deveria ser pacífico, e é só isso. Baseamo-nos somente naquilo que gostaríamos que o mundo fosse, não naquilo que sabemos que pode ser. Geração após geração, ansiamos ardentemente que o mundo seja pacífico, mas fazemo-lo eivados da mais absoluta irreflexão, como quem desejasse que o mundo fosse feito de chocolate.

Nossos ideais morais nascem desse tipo de imaginação fantasiosa a respeito de como as coisas poderiam ser, só não sabemos como. Naturalmente, pensamos em tais coisas apenas vagamente, sem nos darmos ao trabalho de ruminar os detalhes, como quem acreditasse nelas somente para acalmar a si próprio, porque é precisamente esse o caso. Moralistas têm seus ideais e seus pacifismos como religiosos têm seus paraísos e suas imortalidades, e nenhum deles sabe como. Porém, nem fazem questão, já que toda fé é somente uma medida ideológica contra a ansiedade: útil para termos do que falar, para termos o que esperar enquanto estamos "neste mundo". Daí nossos ideais terem tanto em comum com nossos espíritos, ocupando sem dúvida o mesmo lugar em nosso imaginário.[53]

Para não sermos puramente negativos na análise dessa questão, tentemos agora abordá-la de uma forma sóbria e, até onde possível, realista. Comecemos com uma imagem do essencial: a história nos mostra que o ser humano sempre se envolveu em guerras. Desde a Antiguidade até os dias de hoje, foi uma constante que matássemos uns aos outros sem qualquer necessidade real. Nós guerreamos, é inegável — e, conforme a história se repete ao longo dos séculos, fica cada vez mais claro que o homem, como grande parte dos animais, é uma espécie beligerante. Pois bem, esse é o quadro geral. Agora nos perguntemos: diante disso, deveríamos acreditar na paz entre os homens? Faz algum sentido? Deveríamos acreditar justamente no contrário, na guerra entre eles, pois é o que observamos.

Claro, nossa ideia aqui não é incentivar a violência. Talvez algum pequeno aperto aqui e acolá dê certo tempero à vida, mas, até onde podemos perceber, vidas pacíficas são mais agradáveis que vidas mergulhadas em brutalidade. Em regra, não gostamos de guerras, mas elas acontecem mesmo assim. Então, sendo esse o caso, fica claro que, se quisermos ter chances de mudar esse tipo de coisa, teremos de partir para uma abordagem diferente. É inútil simplesmente "acreditar" na paz porque, estamos cansados de saber, fé não funciona. Se fé religiosa não muda a realidade, por que fé moral mudaria? Ela pode, no máximo, mudar nosso comportamento, mas isso deus também faz. Porém, se quisermos mudá-lo conscientemente, e não como autômatos de algum *cordeirismo*, teremos primeiro de entender como as coisas realmente são, e isso envolve abandonarmos essa abordagem semirreligiosa de pensamento moral, que simplesmente "imagina" soluções materializando-se pela força do pensamento.

Quando começamos a pensar assim, em termos de alteração comportamental, já estamos parcialmente no caminho certo. Ao menos passamos a ver a moral como o que ela é: um conjunto de técnicas de convivência, não como um "ideal" a ser alcançado. Pois então, tendo colocado os pés no mundo real, retomemos a

---

53. Tanto que, ao pensar no paraíso ao qual iremos depois da morte, ele parece nos vir como uma realidade essencialmente moral, como um agradável estado de coisas, não tanto como um "lugar" ao qual literalmente se vai. Se ponderarmos a respeito desse detalhe com o devido cuidado, seremos eventualmente levados à conclusão de que o "mundo ideal" do moralista coincide com o paraíso do beato: trata-se de uma segunda versão, de uma réplica imaginária do mundo real, na qual tudo é como gostaríamos que fosse.

pergunta inicial: a paz é possível? Queremos dizer: isso é compatível com nossos circuitos cerebrais? Se sim, por que meios, até que ponto, e com que custo? Seja qual for a resposta, o certo é que ela não dependerá de quão ardentemente "acreditamos" na paz. Dependerá somente de entendermos se há ou não a possibilidade de adaptarmos nossa maquinaria a esse padrão de comportamento que esperamos de nós mesmos.

Naturalmente, para que tivéssemos uma resposta definitiva, precisaríamos entender nossos cérebros por inteiro, e nós certamente não entendemos. Porém, em vez de apenas devanearmos sobre o dia em que teremos um conhecimento perfeito de nossa psicologia, façamos o possível com o que já temos à nossa disposição, mesmo que somente a título de ilustração, como um exercício mental. Pois bem, perguntemo-nos: com base naquilo que sabemos sobre nós mesmos, o que seria razoável esperarmos do ser humano em termos de potencial para a paz?

Como é difícil pensarmos em nosso próprio caso com o desprendimento necessário, pensemos primeiramente noutro animal qualquer. Por exemplo, cães. O que sabemos do potencial de cães para a paz? Sabemos que eles podem ser muito pacíficos, mas podem ser também muito agressivos — afinal, descendem de lobos. Mesmo assim, entre a paz e a violência, não precisamos "decidir" em favor de um só lado, como se cães só pudessem ser uma coisa, *ou* pacíficos *ou* violentos. Cães são pacíficos, e são violentos também. Nascem com potencial para ambas as coisas, e esse potencial é flexível, podendo ser direcionado pelo modo como os criamos. Dito de outro modo, cães são domesticáveis.

Então, se os instruirmos, desde seu nascimento, a ser pacíficos, a tendência é que eles sejam pacíficos pelo restante de suas vidas, pelo menos a maior parte do tempo. Porém, como cães têm um potencial inato para a agressividade como estratégia básica de sobrevivência, sempre haverá a possibilidade de algum estímulo do ambiente desencadear comportamentos agressivos. Assim, por mais que treinemos o animal, e por mais que "acreditemos" que é nosso amigo, ele pode eventualmente voltar-se contra nós, e os motivos para isso podem ser vários, mas o importante aqui está em percebermos que, na prática, não podemos simplesmente banir a possibilidade de violência apenas treinando o animal para ser pacífico. Ao treiná-lo, nós apenas minimizamos a probabilidade de isso ocorrer.

Pensemos agora no adestramento de leões. Muitos já tentaram, com admirável tenacidade, treinar leões para serem pacíficos, mas isso funciona? Funciona um pouco, mas eles nunca chegam a ser totalmente pacíficos. Leões não são domesticáveis porque seu cérebro não é muito compatível com esse tipo de instrução.

Cavalos, por sua vez, parecem ser mais maleáveis. Alguns são mais, outros são menos, mas nenhum animal selvagem é totalmente domesticável — e lembremos que o homem, como qualquer animal, veio da selva. Evoluímos como caçadores que precisavam efetivamente empunhar lanças, perseguir, encurralar e trucidar seu almoço, todos os dias. Nada disso é muito bonito, mas, dadas as circunstâncias, não houve realmente escolha. Em ambientes selvagens, precisamos ser selvagens, e nós fomos. Agora praticamente não somos mais, mas apenas porque já não precisamos ser, assim como nossos cães também não precisam. Porém, em ambos os casos, o potencial continua lá — mesmo porque, em termos evolutivos, isso tudo é muito recente.

Claro que, para todos os fins, o homem é um animal muito mais domesticável que um leão, ou que um cão, mas os princípios envolvidos são essencialmente os mesmos. Se educamos um ser humano desde pequeno para ser pacífico, tudo o que podemos esperar é que exiba ao longo de sua vida um comportamento predominantemente pacífico. Porém, não é razoável esperar que com isso tenhamos reduzido a zero as chances de comportamentos agressivos. Por melhor que tenha sido a educação, os circuitos cerebrais para a violência continuam presentes, significando que até a mais pacífica das pessoas, se for suficientemente incomodada, em determinado ponto partirá para a violência, mesmo tendo sido treinada para não fazê-lo.

Essa forma de abordar a questão, como se percebe, torna-a muito mais compreensível, ao menos em comparação com enfadonhos discursos sobre "virtudes e vícios". Porém, antes de encerrarmos, resta ainda um último detalhe a ser elucidado: se acreditar na paz não muda nada, por que, afinal, acreditamos? O que de fato significa, o que de fato está acontecendo em nossas mentes quando acreditamos nesse tipo de coisa? Com essa abordagem, já não fica difícil entender. Cães aprendem a não morder seus donos. Pessoas aprendem a não matar umas às outras. Ambos são pacíficos. É só isso. Acreditar em paz nada mais é que ter sido instruído a ser pacífico. Então, no fim das contas, moral é só um sinônimo para adestramento. Em nosso caso, adestramento para uma vida social. Porém, considerando a tendência que sempre tivemos de nos separarmos do restante dos animais, não espanta que tenhamos inventado um universo inteiramente novo para designar aquilo que, em qualquer outra espécie, chamaríamos de adestramento. Animais são adestrados. Homens são moralizados. Mas homens são animais.

✶ ✶ ✶

Agora deixemos de lado essa discussão sobre nossos ideais, e voltemos à delimitação de nossos valores. Mesmo porque, em toda essa trajetória que fizemos, nossa ideia era exatamente chegar a este ponto de uma forma compreensível. Vimos que nossos valores são basicamente arbitrários, e que, na prática, podemos valorizar o que preferirmos, ao menos na medida em que isso for compatível com nossos sistemas biológicos. Tais valores, por serem subjetivos, não poderiam ser confirmados ou refutados impessoalmente — não há critérios para isso. Contudo, nada impede que valores sejam *delimitados* impessoalmente[54] — e foi exatamente isso que nós, ao esboçar a realidade conhecida, e ao situar nossas vidas e valores dentro disso, acabamos de fazer. Nossos valores agora podem flutuar livremente, porém dentro desse espaço restrito, delimitado pela realidade.

Assim, no que diz respeito aos nossos valores, podemos fazer o que bem entendermos. A questão dependerá apenas do que queremos, e de isso ser viável. Porém, o modo como encaixamos nossos valores na realidade depende não apenas de nossa escolha, mas também de como essa realidade funciona, portanto de nosso conhecimento. E, no que diz respeito à nossa compreensão da realidade e de nós mesmos, parece difícil justificar que sejamos tão generosamente "liberais", a ponto de nos sentirmos à vontade em ignorar os fatos mais básicos sobre nossa existência — e isso em favor de uma mera "liberdade de opinião". Claro, podemos valorizar qualquer coisa, mas a realidade precisa antes dar margem para essa valorização.

A questão é: como justificar uma opinião que simplesmente ignora tudo o que sabemos sobre a realidade? Esse tipo de coisa não parece admissível em termos de "liberdade pessoal" — pois a realidade não é um assunto pessoal. Podemos, sem dúvida, pensar o que quisermos, mas apenas em assuntos pessoais. Porém, em assuntos impessoais, nossas opiniões simplesmente não importam — não há espaço para elas. Talvez essa pareça uma postura "exagerada", mas tudo o que estamos propondo é que nosso conhecimento faça sentido, que sejamos minimamente coerentes para com a realidade que conhecemos. Talvez, se ilustrarmos alguns casos, isso nos ajude a perceber que tal ideia, em vez de mirabolante, é na verdade bem básica.

Todos podem ter a opinião que quiserem, certo? Certo. Porém, entendamos essa afirmação com alguma sensatez. Quando dizemos que podemos fazer tudo o

---

54. No sentido de não podermos cultivar valores que estejam em conflito com a realidade conhecida.

que quisermos, ninguém entende tal afirmação ao pé da letra e, então, salta de um prédio, pensando que "poder fazer tudo" inclui poder voar. Similarmente, podemos ter a opinião que quisermos, mas apenas nos limites do possível — não literalmente toda e qualquer opinião. Certas opiniões simplesmente não são admissíveis. Para ilustrar, pensemos num caso prático. Por exemplo, vamos até um restaurante, selecionamos no cardápio aquilo que nos agrada, aguardamos o preparo do prato, tudo como de costume. Ao fim da refeição, o garçom nos traz a conta. Suponhamos que o custo total fosse 30. Damos ao garçom uma nota de 50 e ele, naturalmente, nos traz de volta uma nota de 20. Entrega-a e diz: "tenha um bom dia, senhor". Em circunstâncias normais, só responderíamos algo como: "obrigado, e um bom dia para o senhor também", e então partiríamos. Porém, ao receber o troco, nossa reação é a seguinte: "senhor garçom, espere um minuto: recebi 20 de troco, mas lhe entreguei 50; deveria ter recebido 30". Algo perplexo, o garçom nos pergunta: "como assim, senhor? 50 menos 30 são 20". E nós replicamos: "sim, mas essa é só a sua opinião; eu pessoalmente acho que 50 menos 30 são 30".

Pois bem, agora nos perguntemos: como poderíamos "respeitar" essas posturas do tipo *dois-e-dois-são-três* em termos de "liberdade de opinião"? Isso não parece admissível. Similarmente, como seria admissível que tivéssemos opiniões que simplesmente ignorassem as leis da física? Por exemplo: "acredito que objetos não caem", ou "acredito que, se me concentrar suficientemente, poderei levitar" — ou, já pensando no caso da biologia, "acredito que, depois de morrer, continuarei vivo". Nada disso é admissível, não diante dos fatos que conhecemos. Perceba-se que nossa ideia aqui não é simplesmente "censurar" o direito dos indivíduos de acreditar. De nossa parte, podem ter as opiniões que bem entenderem — e nessa liberdade nós temos insistido desde sempre. Podemos valorizar o que quisermos. Porém, como dito, a realidade precisa dar espaço para essa valorização. Não parece concebível "reinventarmos" o mundo em função de nossas opiniões, como se existíssemos numa bolha de um universo paralelo.

Assim como no caso da física, também não podemos ter opiniões sobre a natureza humana que não levem em consideração nossa origem evolutiva (*e.g.* hipóteses sobre sermos "inteiramente bons" ou "inteiramente maus"). Ao estudar a mente humana, teremos de considerar não apenas nossa mente, mas também o fato de que somos um processo físico, de que surgimos por meio da seleção natural — ou seja, considerar a realidade conhecida como um todo (e isso, naturalmente, excluirá a possibilidade de termos uma "alma", ou de haver algum "livre-arbítrio" em nossas escolhas, e assim por diante). Também, ao estudar antropologia, teremos

175

de lembrar que o homem é um parente dos macacos, que ele faz parte da natureza, que tem uma história evolutiva, invalidando portanto a hipótese da *tabula rasa*, segundo a qual o homem nasceria como uma "folha em branco", e seria pura e simplesmente "inventado" pela cultura.

Como se percebe, a utilidade de mantermos uma visão do todo enquanto abordamos suas partes é evitar que sejamos levados a considerar hipóteses que, à primeira vista, poderiam até parecer admissíveis, mas que, em vista do todo, simplesmente não o são.[55] Nessa ótica, é importante que todas as áreas de nosso conhecimento não apenas se ajudem, não apenas se integrem, mas que também se limitem e se corrijam mutuamente. Assim, a proposta não é simplesmente restringir nossa liberdade a troco de nada, em nome de algum racionalismo parnasiano, tampouco promover qualquer ponto de vista particular dentro daquilo que só depende de nossa opinião. A ideia é apenas que nossa liberdade de valorizar, de acreditar nisto ou naquilo, em vez de limitar-se somente pelo nosso grau de imaginação, limite-se também pelo que conhecemos sobre a realidade.

* * *

Retomemos a questão inicial: a necessidade de sermos morais. Até onde podemos perceber, a vida não tem nenhum compromisso necessário com coisa alguma, e o compromisso dela consigo própria não é mais que uma adaptação evolutiva. A vida importa-se consigo mesma apenas porque isso funciona — não porque isso é "necessário", não porque isso é "importante", não porque isso é "a coisa certa a se fazer". Esse parece ser o único modo de entender nossos valores em termos realistas, sem nos envolvermos com "ideais" disto ou daquilo, sem nutrirmos

---

55. Por exemplo, do ponto de vista psicológico, ao menos a princípio, não parece totalmente descabido que talvez tivéssemos a capacidade de "ler" a mente uns dos outros. Porém, se considerarmos essa ideia do ponto de vista físico, ficará imediatamente claro que ela é impossível, que não há meios de isso acontecer. O mesmo se aplicará, por exemplo, à astrologia: independentemente de suas previsões serem ou não acertadas (e elas não são), o que a princípio a refuta é estar em conflito com tudo o que sabemos sobre os corpos celestes, com todo o conhecimento acumulado pela astronomia. Da mesma forma, poderíamos estar abertos à hipótese de a homeopatia talvez funcionar. Porém, tendo sido amplamente refutada pela farmacologia moderna, essa abertura já não parece admissível. Dadas as circunstâncias, deixa de haver espaço para acreditarmos em tais coisas — e isso até "pessoalmente", pois não estamos falando de opiniões pessoais, mas de como a realidade funciona.

crenças tendenciosas sobre como "tudo deveria ser".

Naturalmente, tivemos de fazer todo esse trajeto porque simplesmente criticar ideais não funciona. Se apenas refutássemos este ou aquele ideal, sem explicar o erro fundamental em que todos eles incorrem, a tendência seria que simplesmente inventássemos outro ideal qualquer para tomar o lugar do antigo. Para contornar essa tendência, tivemos de partir para uma abordagem mais fundamental: procuramos demonstrar não apenas que algum ideal em particular está equivocado, mas que o erro está no próprio modelo, no próprio ato de concebermos valores em termos de "ideais" a serem alcançados.

Esse percurso, apesar de ter sido um pouco longo, é para nós especialmente relevante. Porque, em termos intelectuais, a Terra já deixou de ser o centro do universo, mas parece que, em termos morais, não. Quando pensamos a respeito de como falamos de nossos "ideais", fica a impressão de que nosso pensamento moral continua mergulhado na idade das trevas, como uma espécie de geocentrismo moral, defendido por medo de cairmos da "beirada" da Terra. Porém, nos dias de hoje, já não precisamos ter valores como quem tem superstições: podemos, também nesse ponto, nos tornar esclarecidos. Contudo, só é possível deixar de acreditar se pudermos entender — daí termos feito todo esse percurso explicativo. Porque, apenas assim, entendendo de onde surgem nossos valores, situando-os em seu contexto natural, percebendo de que maneira se relacionam à realidade, conseguiremos finalmente nos livrar dos últimos vestígios de dogmatismo que, no pensamento moral, nos acompanharam até hoje.

Qual é, nessa ótica, o fundamento de nossa moral? Vimos no capítulo anterior: a realidade física é indiferente à vida. Então, após seu surgimento, tornou-se necessário que a vida se importasse consigo própria. Por quê? Porque funciona. Porque a fez perpetuar-se. Apenas isso. E todo o mais se equilibra sobre essas premissas. Tal perspectiva da realidade permite que compreendamos nossos próprios valores como parte do mundo natural, e isso sem que seja necessário nos comprometermos com qualquer valor específico. Lançamos assim um olhar amoral sobre nossa moral.

Percebamos o quanto essa perspectiva é intelectualmente libertadora. O homem finalmente conseguiu, baseado apenas nos fatos, traçar um caminho contínuo desde a origem do universo até a consciência humana — revelando que não é necessário acreditarmos em qualquer coisa, nem mesmo em "ideais", para entendermos nosso lugar na realidade. Esse sempre foi um dos sonhos mais antigos da humanidade, e nós finalmente o alcançamos: somos finalmente capazes de nos entendermos como um fenômeno natural. Essa ideia é algo que nos tira o fôlego, e ao mesmo tempo nos acalma de um modo que nada mais poderia.

4. RESGATANDO O ÓBVIO

Não tenho medo da morte. Estive morto por bilhões e bilhões de anos antes de meu nascimento, e isso nunca me causou qualquer inconveniência. — Mark Twain

O começo de todo esse questionamento costuma ser simples. Um belo dia estamos relaxando, fazendo algo perfeitamente normal, e de repente nos ocorre: *eu existo, e estou aqui fazendo essas coisas... mas existir e estar fazendo isso, que coisa bizarra...* É esse tipo de consciência que nos leva à clássica pergunta: *por que existo?*, e é óbvio que as respostas são as mais variadas, mas só uma pode estar certa. Só uma porque queremos saber quais são os fatos, não as fantasias. Então, qual é? Eis uma boa chance de descobrir.

O essencial aqui é entender como olhar para a pergunta: *como quem quer respondê-la,* não como quem quer puxar assunto. Coloquemos então em perspectiva os fatos que queremos explicar. Nossa pergunta é a seguinte: *por que existimos?* Com isso queremos dizer: por que nós, homens, existimos? Para responder, precisaremos entender o que é um homem. Então, o que as pessoas são? Somos animais, um tipo de macaco praticamente sem pelo[56] que anda sobre duas pernas. Temos mãos com polegares opositores, que usamos para manipular objetos com grande habilidade. E temos um processador de dados que nos permite pensar nesse tipo de assunto. Mas não pensamos nesses assuntos o tempo todo. Às vezes pensamos nas pessoas das quais gostamos, sentimos vontade de estar com elas. Isso nos lembra de que somos seres sociais. Vivemos juntos. Muitos animais fazem isso. E animais juntos eventualmente fazem sexo. E assim surgem mais animais. Acontece todos os dias. Aconteceu conosco também. Foi assim que surgimos. Eis que a resposta aparece à nossa frente muito antes do que esperávamos.

---

56. Ou um *macaco nu,* como diria Desmond Morris.

Então, o que vamos responder? Que existimos porque as pessoas fazem sexo? Sim, exatamente isso. Se quisermos entender o processo mais a fundo, uma introdução à biologia servirá perfeitamente aos nossos fins. Nós existimos porque fazemos sexo, porque criamos cópias de nós mesmos, e todos os estudiosos sérios que investigaram o assunto chegaram à mesma conclusão. Ainda que não nos agrade, a resposta está bem diante de nós, e baseada nos fatos, na realidade em que estamos, no que efetivamente move o mundo. Podemos conferir cada detalhe. As pessoas fazem sexo, e disso saem outras pessoas. Disso saímos nós. Daí existirmos. Não há realmente dúvida sobre esse fato, e não foi difícil descobrir.

Era isso o que queríamos dizer com "olhar para a pergunta como quem quer respondê-la": olhar na direção certa, com honestidade. Deixar de nos fazermos de cegos, de fingir que a resposta é "inalcançável" à nossa "limitada compreensão humana". Ora, a resposta é compreensível até a uma criança. O mero fato de ser necessário fazer esse tipo de comentário já deixa claro o quanto estamos habituados a nos deixarmos enganar.

A pergunta que fizemos foi respondida, e com base nos fatos. Fatos comprovados. E mesmo assim ficamos insatisfeitos. É natural supor que, se quiséssemos saber outra coisa, teríamos feito outra pergunta, mas só agora isso "fica claro" para nós. Agora explicamos que na verdade queríamos saber de onde veio a vida. Tudo bem. Pegamos o mesmo livro de biologia noutro capítulo. Está explicado. Agora sabemos. Satisfeitos? Não. Agora queremos saber de onde veio o mundo. Certo. Peguemos então uma introdução à cosmologia. Leremos que o mundo é uma esfera rochosa, que ela orbita um aglomerado de hidrogênio, e que isso tudo veio de uma grande nuvem de gás que se condensou. Ainda insatisfeitos, questionamos: sim, mas de onde veio tudo, de onde veio o próprio *Big Bang*? Ora, sejamos bem-vindos aos limites do conhecimento atual. Ninguém sabe realmente. Porém, inventar alguma fantasia a respeito sem que esteja baseada nos fatos será tão produtivo quanto preparar uma aula de citologia sem nunca ter estudado uma célula.

Isso tudo foi dito na suposição de que realmente estávamos sendo sinceros quando dissemos que queríamos saber a resposta para aquela pergunta, mas parece que na verdade não queríamos, não é? Pois é. Tanto que nossa pergunta, que começou no homem, fugiu de todas as respostas até chegar aos limites do conhecimento atual — como sempre fizemos, desde a época em que não sabíamos o que eram trovões. Fazemos perguntas intencionalmente erradas, fugimos das respostas certas, pois tudo o que queremos é um pretexto para continuar devaneando sobre o infinito de nossas sensações.

Claro que, em tempos idos, talvez fosse justificável pensar que esse tipo de investigação não nos levaria a nada. Não podemos, por exemplo, imaginar o filósofo inglês David Hume, em sua época, dizendo: "Ora, meus caros senhores, o fato é que entendemos perfeitamente bem o que é a vida!" Tínhamos um conhecimento científico muito restrito, uma ideia bastante limitada da realidade como um todo, mas agora não temos mais. Fingir ainda hoje que a resposta permanece "inalcançável" já não é modéstia, é hipocrisia. Pois o fato é que conseguimos entender razoavelmente bem o que é a vida e como ela veio a surgir, e esse evento não tem qualquer relação possivelmente direta com a origem do universo. Essa questão da "origem de tudo" só teria pertinência se o universo houvesse sido criado para nós, quando obviamente não foi. Assim, o fato de não sabermos o que havia antes do *Big Bang* não lança qualquer sombra sobre nossa compreensão do fenômeno da vida. Em termos explicativos, a origem do universo é uma questão completamente independente da origem da vida, significando que só precisamos entender como a vida se formou para sermos capazes de entender a razão pela qual existimos.

Se a afirmação nos parece duvidosa, vejamos a questão da seguinte maneira: se não precisamos recorrer à pré-história do universo para explicar, por exemplo, a existência de vulcões, por que precisaríamos para explicar a existência da vida? Para ilustrar como essa postura de "dúvida recursiva" é incoerente, imaginemos esse mesmo comportamento evasivo que exibimos em relação à vida, porém aplicado a vulcões:

> *Vejam este vulcão, ele existe... que coisa bizarra... Mas o que ele está fazendo aqui? O vulcão mesmo parece ter surgido naturalmente, por processos geológicos... e parece agir como uma válvula de escape de forças internas do planeta, pois às vezes expele magma... Sim, expele! Mas de onde veio o magma? Pode ter vindo do centro da Terra, mas de onde veio o centro da Terra? De onde veio tudo? Afinal, por que vulcões existem? E por que há seres em vez do nada? Ninguém sabe, ninguém tem condições de saber... Então, enquanto não soubermos de onde veio tudo, não saberemos explicar por que há vulcões em nosso planeta...*

Quando envolve a vida, é comum comprarmos esse tipo de argumento, mas apenas porque ele nos afaga. Porém, quando aplicamos a mesma ideia a vulcões, percebemos o quão sem sentido é esse tipo de argumentação. Fica óbvio que, ao entender os processos geológicos que deram origem aos vulcões, entendemos ao mesmo tempo a razão pela qual eles existem. E o mesmo se aplica à vida: não é preciso que a "razão de ser" da vida remonte à pré-história do universo para que a entendamos por inteiro. Mesmo porque, se eventualmente entendêssemos o que havia antes da origem do universo, isso nos traria qualquer esclarecimento adicional a respeito do processo geológico de formação de vulcões? Melhoraria nosso entendimento da evolução das espécies por meio da seleção natural? Até onde podemos perceber, não faria diferença alguma, confirmando nossa suposição inicial de que são questões independentes.

Claro, existir é sem dúvida um absurdo. Porém, não apenas a vulcões e à vida: o absurdo de existir se aplica a tudo. Um simples átomo, porque existe, é tão misterioso quanto a vida, mas isso não significa que não saibamos nada sobre átomos. Não significa que não saibamos nada sobre a vida. Na verdade, sabemos muito, e de ambas as coisas. Claro, não sabemos tudo: algumas coisas nós sabemos, outras não. Contudo, isso não é motivo para afirmar que não sabemos nada, ou para fugir do assunto com dúvidas irrelevantes e digressões sem sentido. Somos ainda um tanto ignorantes, é verdade, mas não é vergonhoso reconhecer a própria ignorância: vergonhoso é ignorar a resposta, quando a temos bem diante do nariz.

* * *

Como se nota, algo em nós reluta em esclarecer-se, e essa tendência nos acompanha em diversos aspectos de nossas vidas. Sempre que discutimos questões polêmicas, repete-se o ritual: levantamos cortinas de poeira e fingimos indecisão. Para ilustrar, pensemos em como é comum fazermos perguntas dilemáticas num tom descaradamente fingido de "dúvida", em que um lado da questão é uma obviedade — a respeito da qual concordam todos os especialistas do campo —, e o outro lado é um absurdo completo, defendido apenas por lunáticos supersticiosos.

Listemos alguns exemplos:

Será que existem extraterrestres interessados em nossa vida sexual?

Será que as pirâmides foram construídas por seres humanos?

Será que a mente humana tem habilidades paranormais?

Será que um pano sujo prova a existência de deus?

Será que existe vida depois da morte?[57]

Quando discutimos esse tipo de coisa, não há realmente nada em discussão, mas fingimos que há. Porém, como aqui a "dúvida" não é mais que retórica de

---

57. *Para, meu coração!*, talvez aqui exclamasse Fernando Pessoa.

autoengano, um rápido resgate do óbvio geralmente basta para encerrarmos a discussão antes mesmo que comece: porque, se uma questão erra crassamente em seus pressupostos, não há necessidade de discutirmos suas minúcias.

Então, para quebrar o encanto[58] que nos leva a respeitar esse tipo de papo-furado, tentemos imaginar algumas situações que ilustram o óbvio por detrás de nossas "indecidibilidades". Primeiro caso. Aqui nossa ideia é construir uma situação em que desejaríamos saber a verdade espontaneamente, por interesse pessoal, por mais dura que essa verdade fosse. Suponha-se, então, que estivéssemos noivos de certa pessoa. Ambos decidiram, por um motivo qualquer, que só fariam sexo depois do casamento. Tudo bem. Enquanto não chega a data do casório, os dias se seguem normalmente. Porém, em certa altura, temos uma seríssima emergência de trabalho, a qual nos obriga a sair de viagem por alguns meses. Depois de muitos cabelos arrancados, problema resolvido. Contudo, ao voltar da viagem, surpresa: nossa amada está grávida! Mas jura que não nos traiu. Jura mesmo. Na verdade, foi o seguinte: uma força misteriosa chegou até ela e, inexplicavelmente, lançou um feixe de luz, cegando-a. Depois desapareceu. No outro dia, estava grávida. Foi o que aconteceu. Foi mesmo. Ela jura.

Tudo bem que parece uma mentira, soa como uma mentira, cheira como uma mentira, mas como poderíamos saber com certeza? Sobre essas questões controversas é inútil discutir: nunca se chega a conclusão alguma! E a ciência, o que poderia dizer? Ela diz, por exemplo, que o DNA do bebê coincide com o de nosso melhor amigo, mas e daí? Isso não prova nada, tampouco meia dúzia de pelos púbicos! A força misteriosa poderia ter se apropriado do material genético de nosso amigo com o intuito de realizar sua missão, já que fantasmas obviamente não devem ter esperma! Nesse processo, seria muito natural que alguns pelos se desprendessem. Pois então, pensando bem a respeito, o fantasma, no fim das contas, fez o que precisava ser feito, e fê-lo muito bem, porque deu certo! Agora, por quê? Qual seria a missão desse fantasma ao engravidar nossa esposa com o DNA de nosso melhor amigo? Por que não com o nosso? É difícil entender. Missão, certamente houve alguma. Contudo, qual? Compreendê-la em sua totalidade parece estar muito além de nossas limitadas faculdades. Na verdade, seria até arrogância de nossa parte presumir automaticamente que pudéssemos, assim, do nada, chegar a entender

---

58. Expressão que intitula uma das obras de Daniel Dennett, cuja leitura sem dúvida recomendamos: *Quebrando o Encanto: a religião como fenômeno natural.*

questões dessa natureza, de tamanha complexidade! Como reagiríamos se isso acontecesse conosco? Sejamos honestos: por mais que tentássemos nos conter, só conseguiríamos rir incontrolavelmente da coisa toda. E riríamos quantas vezes fossem necessárias para deixar claro, para deixar transparente que nunca, nunca mesmo, em hipótese alguma, conseguiríamos levar a sério essa argumentação tão ridiculamente estapafúrdia. Ora, é óbvio que ela nos traiu. Pelos céus! Nem uma samambaia acreditaria nessa história! Porém, quando essa mesma história é contada envolvendo um pastor itinerante com ódio mortal de figos, fingimos que é "impossível" decidir, encolhendo os ombros e afirmando com a maior seriedade que "o mistério há de pairar eternamente sobre a questão", que ela só pode ser decidida "pela fé". Ora, tenhamos um mínimo de respeito por nossas faculdades mentais. Quais são as chances de um carpinteiro ter criado o mundo?

Segundo caso. Novamente, queremos uma forma de recobrar esse tão precioso "senso do óbvio". Para tal fim, suponha-se que dois indivíduos estivessem tentando decidir qual corre mais rapidamente. Porém, em toda disputa, um vence o outro por frações de segundo, ou chegam perfeitamente emparelhados. Eles querem decidir qual é *realmente* o melhor, mas o fato é que, nesses termos, ambos são real e igualmente bons. Mesmo assim, querem decidir. Mas como? Não poderá ser com base nos fatos, pois os fatos mostram que são virtualmente iguais. Se, mesmo assim, diferenças começam a aparecer, só poderá ser com base em racionalizações, em desculpas e mais desculpas que simplesmente se inventam. Por exemplo: somos melhores porque ontem dormimos mal e, assim, se estivéssemos descansados, teríamos vencido facilmente; ou: aquele analgésico que o outro utilizou para dor de cabeça foi *doping*; ou: passou um mosquito em nossa frente durante a corrida, desconcentrando-nos injustamente; e assim por diante. A única coisa inegável aqui é nossa criatividade, porque os motivos mesmos não poderiam ser mais pífios.

Tudo bem. Os dois são iguais. Mas o que isso nos mostra? Em si, a controvérsia não nos mostra nada que já não tenhamos visto. Porém, aqui nosso interesse está em enxergar além da controvérsia. Queremos focar aquilo que se esconde nas entrelinhas, aquilo que se cala a respeito da situação: porque o óbvio nunca está naquilo que se diz, mas sempre naquilo que se cala. Para entendermos melhor do que estamos falando, pensemos nas Olimpíadas, ou em qualquer competição esportiva de proporções significantes. Nesse tipo de evento, é sempre importante que se tomem todas as precauções possíveis para evitar fraudes. Uma delas é que se façam rotineiramente testes *antidoping* nos atletas que competirão. Faz sentido?

183

Sim, claro que faz. Contudo, fazem-se também testes *antimilagre*? Não. Por quê? Porque milagres simplesmente não acontecem. Não é óbvio, demasiado óbvio? Sim, é. E isso nos toca num nível tão fundamental que ficamos levemente atônitos. Ao mesmo tempo, sentimo-nos também um pouco ridículos, pois essa abordagem desmascara, de um só golpe, o nosso modo tradicionalmente hipócrita de lidar com tais assuntos, como algo "indecidível".

Retomemos agora a controvérsia entre os dois corredores. Conforme tentavam demonstrar que eram melhores atletas por este ou aquele motivo, vimo-los recorrer aos mais duvidosos pretextos. Porém, muito dificilmente ocorreria a algum deles argumentar que o outro só venceu porque *rezou*. Esse tipo de detalhe, que normalmente passa despercebido, prova a inexistência de deus — e demais lunaticismos — muito mais convincentemente que complexas argumentações científicas e/ou filosóficas, e muito mais elegantemente que o escarafunchar de miudezas semânticas em silogismos medievais. Assim, antes de discutir assuntos quaisquer no nível micro, seria sensato considerarmos se um rápido resgate do óbvio já não resolveria a questão logo de início, descartando a necessidade de nos engajarmos em discussões sérias e aprofundadas a respeito dos menores detalhes de uma teoria que, no todo, não faz sentido nenhum.

Terceiro caso. Consideremos a possibilidade de os mortos entrarem em contato com os vivos, de transmitirem-lhes informações, como é tão comum alegarem os espiritualistas. De início, nenhum problema. Sendo esse o caso, seria esse o caso, mais nada. Porém, quando pensamos um pouco mais a respeito, começam a pulular implicações problemáticas. Por exemplo, como universidades fariam para evitar fraudes durante o processo seletivo? Dizemos isso porque, durante tais testes, a ideia é que só possamos usar nosso próprio conhecimento. Porém, sabemos de casos de fraude em que vestibulandos portavam radiotransmissores, recebendo assim informações clandestinas. Claro que, nessa circunstância tão "mundana", poderíamos fechar o cerco recorrendo à tecnologia, fazendo durante o teste uma varredura das radiofrequências pertinentes. Problema resolvido. Porém, no caso de incorporarmos uma "entidade" versada em ciência, a instituição já se veria em maus lençóis. Como fariam para detectar os espíritos? Ficaria em cada sala um líder espiritual de cada religião tentando "sentir" a presença de espíritos soprando respostas aos candidatos que escolheram valer-se de suas habilidades mediúnicas para o mal? Talvez fosse o caso de os concorrentes sabidamente "sensitivos" serem isolados dos demais, fazendo a prova numa sala à parte, previamente "trabalhada" para impedir a incursão de espíritos desordeiros?[59] Seria uma solução possível. Porém, essa solução não poderia, por sua vez, ocasionar um processo indireto de exclusão social, acabando por transformá-los numa minoria marginalizada? Talvez. É difícil dizer. Mas uma coisa é certa: isso tudo daria uma tremenda dor de cabeça, *se desse*. Claro, talvez se argumente que espíritos nunca concordariam em fazer algo tão desonesto, afinal, eles querem evoluir e, para tal fim, precisam fazer "coisas certas", que certamente não incluem fraudar processos seletivos. Só evoluímos fazendo o "bem" (*i.e.* o "Bem"). Porém, se considerarmos que, segundo os próprios necrólatras, nem todos os espíritos desencarnados se encontram no mesmo grau de evolução, estando alguns num estágio bem inferior,[60] sentindo ainda certos impulsos "maus" ou "brincalhões", seria esperado que ao menos alguns deles concordassem em tomar parte na travessura. Agora, por que isso não acontece? Por que nada disso nunca acontece? Quem sabe, talvez — e apenas talvez —, porque espíritos não existem?

✷ ✷ ✷

Para uma última abordagem, imaginemos um homem de negócios extremamente pragmático, do tipo que simplesmente não se importa com a controvérsia religiosa, e suponhamos que ele tivesse de fazer uma aposta a respeito de qual lado está certo, valendo muito dinheiro. Note-se que, em sua cabeça, o assunto simplesmente não lhe diz respeito. No seu modo de ver, ateus e religiosos são aqueles que se importam com o assunto, enquanto ele próprio não é nada, é só um negociante querendo ganhar a vida, nada tendo com tais pendengas filosóficas. Até poucos dias atrás, ele sabia tão pouco do assunto quanto sabe hoje das variedades de arroz que se preferem na Sibéria. Mas o fato é que hoje, no momento presente,

---

59. Algo que o Incrível Randi sem dúvida faria com o maior prazer.
60. E esses provavelmente nasceriam na África, segundo Allan Kardec, notável por suas reflexões tão evoluídas, tão esclarecedoras no que toca as "raças inferiores". A título de escatologia, acompanhemo-lo numa de suas divagações: *dir-se-á, sem dúvida, que o Hotentote*[†] *é de uma raça inferior; então, perguntaremos se o Hotentote é um homem ou não. Se é um homem, por que Deus o fez, e à sua raça, deserdado dos privilégios concedidos à raça caucásica? Se não é um homem, por que procurar fazê-lo cristão?* (*Cf. O Livro dos Espíritos*, pt. 2, c. 5).
   † Hotentote (ou Khoisan) designa uma família de grupos étnicos que habita a região sudoeste da África.

ele tem muito interesse no assunto, porém por razões puramente práticas. Para seus fins, dá no mesmo se é um lado que está certo, ou se é o outro. Importa apenas qual lado lhe dará lucro. Seu objetivo é a simples multiplicação do ouro, como quem apostasse numa corrida de cavalos. Pois então, se fôssemos esse negociante, em que lado apostaríamos? Apostaríamos que o homem evoluiu por meio da seleção natural, ou que fomos criados magicamente por um holograma suicida três-em-um? Similarmente, apostaríamos que a existência humana tem sentido, ou que não tem? Que tem valor intrínseco, ou que não tem? E assim por diante. Essa ótica parece fazer com que recobremos quase imediatamente o senso de realidade. Nessas circunstâncias, também não parece haver dúvidas de que, na controvérsia entre ateus moralistas e ateus niilistas, até mesmo um pipoqueiro apostaria nos niilistas.[61]

Ao pensar nesse argumento que acabamos de colocar, é provável que nos venha à mente, por haver certas semelhanças, a famosa Aposta de Pascal, na qual se

---

61. Com o perdão dos pipoqueiros, digamos mais algumas palavras sobre o assunto. Quando pensamos a respeito desse rápido recobrar do "senso de realidade" que acabamos de ilustrar, fica a impressão de que todos, mesmo nesses tópicos controversos, têm uma noção razoavelmente clara da realidade. Porém, em regra, preferimos contar a "nossa versão" da história, que será uma interpretação invariavelmente tendenciosa dos fatos, e que também invariavelmente nos favorece de algum modo. Contudo, uma vez colocados numa situação emocionalmente neutra, ou emocionalmente equilibrada, parece que todos repentinamente "acordam" desse transe de parcialidade, passando a ver as coisas como são, e o mais interessante nisso tudo é que todos os indivíduos, independentemente de qual fosse seu ponto de vista original, chegam sempre, e sempre por si mesmos, de forma independente, às mesmas conclusões "niilistas" (de que não temos alma, de que somos um acidente natural, de que a vida não tem finalidade etc.). Diante desse fenômeno, fica a pergunta: por que todos convergiriam, independentemente, sempre para esses mesmos pontos, não fosse o caso de eles corresponderem àquilo que se observa na realidade quando se adota uma ótica objetiva? Ao que parece, os indivíduos não são literalmente "cegos", mas se fazem de cegos, e isso como parte de um "jogo social" implícito, por meio do qual nos dividimos em "tribos" que rivalizam umas com as outras. Dizemos isso porque, bastando que a lucidez lhes convenha, eles se tornam quase instantaneamente lúcidos. Daí a suposição de que a questão toda é mais sobre interesses pessoais que sobre inteligência ou conhecimento. Essa hipótese de que todos, até certo ponto, parecem saber intuitivamente que não há nada por detrás de nossas vidas daria uma discussão muito interessante. Porém, como esse ponto já foi relativamente bem explorado em *O Vazio da Máquina*, em especial no capítulo intitulado *Irreflexão*, não parece necessário repetirmos aqui os mesmos argumentos.

apresenta um dilema a respeito de devermos ou não acreditar em deus, porém por razões práticas, analogamente ao exemplo acima. A ideia da aposta é basicamente a seguinte: se fôssemos ateus, e deus não existisse, daria no mesmo que se fôssemos religiosos e acreditássemos — simplesmente morreríamos, e fim da história. Porém, se deus existir, os religiosos irão para o céu, mas os ateus já estarão com o bilhete reservado para o mármore do inferno.[62]

Em termos práticos, a aposta até faz sentido. Entre apostar em algo que provavelmente não existe, mas que pode nos dar muito lucro, e apostar em algo que, apesar de provável, simplesmente não vai dar lucro nenhum, mas que pode causar um prejuízo imenso se estivermos errados, é evidente que nos sentiremos inclinados a apostar naquilo que nos oferece mais benefícios potenciais. Em poucas palavras, é isso, uma teoria do tiro no escuro. Claro, trata-se de um velho argumento, e os erros nos quais incorre são tão óbvios e já foram tão martelados que ouvi-los novamente não interessaria a ninguém. Então, por gentileza para com nós mesmos, nos pouparemos de refutá-lo pela milionésima vez.

Também é óbvio que, em sua forma original, o argumento não teria qualquer pertinência à nossa discussão. Então, para deixar as coisas mais interessantes, proponhamos uma releitura desse clássico, uma Aposta de Pascal revisitada: *A Aposta de Cancian*. Nosso revisitar, claro, não será pelo aspecto teológico da questão, já que nada poderia nos importar menos. O que nos interessa é o aspecto psicológico desse dilema, pois, ao discutir o niilismo, vemo-nos constantemente na situação em que a Aposta de Pascal nos coloca, ou seja, situações nas quais decisões práticas predominam sobre a questão da verdade, direcionando nosso julgamento e tornando-nos parciais.

Comecemos pelo básico. Já ilustramos várias vezes que, quando emoções e interesses estão envolvidos, isso influencia nossas escolhas. Passamos a decidir em função daquilo que nos favorece, não em função daquilo que é verdadeiro. A aposta, logo de início, faz exatamente isso, cria essa parcialidade pragmática: coloca de lado a questão da verdade, de modo que sejamos levados a decidir em função daquilo que nos oferece maiores benefícios potenciais em termos de bem-estar.

---

62. O argumento original, como apresentado por Blaise Pascal em sua obra Pensamentos, tem a seguinte forma: *Consideremos este ponto e digamos o seguinte: "Ou Deus existe ou não existe". Mas qual das alternativas devemos escolher? A razão não pode determinar nada: existe um infinito caos a nos dividir. No ponto extremo desta distância infinita, uma moeda está sendo girada e terminará por cair como cara ou coroa. Em que você aposta?*

No caso, o que faz o indivíduo pender para o lado de deus? Duas coisas: a recompensa do céu e o medo do inferno. Assim, a ideia é acreditar em deus para nos darmos bem, não para estarmos certos. Agora pensemos: como poderíamos redirecionar essa aposta novamente à questão da verdade? Muito simples: colocando ambos na mesma situação, equilibrando os pratos da balança. Para traduzir em termos práticos: se deus não existir, e acreditarmos nele, iremos para o inferno do mesmo modo.

Claro, fica a pergunta: como? Sem deus, não pode haver inferno. Porém, para nossos fins, isso não importa. Basta imaginarmos uma alternativa qualquer que o valha. Por exemplo, suponha-se que, depois da morte, nossa consciência fosse digitalmente ressuscitada na memória de um computador equipado com a versão mais recente do inovador programa *Heaven and Hell 2.0: Eternal Edition*, especialmente desenvolvido por algum programador lunático versado em consciências virtuais.

Para não nos estendermos em demasia nos meandros da ficção científica, isso basta. Vejamos agora como ficam os termos de nossa aposta revisitada. Se formos teístas, e estivermos errados, iremos para esse inferno digital que, para todos os fins, é igual ao inferno tradicional; nele teremos a mesma experiência aterradora de dor, miséria e agonia eternas. Naturalmente, se formos ateus, e estivermos certos, nossa consciência será virtualmente ressuscitada no céu digital, no qual finalmente conheceremos o Figura. Por sua vez, no caso de deus existir, será como na aposta original: ateus para o inferno, teístas para o céu.

Notemos que, com tal alteração, tudo o que fizemos foi tornar o jogo justo. Nada fizemos para favorecer os ateus, tampouco para prejudicar os religiosos. Só foram dadas condições iguais para ambos. Porém, isso muda completamente a dinâmica do jogo, pois a verdade passa a ocupar o plano central do dilema. Agora, o inferno é estar errado; o paraíso é estar certo. Ser parcial tornou-se não apenas irrelevante, tornou-se negativo. Se simplesmente pendermos irrefletidamente para um dos lados, seja para o do teísmo, seja para o do ateísmo, e estivermos errados, sofreremos a mesma punição.

O que acaba de acontecer? Tornamo-nos parciais em favor da imparcialidade. Aqui, nosso único interesse é estar certos. Então, pela primeira vez, passamos a pensar na questão da existência de deus em termos — pasmem — científicos! Pois, agora, que importa ter fé? No que toca nosso destino, o conforto da crença já nada significa, assim como nada significam nossas opiniões. Só importam os fatos. Nossa eternidade depende desses fatos, de os entendermos corretamente.

Ao percebermos a natureza dessa nova situação, invade-nos repentinamente um misto de curiosidade e lucidez. Tornamo-nos cientistas num piscar de olhos, filósofos em outro, agora movidos pela mais absoluta honestidade, avessos a tudo o que poderia deturpar nosso julgamento, a tudo o que poderia nos conduzir ao erro. Ao mesmo tempo, passamos a prezar pela mais total e completa objetividade. Passamos a refletir. Passamos a pesquisar. Queremos saber todo o possível. Quais são os fatos, e o que eles nos dizem? Queremos *saber*. Só importa saber. Acreditar seria inútil, seria estúpido, seria deixar-se à sorte no mais importante. Vemos toda e qualquer parcialidade voltar-se contra nós. Afastamo-nos dela. Não podemos ter preferências. Para termos alguma chance, precisamos antes de tudo ser imparciais. Queremos nossa consciência como um espelho que apenas reflete o mundo, sem jamais alterá-lo. Só então estaremos preparados para olhar a questão nos olhos e, solenemente, *decidir*. Qual será nossa eternidade? Quanto mais sóbria, racional e informada for essa decisão, melhores serão nossas chances. Porém, utilizando nossas "limitadas faculdades", continua um "infinito caos" a nos dividir. A decisão precisa ser tomada. O tempo de pensar esgotou-se. Só temos uma chance. Precisamos estar certos. Agora, nesses termos, diga-nos, Sr. Pascal, *em que você aposta*?

5. MORTE DA REALIDADE

Eu, longe dos caminhos de mim próprio, cego da visão da vida que amo, cheguei por fim, também, ao extremo vazio das coisas, à borda imponderável do limite dos entes, à porta sem lugar do abismo abstrato do Mundo. — Fernando Pessoa

Quando construímos nossa visão da realidade centrados em nós mesmos, temos a tendência natural de projetar nossas características no mundo exterior. Assim, supor que a existência foi "criada" por algum "motivo" parece-nos uma forma natural de raciocinar. Faz sentido. É o que teríamos feito se fôssemos nós os responsáveis. Essa forma de pensar torna o mundo um lugar amigável, familiar, como uma extensão de nós mesmos. Metaforicamente, podemos imaginar essa ideia como se pintássemos um horizonte nas paredes de nossas casas para sentir que vivemos ao ar livre.

Sabemos o quanto essa visão é agradável, e foi exatamente para evitar a ilusão dessa ótica que fizemos o caminho oposto para chegar às nossas vidas. Partimos do mundo como um todo, de uma visão o mais ampla possível da realidade, e lentamente nos aproximamos, passo após passo, até chegarmos às nossas vidas. A diferença é que, quando usamos essa abordagem, passamos a nos ver de uma forma claramente delimitada, como que "cercados por fatos" em todas as direções, sem que haja espaço para manobras de última hora. Quando percebemos, já é tarde, e não há para onde fugir. Nosso infinito foi circunscrito. Entender o ser humano em seu contexto é algo que faz com que nos sintamos radicalmente despojados de possibilidades.

Mas nós queremos essas possibilidades, sejam elas o que forem. É difícil contrabalançar nossa tendência natural ao autoengano. Ao contemplar o mundo exterior a partir de nosso ponto de vista pessoal, vemos o infinito em todas as direções. Encantados pelas possibilidades, supomos que talvez o sentido de nossas vidas esteja mergulhado nesse infinito, e que, um dia, quem sabe, quando descobrirmos a razão pela qual existimos, isso nos revelará um mundo insuspeito de maravilhas existenciais, enchendo nosso coração de gratidão e de alegria por estarmos aqui. Como que debruçados na "janela" de nossas mentes, ficamos propensos a sonhar que algo maravilhoso poderia estar nos aguardando do lado de fora de nossas vidas.

Façamos, em vez disso, o caminho oposto: partamos da existência como um todo e, lentamente, nos aproximemos de nós mesmos, de nossos corpos, vendo-nos como a "casa" em cuja janela debruça-se a consciência. A cena é muito diferente. De fora para dentro, não temos realmente dúvida sobre o que são nossas vidas. Não há um infinito de possibilidades: são só quatro paredes e um teto. Somos o que parecemos ser: primatas. Surgimos por seleção natural. Não há espaço para continuarmos sonhando com maravilhas existenciais. As dúvidas restantes, em vez de vislumbrarem um infinito de delícias possíveis, dizem somente respeito a pendengas de acadêmicos envolvendo padrões migratórios de hominídeos pré-históricos.

Quando construímos nossa visão da realidade dessa forma, de fora para dentro, o conjunto todo se encaixa de forma perfeita. Tudo passa a fazer sentido. Tanto que isso nos oprime. Nós nos entendemos, mas algo se perde nesse processo. O mundo se torna menor. Perde sua mágica. A mesma sensação que crianças experimentam ao descobrir que, na verdade, os presentes eram trazidos por seus pais, e que não, eles não eram apenas substitutos temporários. Tudo bem. Entendemos. Aceitamos.

Crescemos. Mas também encolhemos. Perdemos. Acordamos — ah, de nossos sonhos! Era essa, afinal, a grande experiência humana? Era isto, afinal, o que o mundo tinha a nos oferecer — *desilusão*? [63]

* * *

Ao nos darmos conta de que a vida não se estende para além de nós, invade-nos uma sensação de perda, de empobrecimento. Se a mágica da vida não alcança para além de nós, isso significa que a realidade mesma nunca esteve viva. Ao fazer o reverso desse raciocínio, um calafrio nos desce a espinha. Aquilo que nos anima não é vida no sentido mágico de se ter uma luz no coração, mas no sentido biológico de fazermos cópias de nós mesmos. Nada nos diferencia dessa existência morta que temos ao nosso redor, e essa percepção nos atravessa de um pungente mal-estar. Experimentamos um estranho luto pela morte da realidade.

Uma vez tenhamos chegado a esse ponto, percebendo a relação entre o conhecimento científico e a explicação para a vida, para as mais profundas questões da existência, o processo de ligar os pontos e tirar as conclusões costuma ser rápido e certeiro. Um após o outro, somos apresentados a uma vertiginosa epifania de nadas. Caímos num abismo, e o abismo é o mundo, que somos nós.

A partir disso, é apenas um passo para perceber que chegamos ao fim da linha. Não há nada por detrás de nossa humanidade. Conforme recolocamos cada peça em seu lugar, não resta mais espaço para sonhos. Nenhuma possibilidade capaz de nos cativar a imaginação. A vida humana não guarda nenhum segredo a ser decifrado, nenhuma verdade a ser descoberta.

Nessa altura, ainda é provável que pensemos na alma humana como uma forma de transcender nossas limitações, recorrendo à chama dionisíaca de nossa vida interior, procurando na arte um caminho de volta a nós mesmos, ao mundo de magias que nos habita, em que nos sentimos imergir na experiência de mistério, de fascínio, de subitamente ter novos olhos para um mundo subitamente novo. Porque, talvez, em nos perdermos, nos encontrássemos, e nos tornássemos para nós mesmos um mundo novo a ser desvendado.

Racionalizamos desesperadamente um elogio da loucura — em vão. Sim, pelo lado de dentro, seria fácil nos deixarmos enganar novamente, e pelo mesmo erro.

---

63. Aludimos aqui a um breve conto de Thomas Mann intitulado *Desilusão*, no qual exprime essa mesma ideia, porém de forma incomparavelmente mais bela.

Mas basta observar pelo lado de fora, e ficará claro o equívoco: se nossa biologia não guarda nenhum segredo, como nossa loucura guardaria? Nossa alma é reflexo de uma biologia que ultimamente não quer dizer nada. A realidade está morta. E nós somos a realidade. A conclusão é inevitável, e nos atinge como um suicídio.

TERCEIRA PARTE

Sentidos e crenças

.

Você não conseguirá pensar decentemente se
não estiver disposto a ferir-se a si mesmo.
— Ludwig Wittgenstein

Quando dizemos que a vida não tem sentido, há várias formas de entender essa afirmação. A mais comum é que ela não vale a pena ser vivida, mas por que é comum entendermos a questão dessa forma? Tentaremos investigar a razão pela qual sentimos essa necessidade de encontrar um "sentido" em nossas vidas, indicando ao mesmo tempo que essa necessidade não parece ter correspondência na esfera intelectual, isto é, que encontrar um sentido em nossas vidas não é o mesmo que haver explicado ou demonstrado que ela vale a pena, tampouco que a "sensação de sentido" corresponda a um sentido de fato.

Buscaremos também explorar as razões pelas quais nossa inteligência se dobra tão facilmente a noções irracionais a nosso próprio respeito, levando-nos a defender ideias que sabemos não ter qualquer fundamento. Assim, complementando o movimento de fora-para-dentro que fizemos na segunda parte, tentaremos agora fazer o equivalente de dentro-para-fora, buscando identificar pontos de contato entre ambas as coisas, entre nossas vidas subjetivas e o mundo natural.

1. O SENTIDO NATURAL

A segunda metade da vida humana é composta pelos hábitos adquiridos na primeira. — Fiodor Dostoiévski

Quando buscamos uma forma de entender a razão pela qual existimos em termos naturais, sem recorrer a milagres ou a subjetivismos, mas apenas aos fatos, é espantoso perceber que a vida tem um sentido. A vida tem um sentido — só que ele não quer dizer nada. Falamos, evidentemente, da célebre perpetuação da espécie. Porque, em rigor, é essa — e apenas essa — a razão pela qual existimos, estando esse fato razoavelmente bem estabelecido no meio científico. Então, com base nos fatos, tudo o que podemos afirmar é que o "objetivo" da vida — a razão pela qual somos como somos, pela qual viemos a existir — é continuar existindo. Tudo em nós está orientado à continuação da vida, mas a continuação mesma não está orientada a nada. Assim, a vida se perpetua para continuar se perpetuando, por razão nenhuma. Se olharmos esse mecanismo mais de perto, veremos que a vida precisa programar-se para a própria perpetuação porque qualquer outra programação, obviamente, conduziria à sua extinção. A vida está presa num sentido circular, que é seu algoritmo de funcionamento — como uma pedra que rola montanha abaixo para continuar rolando montanha abaixo.

Essa parece a forma mais objetiva possível de abordar a questão, mas é isso o que geralmente se busca com esse tipo de indagação? Não. Quando falamos do "sentido da vida", não é exatamente a isso que nos referimos. Falamos daquilo que "dá sentido" à vida, que faz com que sintamos que viver vale a pena, não aos processos biológicos por meio dos quais isso acontece. Buscamos o sentido da vida dentro de nossa experiência subjetiva de existir. Queremos entender a troco de quê estamos vivendo, e essa não é uma curiosidade meramente acadêmica: queremos *sentir* que nossas vidas valem a pena, e essa já é uma questão distinta, que precisará ser analisada sob uma ótica diferente.

Para uma primeira abordagem, tentemos identificar a natureza geral desse "desejo de encontrar um sentido". Quando estamos buscando "sentido" em nossas vidas, o que estamos buscando? Antes de responder, notemos alguns detalhes que, já de início, ficam implícitos no próprio questionamento. Primeiro: o sentido da vida pode ser "encontrado", mas também pode ser "perdido". Em termos práticos, isso se traduz no fato de que certas situações nos dão a sensação de que a existência faz sentido, enquanto outras nos dão a sensação de que tudo é vazio. Contudo, como isso é possível? Se a vida mesma tem um sentido, ou se não tem, isso deveria ser invariável, uma constante em nossas vidas, algo que — como nossos DNAs — independe do que pensamos a seu respeito, mas não parece ser esse o caso. Pois então, se o sentido pode ser "encontrado" e "perdido", e depois "reencontrado", não parece óbvio que isso que denominamos "sentido" é na verdade um produto de nossa biologia, e não um sentido "de fato", ou seja, algo a ser literalmente "encontrado" no mundo? Em geral, falamos da busca pelo sentido da vida como quem buscasse um objeto valioso, uma pepita de ouro, ou como um profundíssimo "mistério" acessível somente a poucos. Porém, sendo um produto de nossa biologia, parece mais adequado falarmos da busca por sentido em termos biológicos, ou seja, como um desejo a ser satisfeito, não como um objeto a ser encontrado, ou como um problema filosófico a ser "resolvido".

Um segundo detalhe implícito é que o próprio fato de precisarmos pensar a respeito do assunto para entendê-lo já parece indicar que essa busca por sentido não é intelectual, como quem buscasse uma explicação, mas inconsciente, como quem buscasse uma satisfação. Em regra, nós nem sabemos responder muito claramente por que queremos que nossas vidas tenham sentido, nem sabemos dizer que sentido é esse que queremos — mas, mesmo assim, queremos, e saberemos quando o tivermos encontrado. Naturalmente, uma vez o tenhamos alcançado, o mais comum é que simplesmente nos demos por satisfeitos, sem sequer fazer questão de "dissecar" o tesouro que acabamos de encontrar. Assim, não o entendimento, parece que buscamos apenas a *experiência* do sentido, e o detalhe interessante é que fazemos essa busca toda às cegas, em resposta a um anseio vago, sem realmente entender o que estamos buscando — como quando temos vontade de comer algo que não sabemos bem o que é. Prestando alguma atenção ao perfil dessa necessidade, veremos tratar-se de um padrão recorrente em nossas vidas, o qual parece sempre remeter aos nossos instintos básicos.

Vejamos dois casos clássicos e familiares que ilustram esse perfil: amizades e sexo. Todos gostamos de ter amigos, mas entendemos por quê? Em regra, não. Claro que, quando pensamos a respeito, fica evidente que amizades podem ser relacionadas à busca por segurança por meio de vínculos de confiança e reciprocidade, mas isso é algo que só entendemos bem depois de nossas primeiras amizades. Assim, quando nos pegamos questionando sobre o porquê de termos amigos, já temos vários. Similarmente, quando buscamos o prazer do sexo, isso remete ultimamente à procriação, não ao prazer em si mesmo, que é apenas uma isca psicológica, assim como é uma isca a sensação de segurança proveniente de amizades. Porém, quando nos damos conta de que o sexo é para perpetuar a espécie, geralmente já tivemos, bem antes disso, o impulso de praticá-lo.

Assim, o perfil típico de nossas necessidades instintivas é um anseio vago, inconsciente, involuntário, a ser satisfeito de um modo que não nos é imediatamente claro. Uma vez sintamos a necessidade, competirá à consciência encontrar um modo de satisfazê-la, mas apenas isto: satisfazê-la. Nos três casos, temos em comum o fato de não fazermos questão de entender o processo todo: de nossa parte, só importa a satisfação. Então, considerando as similaridades, parece razoável a suspeita de que nossa necessidade de "sentido" seja governada pelos mesmos mecanismos que regem a amizade e o sexo, remetendo igualmente aos instintos básicos de nossa espécie.

✳ ✳ ✳

Feitas essas considerações iniciais, comecemos a montar o quebra-cabeça. Ao afirmar que o sentido de nossas vidas é isto ou aquilo, o que isso quer dizer? Se o sentido é *xis*, o que é *xis*? Poderíamos responder que *xis* é nosso objetivo, mas parece óbvio ser mais que isso. Para que uma ação tenha sentido, não basta ter simplesmente uma finalidade: se apenas nos ocupamos de uma atividade qualquer, aleatoriamente, isso não gera em nós a sensação de que ela faz sentido. Assim, a equação do sentido certamente inclui finalidades, mas não se reduz a elas.

Para entendermos o que ainda falta, imaginemos uma atividade qualquer que nos agrade. Por exemplo, tocar algum instrumento musical. Se simplesmente coletarmos tudo o que precisamos para executar essa atividade e nos trancarmos num quarto pelo resto da vida, tocando para nós mesmos solitariamente, isso nos dará a sensação de que a vida faz sentido? Não. Apesar de estarmos nos dedicando a algo de que gostamos, e de essa atividade nos dar mais satisfação que uma atividade aleatória qualquer, será ainda assim uma satisfação "sem sentido". Conforme praticamos solitariamente, sentimo-nos progressivamente desmotivados. Como areia entre os dedos, a atividade vai "perdendo" o sentido.

Agora imaginemos que, em vez de praticar sozinhos, em nossos quartos, estivéssemos praticando no banco de uma praça pública, na esperança de que alguém nos notasse. Para nossos fins, a simples mudança de local não faria muita diferença: o local é outro, mas o tédio continua o mesmo. Porém, suponhamos que, enquanto praticávamos, aproximasse-se de nós uma pessoa qualquer; ela gosta de nossa música, e começa a nos assistir. O mero fato de estarmos tocando para alguém já parece melhorar nossos níveis de energia. Algumas músicas depois, digamos que essa pessoa telefona para uma amiga, que telefona para outra, e assim por diante, num repentino efeito cascata. Em pouco tempo, vemo-nos realizando um pequeno *show*, fato que nos deixa extremamente motivados. Subitamente, tocar tornou-se uma atividade muito gratificante — tanto que, horas depois, a ideia de parar ainda não nos ocorreu. A atividade em si continua exatamente a mesma, mas agora sentimos que ela "tem sentido".

Observemos esse fenômeno mais de perto: em isolamento, essa atividade nos parecia insípida, desprovida de sentido; num ambiente público, com uma plateia, ela subitamente "ganha" sentido, o esforço passa a "valer a pena". Entre uma situação e outra, o que muda? Em ambas, estamos fazendo algo de que gostamos. Porém, na segunda, não somos nós os únicos envolvidos: enquanto interagimos com nosso público, somos ao mesmo tempo avaliados por ele e, na medida em que causamos boas impressões, sentimo-nos recompensados. Nosso tocar agora "tem sentido" porque estamos tocando por um "motivo": para agradar nosso público. Porém, antes, também tocávamos por um motivo: para tentar agradar a nós mesmos. Em vão, é claro. Quanto mais praticávamos solitariamente, mais ficava evidente que só conseguiríamos alcançar algum prazer nessa atividade conforme ela envolvesse outras pessoas. Assim, mesmo ao fazer aquilo de que gostamos, a satisfação não é automática: só nos sentiremos agradados se com isso agradarmos os demais, isto é, se formos reconhecidos. Essa relação indireta com nós mesmos, por meio do outro, já começa a deixar claro o perfil social daquilo que entendemos por "sentido".

Agora, para ressaltar mais alguns detalhes, imaginemos que, em tocar sozinhos, tivéssemos encontrado o mesmo prazer que quando tocamos para um grande público. Sendo esse o caso, teríamos sequer saído de nossos quartos? Parece que não. Se tivéssemos, sozinhos, o mesmo prazer que temos diante de um público, dificilmente nos daríamos ao trabalho de encontrar quem nos ouvisse. Porém, o detalhe é que nosso cérebro não nos oferece essa opção. Suas condições são claras: ou nos fazemos ouvir publicamente, ou nada de prazer. Diante do impasse, vemo-nos levados a executar nossas atividades preferidas num contexto social, não porque realmente queiramos, mas porque não temos a opção de realizá-las sozinhos com o mesmo grau de satisfação. Para todos os fins, a atividade a ser realizada é a mesma, mas é preciso que a realizemos dessa maneira "terceirizada" — isto é, socializada — para nos sentirmos gratificados. Como resultado, dedicamos nossas vidas aos demais, enquanto eles se dedicam às nossas, criando assim uma rede de relações que "dão sentido" às nossas atividades.[64]

Como seria esperado, esse modo de satisfação indireta também se aplica aos

---

64. Isto é, que cobrem nossos esforços com o devido prazer, fazendo-os literalmente "valer a pena". Como só sentimos nossos esforços como algo justificado se experimentarmos alguma compensação na forma de prazer — e como são precisamente essas compensações que justificam nossas ações, isto é, que lhes "dão sentido" —, parece ser essa a razão pela qual se confunde tão frequentemente a afirmação "a vida não tem sentido" com a de que ela "não vale a pena ser vivida".

outros dois casos que mencionamos acima. Tanto na amizade quanto no sexo, o esquema básico é o mesmo. Sentimos necessidade de ter amigos. Porém, não podemos ser nossos próprios amigos, como quem fizesse companhia a si mesmo. É preciso que sejamos amigos de alguém, e que esse alguém retribua, sendo também nosso amigo. Similarmente, sentimos necessidades sexuais. Porém, não podemos fazer sexo com nós mesmos — não literalmente. Antes, é preciso que nos sintamos atraídos por alguém, e que esse alguém corresponda à atração — ao menos se estivermos falando de sexo consensual. Uma vez estabelecida essa "sintonia" preliminar, passamos ao sexo propriamente dito, que é uma troca de favores: fazemos sexo com a pessoa, e a pessoa faz sexo conosco. Claro que, para todos os fins, nada nos impediria de viver sozinhos, de conversar sozinhos, de ter orgasmos sozinhos. Contudo, feitas sozinhas, essas mesmas atividades não são igualmente satisfatórias. Estamos programados (evolutivamente) para receber maiores recompensas ao satisfazê-las interpessoalmente, no contato uns com os outros — daí sermos sociais.

Ao abordar a questão sob essa ótica, podemos também perceber que a busca por algo que "dê sentido" às nossas vidas não é realmente uma busca por "significado", como normalmente se supõe, mas uma busca por prazer. Para confirmar essa ideia, basta prestarmos alguma atenção em nossas vidas pessoais: veremos que sempre encontramos nosso "sentido" onde encontramos nosso prazer, significando que o segredo está em saber como chegar a *experimentar* esse prazer, não em simplesmente entendê-lo, como quem resolvesse um problema matemático, na suposição de que bastaria "saber" do que se trata. Assim como entender o sexo não nos dá prazer, e assim como entender o dinheiro não nos enriquece, entender o sentido também não resolverá nosso problema: se quisermos ter sentido, teremos de praticá-lo. Nesses termos, aquilo que denominamos "sentido" poderia ser encarado como uma forma de "satisfação social", ou seja, uma forma de prazer a ser encontrada na vida social, no modo como nos relacionamos uns com os outros — como também é o caso da amizade e do sexo.

Assim considerado, também fica evidente que o "sentido" mesmo não tem sentido nenhum. Mesmo porque, em nossas cabeças, o fato de algo "fazer sentido" diz respeito somente à quantidade de prazer que proporciona relativamente à quantidade de esforço que nos custa. Noutras palavras, o negócio compensa? Se compensa, tem sentido; se não compensa, não tem. Não poderia ser mais simples. Prazer. Prazer. Mais prazer. No fim das contas, é só isso. A vida é essa complicada busca por um simples prazer. Para além disso, não parece haver qualquer "mistério" na equação, assim como nada é "explicado" pelo fato de encontrarmos sentido em nossas vidas. Ter sentido em nossas vidas é prazeroso, e é apenas por isso que o buscamos. Logo, quando o encontramos, isso não equivale a uma explicação, só a uma satisfação.

✳ ✳ ✳

Agora pensemos nesse mecanismo em termos evolutivos. Fazendo uma breve recapitulação, vimos que o "sentido" parece dizer respeito a um instinto social básico, o qual nos leva a "terceirizar" nossos esforços, buscando o prazer de nos sentirmos "pertencer" ou "ser úteis" a determinado grupo. Assim, para encontrar "sentido", não basta apenas realizar atividades que nos são agradáveis, das quais gostamos pessoalmente. É preciso também que essas atividades sejam produtivas, e que aconteçam no contexto social de determinado grupo que nos aceite e que nos reconheça por nossos esforços. Satisfeitas tais condições, ou a maioria delas, temos a sensação de que nossa atividade "vale a pena", de que ela tem "sentido".

Pois bem, se sentimos prazer em nos encaixarmos nesse tipo de situação tão particular, é importante que nos perguntemos por que isso acontece: qual a função biológica dessa recompensa de prazer que sentimos ao encontrar "sentido" em nossas vidas? Para que serve o sentido? Se conseguirmos responder essa pergunta, teremos conseguido situar o "sentido subjetivo" — o prazer que encontramos na vida social — dentro do esquema objetivo que move a vida, ou seja, como uma peça da maquinaria genética que orienta a vida à autoperpetuação (que, se estivermos lembrados, foi nossa primeira forma de abordar o problema).

Até aqui, praticamente tudo o que fizemos foi explicar de que modo olhar para o assunto — e levou mesmo algum tempo para conseguirmos discernir a melhor forma de abordá-lo. Porém, esse cuidado preliminar parece ter compensado, porque, nessa altura, a resposta já está virtualmente à nossa frente, bastando apontá-la para que vejamos tudo subitamente encaixar-se. Então, para tal fim, imaginemos duas populações distintas, uma composta de indivíduos autossuficientes, e outra composta de indivíduos interdependentes, com essa tendência de "terceirizar" suas próprias satisfações. Digamos que, na primeira população, cada indivíduo fosse capaz de catar seus próprios piolhos. Porém, na segunda, cada indivíduo só conseguisse catar uma parcela de seus próprios piolhos, precisando da ajuda de terceiros para catar todos.

Vejamos o que acontece em cada situação. No primeiro caso, a tendência será que cada indivíduo, sendo autossuficiente, fique em seu próprio canto, ocupado em catar seus próprios piolhos. Como todos conseguem, sozinhos, catar-se por inteiro, o individualismo dá resultados satisfatórios. A situação se estabiliza, e fim da história. Porém, no segundo caso, a situação já é mais complexa, pois o indivíduo não basta a si mesmo: ele precisa da ajuda dos demais, que precisam de sua ajuda. Assim, a satisfação do grupo como um todo depende de seus membros estarem internamente organizados para catar uns aos outros. Uma vez unidos, o esforço coletivo proporciona a cada indivíduo aquilo de que precisa, mas que não pode alcançar por si mesmo. Sendo essa a ideia geral, o que será preciso da parte de cada organismo, individualmente? Bem, se não é possível catar os próprios piolhos, a saída será que cada qual direcione suas habilidades de catador ao grupo, passando a exercer nele a *função social* de catador — atividade que lhe será recompensada com a devida ausência de piolhos. O interessante é que, se perguntarmos o que "dá sentido" à vida desses catadores, veremos que a resposta será exatamente essa *função social* que executam enquanto membros do grupo.

Assim, entendendo que o "sentido" de nossas vidas coincide com a função que desempenhamos dentro do grupo, fica fácil ver onde o "sentido" se encaixa em nossas vidas. Tendo esse detalhe em mente, podemos retomar a pergunta inicial: *para que serve o sentido?* Para responder, basta colocarmos ambas as populações lado a lado e nos perguntarmos: qual a diferença comportamental mais evidente entre ambas? Naturalmente, a resposta será *o grau de cooperação*. Sendo essa a diferença, deve ser também essa a função, ou seja, a gratificante sensação de que nossas vidas "têm sentido" deve servir justamente como um incentivo à cooperação. Então, trazendo para o nosso próprio caso, podemos concluir que essa "busca por sentido", ao que tudo indica, é como se manifesta em nós o célebre "instinto gregário", responsável por nos tornar uma espécie tão evidentemente social.

Em essência, a ideia é essa, encarar a "busca por sentido" como uma estratégia de incentivo à cooperação. O princípio geral, como vimos, é bem simples: para que uma ação tenha sentido, é preciso que ela tenha uma função social e, para que tenha uma função social, é preciso que esteja voltada aos demais, isto é, à cooperação.[65] Logo, o que "dá sentido" às nossas vidas são os serviços que oferecemos à sociedade, a função que desempenhamos dentro do grupo. Essa ótica parece tornar o assunto subitamente compreensível, como se houvéssemos encontrado a chave

---

65. Entenda-se cooperação não apenas no sentido de ajudarmos bondosamente uns aos outros, mas no sentido mais geral de agirmos conjuntamente, em função uns dos outros.

para "decodificá-lo" em termos naturais. Para ilustrar essa transparência, relembremos alguns dos pontos centrais da mecânica da cooperação.

✳

Com pequenas ações, a cooperação é capaz de transformar organismos isolados em peças de uma grande máquina social, e essa dinâmica é bastante familiar em nossas vidas. O movimento inicial, que faz com que queiramos nos socializar, é psicológico: o "desejo de encontrar um sentido" faz com que sintamos como um interesse pessoal o fato de sermos úteis ao grupo (de um modo geral, agrada-nos a ideia de que sejamos importantes aos demais). Conforme tentamos colocar esse desejo em prática, vejamos o que acontece. Queremos fazer com que nossas ações tenham "sentido": para isso, é preciso que sejamos socialmente reconhecidos por aquilo que gostamos de fazer pessoalmente. Porém, para sermos reconhecidos, será preciso que gostemos pessoalmente de algo que é socialmente útil. Procuramos, então, uma forma de nos encaixarmos na sociedade dentro daquilo de que gostamos pessoalmente, buscando as atividades que melhor explorem nosso potencial. Uma vez nossa satisfação se alinhe com a satisfação dos demais, o círculo se fecha, e assim transformamo-nos voluntariamente numa engrenagem social. Metaforicamente, é como se nos "dissolvêssemos" nas necessidades uns dos outros.

Continuemos acompanhando o processo. Conforme damos a nós mesmos um determinado papel a ser executado em longo prazo, e como parte de um grupo, será inevitável que os demais passem a contar conosco, e a esperar de nós a execução regular desse papel. Pouco a pouco, nossas ações integram-se ao todo, tornando-se decisivas para a manutenção do grupo, e essa percepção faz com que nos sintamos "importantes" — reforçando em nível pessoal os comportamentos que foram socialmente positivos. Por meio dessa "terceirização", vemos como o mecanismo do prazer individual move indiretamente a maquinaria social.

Naturalmente, enquanto organismos, não costumamos ter uma ideia clara disso tudo. Aquilo que perseguimos, em nossas mentes, são as recompensas de prazer por elas mesmas. Porém, para alcançá-las, só temos opções sociais: não há a possibilidade de catarmos nossos próprios piolhos tão bem quanto outrem cataria por nós. Somos assim levados a procurar um estado de coisas específico, no qual tenhamos uma função estável e publicamente reconhecida como importante — ou seja, tornamo-nos renomados catadores de piolhos como uma forma de assegurar que nós mesmos nunca teremos nenhum. Agora, se pensarmos ao que exatamente esse comportamento cooperativo nos conduz em longo prazo, será fácil ver a resposta: a uma vida estável.

Nos dias de hoje, essa pode parecer uma ideia entediante e fora de moda. Porém, em nosso passado evolutivo, em que a disponibilidade de alimentos era sempre uma incógnita, e a cooperação era essencial à sobrevivência, ter vidas previsíveis era uma ótima coisa, sinal de que estávamos longe do perigo, justificando que fôssemos recompensados com a sensação de que nossas ações "fazem sentido", de que nossas vidas "valem a pena" — e isso pelo simples fato de termos uma ocupação regular dentro de um grupo. Também, para confirmar essa ideia por contraste, basta considerarmos quão bruscamente o isolamento nos faz sentir que a vida "perde o sentido". Conceitualmente, essa percepção não tem muita lógica. Porém, funcionalmente, tem muita, pois parece evidente que indivíduos que temessem a solidão teriam mais chances de cooperar.

✳

Para nossos fins, tais palavras são suficientes. Como sabemos que a cooperação foi uma estratégia fundamental à sobrevivência de nossa espécie, e como a busca por "sentido" se encaixa perfeitamente no perfil daquilo que deveríamos sentir para que fôssemos levados a cooperar uns com os outros, parece razoavelmente longe de dúvida que essa forma de abordar o assunto não apenas esclarece-o, mas na verdade soluciona-o, transformando numa obviedade algo que sempre nos pareceu um dos maiores "mistérios" da vida. De um só golpe, vemos o "problema" do sentido da vida transmutar-se numa solução evolutiva.

Assim, ao analisar a questão sob a presente luz, parece que desfizemos um dos maiores "nós" do assunto, tornando claro um dos últimos pontos que permaneciam confusos. Desse ponto em diante, a questão toda se torna razoavelmente fácil de interpretar, e não parece ousado presumir que qualquer indivíduo com uma compreensão básica da teoria da evolução será capaz de preencher por si próprio as lacunas restantes. Ademais, considerando que o assunto de nosso interesse é niilismo, e não diretamente teoria da evolução, parece justo — também para com nosso tempo — que passemos logo ao próximo tópico.

Nesse processo, o importante foi termos conseguido relacionar, de uma forma clara e inteligível, um impulso vago e misterioso que se manifesta no âmago de nossas vidas pessoais — que costumamos chamar de "busca pelo sentido da vida" — a uma estratégia de sobrevivência reconhecidamente efetiva, que sabemos ter evoluído, não apenas em nossa, mas em várias espécies.

✳ ✳ ✳

Quando nossas vidas têm sentido, sabemos o que "devemos fazer" sem pensar. Tudo está engrenado, e só precisamos dar continuidade. Mas como tudo começa? A teoria nós já entendemos. E a prática? Como efetivamente se "dá um sentido" à vida? Pode não parecer, mas é na verdade bem simples. O primeiro passo, como todos sabem, é encontrar algo de que gostamos. Depois basta fazê-lo, e o que fazemos nos faz. É só isso. Ao longo do tempo, conforme nos repetimos, acabamos por nos tornar a direção que tomamos, como se o sentido fosse, por assim dizer, inercial. Daí que, uma vez tenhamos dado certo sentido às nossas vidas, a tendência é que continuemos nele. A coisa toda passa a funcionar sozinha, não havendo sequer necessidade de "fazer sentido". Esse lento processo de "fixação" do sentido é basicamente o que conhecemos por *hábito*, ou seja, a tendência de repetirmos comportamentos que se mostraram eficientes — ou pouco danosos — no passado.

Naturalmente, quando falamos em "dar um sentido" às nossas vidas, talvez haja a impressão de que isso nos levará a algum lugar, pois sentido parece remeter à ideia de movimento, mas não é bem esse o caso. O sentido é na verdade uma circularidade, pois é criado por nós mesmos para satisfazermos também a nós mesmos, exigindo de nossa parte somente a iniciativa de fazer algo que dê bons resultados (em termos de prazer, evidentemente). Feito isso, será automática a tendência de nos repetirmos indefinidamente, ao menos enquanto fazê-lo der resultados. Então, uma vez tenhamos nos lançado a alguma ocupação, desde que ela nos dê prazer, e desde que possamos repeti-la, a tendência é que nos sofistiquemos em sua realização até construirmos em torno dela um sistema que funciona por si próprio (e não que nos "guia" a algum lugar).

Para ilustrar como isso tudo se encaixa no mais trivial dia a dia, imaginemos a seguinte situação: certa manhã estamos entediados, sem nada de que nos ocuparmos, com a incômoda sensação de que a vida não tem sentido. Pensamos em fazer algo para nos distrairmos, mas o quê? Ocorre-nos fazer exercícios. Por questão de praticidade, escolhemos correr alguns quilômetros numa pista próxima de nossas casas. A atividade nos deixa cansados, mas também faz com que deixemos os problemas de lado; dormimos relaxados. No dia seguinte, lembrando como dormimos bem na noite anterior, e como há tempo disponível, corremos novamente; temos outra boa noite de sono. Procuramos manter o mesmo ritmo nos dias seguintes. Porém, uma semana depois, começamos a sentir uma pequena dor nos tornozelos. Depois de uma rápida pesquisa sobre o assunto, decidimos comprar um calçado específico para a atividade. Problema resolvido. Continuamos. Um mês depois, já temos um horário específico agendado para a atividade e, lentamente, adaptamos nossa alimentação às necessidades nutricionais impostas pela prática esportiva. Percebemos uma clara melhora em nosso bem-estar geral. Não esperávamos por isso, mas é um motivo a mais para continuarmos. Seis meses depois, todos os nossos conhecidos já sabem que gostamos de praticar esportes, e começamos a ser presenteados com camisetas e acessórios do ramo.

Nessa altura, mesmo que continuemos a considerar a atividade algo exclusivamente pessoal, ela já não é, pois passou a definir nossa imagem social, o modo como somos publicamente conhecidos. De nossa parte, nenhum problema. Então, prosseguindo, imaginemos que algum de nossos amigos, talvez por recomendação médica, precisasse de uma rotina de condicionamento físico. Lembrando o que ouviu a nosso respeito, esse amigo entra em contato, pedindo que expliquemos a ele um modo fácil de começar. Porém, em vez de explicar cada detalhe, sugerimos que simplesmente corra conosco e aprenda por si mesmo. É o que acontece, tornando-se a partir de então uma companhia habitual. Nos meses seguintes, outras pessoas fazem o mesmo, formando assim um grupo de corrida. Não tarda para surgir a ideia de se organizarem pequenas competições internas, mas nada sério: apenas para nos sentirmos um pouco mais motivados. Lenta e quase imperceptivelmente, a atividade integra-se à nossa vida social. Quando nos damos conta, aquilo que fazemos já passou a envolver várias outras pessoas, as quais contam conosco — e *vice versa* —, fazendo com que nos sintamos "parte de algo maior". Finalmente encontramos o "sentido" da vida: correr, correr, e continuar correndo. A partir de então, todas as manhãs sabemos exatamente o que fazer, como se a atividade tivesse definido nosso "lugar" no mundo. Adoramos a sensação, e já não entendemos como conseguíamos viver antes disso. Nesse ponto, a simples ideia de abandonarmos a atividade já nos parece angustiante, pois vários aspectos de nossas vidas passaram a se organizar ao seu redor. Mais que um esporte, correr se tornou quem somos, e sem isso ficaríamos perdidos, sem saber o que fazer de nós mesmos.

Pois bem, dadas as circunstâncias, podemos dizer que encontramos o sentido de nossas vidas. Ótimo. Missão cumprida. Agora pensemos a respeito. Esse sentido nos levou a algum lugar? Pelo contrário: ele nos fixou numa situação que nos leva a fazer sempre o mesmo, circularmente. Cada vez mais nossas vidas *giram em torno* de algo que começou como uma banalidade, evoluindo até algo que definimos como o sentido de nossas vidas. Porém, de um extremo ao outro, o que mudou?

Não foi a atividade em si mesma, mas nós, conforme a praticávamos. Por meio da repetição, nossos corpos e mentes se ajustaram à realização dessa atividade, assim como à presença das pessoas que nos acompanhavam. Conforme ocorre esse tipo de ajuste, é como se lentamente nos "costurássemos" àquilo que fazemos, e também uns aos outros, todos integrados num só tecido social. Como resultado desse contínuo processo de adaptação contextual, nossas vidas se tornam cada vez mais previsíveis e especializadas — e, ao mesmo tempo, quanto melhor adaptados, mais avessos ficamos à mudança. Nessa ótica, o "sentido" toma o aspecto de um *script* que nos diz exatamente o que fazer — um confiável roteiro daquilo que funciona, escrito com base em nossa experiência de vida.[66]

Toda essa estabilidade é, sem dúvida, psicologicamente agradável. Não precisar pensar o tempo todo no que fazer de nossas vidas diminui consideravelmente o grau de ansiedade, tornando a experiência de viver algo mais aprazível. Ao mesmo tempo, a cristalização de uma rotina no centro de nossas vidas nos proporciona segurança. Tudo bem, isso é inegável, mas segurança explica alguma coisa? Esse sentido explica alguma coisa? Porque, até onde podemos perceber, o sentido só explica onde está a segurança, que por sua vez explica onde encontramos nosso prazer, que por sua vez não explica nada, de tal modo que a afirmação de que nossas vidas "têm sentido" redunda em apenas uma forma obscura de dizer que estamos satisfeitos. Pegamo-nos, uma vez mais, andando em círculos. Nossas vidas podem estar mais agradáveis, mas, em termos de "explicação", nenhum passo foi dado: correr faz tão pouco sentido agora quanto fazia na primeira vez em que colocamos os pés na pista. Não é como se, ao longo desses meses, houvéssemos encontrado uma forma satisfatória de entender o que estamos fazendo aqui, neste planeta. Tudo o que fizemos foi encontrar algo para fazer, e passamos a gostar, mais nada.

Então, como se vê, sentidos são os círculos nos quais nós mesmos nos fechamos por meio da repetição: uma vez tenhamos começado a correr, essa passa a ser a razão pela qual se corre, e o sentido deriva de estarmos satisfatoriamente envolvidos nesse processo, e de esse processo estar envolvido na sociedade, não de haver alguma "razão" nisso tudo que se faz. A simples repetição é suficiente para começarmos a nos envolver. Depois de algum tempo, conforme a dependência se

---

66. Daí que "rasgar" esse *script* nos seja tão incrivelmente doloroso, como se estivéssemos arrancando uma parte de nós mesmos ainda viva. Considerando o inestimável valor biológico desse tipo de informação, faz bastante sentido.

aprofunda, já não conseguimos controlá-la, e é assim que nossos hábitos passam a exercer controle sobre nós, pesando sobre nossas vidas como uma espécie de "armadura comportamental". Sendo metafóricos, é como se o condicionamento começasse a nos "engessar" conforme seguimos pela vida, de modo que a tendência é ficarmos cada vez mais propensos à repetição dos mesmos comportamentos.

Do berço à sepultura, nossa vida é esse constante reajustar-se ao chão sobre o qual se pisa, em busca de estabilidade. Naturalmente, por mais complexo, nenhuma parte desse processo tem qualquer significado, nem precisa ter: basta que funcione, que nos dê prazer, e acharemos tudo muito bom. A mecânica é bem simples: fazer *xis* porque nos dá prazer e repetir *xis* porque nos deu prazer. Simples e circular. Um padrão tão típico que, bastando pensarmos um pouco a respeito, ficará claro o quanto essa mecânica do "sentido pessoal" lembra a do sentido genético da vida em direção à eternidade, ainda mais se tivermos o cuidado de observar que também a vida é um processo que regula a si próprio às cegas, estritamente em função daquilo que funciona. Nossas ações são reguladas pelo hábito, enquanto a vida é regulada pela seleção natural. Como ambos os casos são circulares, também em nossas vidas pessoais o "sentido" não nos leva a lugar algum. Bem, por que levaria?

2. EMOÇÕES E METAFÍSICA

Todos confundem os limites do mundo com os limites de sua própria visão. — Arthur Schopenhauer

A vida existe para perpetuar a si própria. E nós, existimos para quê? Ora, foi o que acabamos de dizer. Mas não queremos ouvir. Temos a clara sensação de que a vida humana "não pode ser só isso", então ela não é. A nossa é especial. Sabemos disso de um modo que não sabemos explicar, mas um dia todos saberão, e nesse dia blá, blá, blá. Se há algo seguro, é que nossa lista de pretextos se estenderá indefinidamente, enquanto estivermos dispostos a sonhá-los. Assim, ao buscar entender questões tão carregadas como a do sentido da vida, seria mesmo típico que relutássemos em aceitar que a "sensação de que a vida tem sentido" fosse apenas isso, uma sensação. Partimos do pressuposto de que nossas sensações devem necessariamente corresponder à realidade, mesmo que seja preciso delirar essa realidade. Agimos dessa maneira aparentemente maluca porque, em nossas cabeças, o essencial de nossas sensações, de algum modo, está num "além-da-sensação". De que modo, precisamente? Precisamente de algum. Que nossas melosas reinterpretações do mundo estão equivocadas, isso é fato, mas é igualmente fato que reinterpretamos o mundo melosamente. Agora, por quê? Nosso interesse aqui será dar alguma atenção a esse trampolim que tão facilmente nos lança à insanidade: as emoções.

Comecemos por notar que, numa discussão qualquer, quando emoções não estão envolvidas, fatos bastam. Porém, havendo emoções em jogo, parece que esquecemos até como fazer uma subtração. Se o ser humano fosse só o ser humano, seria como consta nos atlas de anatomia. Porém, como somos nós, é muito mais. Num tortuoso processo de racionalização, tentamos justificar nossas sensações pessoais como se dissessem respeito ao mundo em si mesmo, não a nós pensando nele com emoções por detrás, a colorir. Em geral, aceitamos que os pensamentos estejam apenas em nossas cabeças, mas não as emoções — elas estão além, muito além desse reducionismo intracraniano. Daí que, ao discutir qualquer assunto de teor emocional, seja fatal extrapolarmos as fronteiras da biologia, interpretando os fatos em função de como os sentimos pessoalmente, mas não como se os sentíssemos pessoalmente, e sim como se o próprio mundo os sentisse por nós impessoalmente, e nosso papel fosse apenas "captar" essa sensação universalmente verdadeira e comunicá-la a todos. Nessa situação, como nossa visão de mundo entrelaça-se profundamente às nossas impressões pessoais, torna-se virtualmente impossível discutir sem que os ânimos se exaltem. Já não há uma linha divisória entre o pessoal e o impessoal: tudo se mistura, tudo se confunde, sem distinção entre a verdade e aquilo que pensamos. Como resultado, ao assumir certos pontos de vista como verdadeiros, tornamo-nos sensíveis ao assunto como se fosse nossa própria pele: quando alguém ataca nosso ponto de vista, nós nos sentimos pessoalmente atacados; quando o defendemos, é como se estivéssemos defendendo a nós mesmos.

Assim, como encaramos a verdade como uma extensão de nós mesmos, e debates como uma ferramenta de autopromoção, a tendência é que distorçamos tanto quanto possível a discussão em nosso favor, tentando exaltar nossas próprias ideias e combater as dos demais, numa espécie de xadrez social. Naturalmente, não nos interessa aqui tomar as dores de um lado ou de outro, mesmo porque há infinitos lados possíveis. Em vez disso, nossa ideia será apenas delinear as regras do jogo, entender como isso tudo acontece. Nesse sentido, se prestarmos alguma atenção, não ao conteúdo de nossas discussões, mas à forma como elas acontecem, perceberemos um claro padrão no modo como distorcemos cada assunto: quanto mais emocionalmente envolvidos estivermos, maior será a tendência de projetarmos no mundo exterior os elementos que só dizem respeito a nós mesmos, e isso ocorre de uma maneira que geralmente não conseguimos perceber ou, se conseguimos perceber, não conseguimos aceitar. Esse padrão de objetificação é metade do que precisaríamos explicar. Porém, como já discutimos esse padrão num momento anterior, não parece necessário reapresentá-lo aqui, permitindo que passemos diretamente à parte mais interessante da discussão: o autoengano. Comecemos com esta breve descrição do comportamento sexual de nossa espécie, nas palavras de Desmond Morris:

O comportamento sexual atravessa, na nossa espécie, três fases características: formação de pares, atividade pré-copulatória e cópula, que seguem geralmente, mas não necessariamente, essa ordem. A fase de formação de pares, chamada vulgarmente namoro, é consideravelmente longa em termos zoológicos, visto durar semanas ou mesmo meses. Como sucede em muitas outras espécies, esta fase caracteriza-se por um comportamento experimental ambivalente, que depende de conflitos entre o medo, a agressão e a atração sexual. O nervosismo e a agitação reduzem-se se as manifestações sexuais mútuas forem suficientemente fortes. Estas compreendem complexas expressões faciais, posturas do corpo e vocalizações. As últimas constituem os sinais sonoros da fala, altamente especializados e simbólicos, mas que oferecem à pessoa do outro sexo um tom de vocalização distinto, o que também tem muita importância. É frequente dizer que um par de namorados murmura doces tolices e esta frase mostra que o significado do tom de voz é mais importante do que aquilo que se diz. Depois das fases iniciais de exibição visual e vocal, iniciam-se contatos corporais simples. Estes acompanham-se geralmente de locomoção, que hoje aumenta consideravelmente quando o par está junto. Os contatos entre mãos e entre braços são seguidos de contatos boca-face e boca-boca. Dão-se beijos mútuos, tanto parados como andando. Registram-se vulgarmente acessos de correria, de perseguição, de saltos e de dança, podendo reaparecerem manifestações de brincadeiras infantis. Uma grande parte dessa fase de formação de pares pode desenrolar-se em público, mas quando se passa para a fase pré-copulatória procura-se um ambiente privado e as manifestações de comportamento que se seguem são realizadas o mais longe possível dos outros membros da espécie. Na fase pré-copulatória tende-se manifestamente para a posição horizontal.

Tais palavras soarão familiares à maioria de nós, mas só até certo ponto. Há "limites". Comportamento sexual é uma coisa, mas amor é outra — e o "nosso" amor é ainda uma terceira, certamente inacessível à ciência. Por exemplo, pensemos na pessoa que amamos, no primeiro momento em que a vimos e sentimos nosso coração saltar, sabendo que ficaríamos com ela para o resto de nossas vidas, embalados pela sensação mágica de que poderíamos passar o resto de nossos dias contemplando seu rosto enquanto dorme. Isso mesmo. Fase pré-copulatória: nela tende-se *manifestamente* para a posição horizontal. Não é possível! Ficamos indignados. Nossos sentimentos são "algo mais". Não pode estar apenas em nossa cabeça. Tem de estar fora dela, ainda que não possamos provar, e que sejamos os únicos que veem as coisas assim. É inútil discutir, até com nós mesmos.

✶ ✶ ✶

Uma vez introduzidos à mecânica do autoengano, podemos passar à discussão central, que é sobre o que nos faz ser parciais. O princípio básico é simples: sempre que nos envolvemos, seja com o que for, é como se passássemos a ver mais do que realmente está lá, numa espécie de "inflação metafísica". Para ilustrar, imaginemos uma ponte suspensa sobre um vulcão. Ela foi construída com altura suficiente para que os visitantes — suficientemente loucos — pudessem ver o interior da cratera sem ser cozidos pelo calor. Muito bem, suponhamos o seguinte: havia um batalhão de soldados em treinamento, os quais foram instruídos a atravessar a ponte como parte de sua rotina matinal de condicionamento físico. Durante a travessia, houve uma forte lufada de vento, e todos foram arremessados no interior do vulcão, sendo vaporizados instantaneamente. O que restou? Nada. A ideia é fácil de entender, e não temos nenhum problema quanto a isso. Agora uma segunda situação. Nossa família estava passando sobre essa ponte. Houve esse mesmo vento. Todos caíram. O que restou? Alguma coisa. Mesmo que não saibamos dizer o quê. Restou alguma coisa. A ideia de responder "nada" nos parece revoltante, como se fosse uma falta de consideração.

Usemos outra ideia. Temos duas pessoas a serem amarradas a duas cadeiras. Em uma, um desconhecido. Na outra, a pessoa mais importante de nossas vidas. As cadeiras foram equipadas com um sofisticado mecanismo de desintegração, o qual destruirá instantaneamente ambos os corpos. Ligam-se os interruptores. Os corpos desaparecem num piscar de olhos. No caso do anônimo, não temos realmente problema em admitir o que acabou de acontecer: ele sumiu; azar o dele. Porém, quando focamos a cadeira na qual estava nosso ente querido, não fica a clara sensação — a sensação, não a ideia — de que ainda resta alguma coisa? Parece-nos que, de algum modo, a pessoa não era "só uma pessoa". Aquela porção de matéria não era "só matéria". Era matéria mais o quê? Matéria *mais algo.* Colocando ambas as cadeiras lado a lado e comparando-as, elas definitivamente não parecem iguais: aquela em que estava nosso conhecido parece conter uma espécie de fumaça invisível, uma leve névoa que preserva a "essência" da pessoa — mas só daquela que conhecíamos. Como isso é possível? Não sabemos dizer. Mas sentimos saber. "É preciso ter fé", seria típico ouvirmos.

Claro que aqui estamos diante da melhor situação possível para compreender a origem afetiva de nossa noção de "alma", que é o típico erro de cálculo que só acontece quando estamos emocionalmente envolvidos. Naturalmente, se apenas o morto que conhecíamos parece continuar vivo, isso só pode ser porque ele era também parte de nós, e nós ainda estamos vivos, e emocionalmente ligados a algo que deixou de existir. Uma situação análoga seria quando desviamos o olhar de um objeto depois de tê-lo observado por um longo tempo: continuamos a ver esse objeto como uma espécie de "mancha" em nosso campo visual, e isso perdura até que nossa visão se acostume à nova situação. Evidentemente, ajustes emocionais levam muito mais tempo, mas a ideia é essencialmente a mesma: reajustar o "pano de fundo" de nossas vidas.

Apenas com esse primeiro exemplo, já fica claro que a sensação de que o inexistente continua a existir "dentro de nós" não se resume a mortos. Porém, para percebê-lo de uma segunda forma, basta lembrarmos que, em indivíduos com membros amputados, é comum que ocorra o efeito "membro fantasma", situação na qual sentem como se ainda tivessem um membro que, visivelmente, não está lá. Em suas mentes, podem inclusive mover esse braço fantasma, podem senti-lo mover-se, tudo como se fosse real, mas sem que haja membro algum. Similarmente, quando cortamos o cabelo, ou depois de haver portado algum objeto por muitos anos, leva algum tempo para nos acostumarmos à mudança, sendo comum que, no período de adaptação, continuemos a sentir como se ainda tivéssemos cabelos longos, ou como se ainda tivéssemos aquela caneta no bolso. Naturalmente, nossa mente precisa de tempo para realizar esse tipo de ajuste, para acostumar-se à ausência de determinado objeto. Porém, enquanto esse ajuste não acontece, é como se nossas sensações "pisassem em falso". Nesse intervalo entre uma coisa e outra, assim como temos os efeitos "membro fantasma" e "caneta fantasma", temos também o efeito "morto fantasma", ou seja, "sentimos" que nossos entes queridos continuam vivos — procuramos por eles constantemente, como se a qualquer momento pudéssemos "encontrá-los" —, mesmo que os tenhamos à nossa frente, visivelmente mortos. Claro que, se tivéssemos um pingo de bom senso, seria esperado que simplesmente ignorássemos esse borrão de afeto residual, focando aquilo que ainda existe, aquilo que o mundo todo continua a ver. Porém, quando emoções estão envolvidas, nunca é simples assim, pois precisamos atravessar uma verdadeira tortura para realizar qualquer ajuste emocional desse tipo, ainda mais quando a mudança é súbita, pegando-nos de surpresa. O processo todo é tão excruciante que, em regra, só levamos tal mudança adiante se não tivermos nenhuma, realmente nenhuma escolha.[67]

Perder um ente querido é sem dúvida emocionalmente perturbador, mas perder um braço também é. Porém, por devastadora que seja a experiência, ninguém parece argumentar que esse braço, apenas porque o sentimos presente, continua a existir depois de amputado. Entretanto, quando a perda envolve o corpo inteiro, costumamos pensar o contrário. De algum modo, fingir que nossos parentes continuam vivos nos conforta, nos ajuda a lidar com a perda. Por quê? Não é fácil dizer, mas podemos tentar uma explicação por analogia. Fingir que nossos braços continuam a existir certamente não oferece esse mesmo conforto. Porém, o que oferece um consolo semelhante é a utilização de um membro artificial que ocupa o mesmo lugar do antigo, ainda que com mobilidade limitada. Continuamos a sentir que temos um braço — e temos —, e isso já é uma ajuda. Ainda que ele não seja tão útil quanto o antigo, ao menos ocupa seu lugar, tornando a adaptação um processo mais suportável. Similarmente, quando imaginamos que nossos parentes continuam a existir, é como se fizéssemos um boneco deles em nossa imaginação, o qual repete os movimentos que temos em nossas memórias; sendo mais macabros, podemos também imaginar como se guardássemos os mortos embalsamados em seus quartos, visitando-os sempre que sentíssemos saudade, e fingindo que apenas "dormem". Em ambos os casos, sabemos que não haverá volta àquilo que perdemos, e o que queremos na verdade é apenas algum consolo. Então, dadas as

---

67. Para ilustrar o desespero que nos assalta nesse tipo de situação, podemos lembrar o fato de que, até embaixo d'água, sem poder respirar, quando realmente nos aproximamos da asfixia, respiramos água involuntariamente, como uma última tentativa desesperada de sobreviver, revelando que só temos controle sobre nós mesmos até certo ponto, após o qual as porções mais primitivas de nosso cérebro assumem o comportamento. Daí que não consigamos nos asfixiar voluntariamente, apenas cruzando os braços e parando de respirar. Daí que não consigamos várias outras coisas, por simples força de vontade.

semelhanças, parece que braços artificiais cumprem o mesmo papel das "imortalidades espirituais", isto é, preenchem um espaço vazio em nossas vidas, facilitando o processo de recuperação.

Vida depois da morte. Faz algum sentido? Não, não faz. Mas ninguém usa anestésicos para fazer sentido. Nesse doloroso intervalo entre a mudança e a adaptação, só queremos uma coisa: alívio. Como a verdade pouco importa nesse particular, a tendência é que recorramos a tudo que puder minimizar o sofrimento, faça sentido ou não. No caso da perda de um braço, um braço protético; no caso da perda de um amigo, um amigo imaginário. Esse segundo caso, vejamo-lo mais de perto. Se acabamos de perder um amigo, o que isso significa? Significa que ainda estamos programados para gostar dele — de algo que não mais existe. Num só golpe, uma grande quantidade de ligações afetivas foi simplesmente inutilizada, imergindo-nos em confusão e ansiedade. Mas o que fazer? Perdemos algo de que gostávamos. Sofrer parece inevitável. Contudo, talvez haja uma forma de atenuar essa dor: acreditar que a pessoa continua viva. Mas acreditar como? Ora, simplesmente acreditando. Tendo fé. Pode parecer bizarro, mas, como estamos no fundo do poço, não custa tentar. Assim, aliado à nossa capacidade imaginativa, esse substrato emocional sem objeto — uma ligação afetiva a algo inexistente — recebe imaginariamente um novo corpo, idêntico ao original, do qual podemos continuar gostando em pensamento, como se a pessoa estivesse apenas "de viagem". Nessa abordagem, em vez de trabalhar a perda saudavelmente, redirecionando nossas emoções àqueles que permanecem vivos, nós simplesmente tomamos o atalho de "amarrar as pontas" dessas associações afetivas, ligando-as diretamente à nossa imaginação, e o incrível é que funciona: diminui o sofrimento. Nosso afeto recebe assim uma nova interpretação segundo a qual a pessoa continua a existir mesmo sem existir, convertendo-se em "espírito", numa espécie de figura humanoide sem massa, ou seja, essa gambiarra mental não sai exatamente de graça, mas ao menos diminui a soma total do sofrimento que precisaremos experimentar.

A princípio, talvez pareça duvidoso que consigamos nos enganar sobre algo tão óbvio, em plena luz do dia, mas é o que vemos acontecer. Então só resta entender. Comecemos lembrando como somos aptos em racionalizar nossas sensações, ao menos na medida em que isso nos convém; e lembremos que, quando não temos evidências nas quais basear essas racionalizações, nós simplesmente as inventamos. Essa capacidade de "retrabalhar" a realidade, aliada ao fato de que nossa razão fica temporariamente suspensa[68] em períodos de crise, dá perfeita margem à ocorrência do autoengano. Para exemplificar sem recorrer a situações drásticas — a algo que seria improvável termos todos experimentado pessoalmente —, pensemos em algo mais trivial que perder um braço, algo que todos — ou quase todos —, em alguma fase de suas vidas, tenham já experimentado, e que exerça um efeito comparável sobre nossa racionalidade. Por exemplo: enfrentar a fome para fazer uma dieta. Quando estamos com os estômagos cheios, é realmente muito fácil dizer a nós mesmos: "da semana *xis* à semana *ípsilon*, comerei apenas tais e tais alimentos, e apenas na quantidade *quê*". O problema é que, uma vez nosso cérebro detecte uma situação potencialmente perigosa, como um padrão de alimentação insuficiente, ele reage intensificando a fome, o que por sua vez dificulta o controle racional sobre nossas ações, fazendo com que fiquemos progressivamente propensos a "atacar" a geladeira.

Aqui, comer não faz sentido, mas sentimos fome; similarmente, imortalidade não faz sentido, mas sentimos saudade. É difícil resistir. Mesmo que tenhamos motivos racionais para não comer, e mesmo que esses motivos sejam muito bons, eles são mesmo assim "retrabalhados" para justificar a fome que agora sentimos, assim como nosso conhecimento é retrabalhado para acomodar a "imortalidade da alma" — ou qualquer outra noção capaz de nos consolar. Lembremos também que, desde o início da dieta, estávamos perfeitamente cônscios de que a fome nos "tentaria" ao longo do caminho, mas entender é uma coisa, resistir é outra. Fácil é falar: difícil é ter fome e não comer, mesmo tendo alimentos abundantes à disposição. Não que tenhamos esquecido nossa decisão inicial: não mudamos de ideia. Porém, conforme o desejo martela insistentemente nossa consciência, insinuando-se como uma deliciosa transgressão, fica cada vez mais difícil manter o controle sobre nós mesmos. Pressionados pela necessidade dia após dia, a ideia de perder peso começa a "perder o sentido", a ideia de que a razão importa começa a parecer uma "abstração filosófica". Como esse processo todo de "resistir" consome muita energia, conforme nos cansamos, e nossas energias se esvaem, ficamos progressivamente propensos a "fraquejar", explicando por que a maioria de nossas "conversões" — religiosas ou estéticas — ocorre justamente nesses períodos de crise, em que a vida nos "põe à prova".

Então, se pensarmos bem a respeito, e considerando a mecânica de nossas vidas

---

68. Entenda-se "suspensa" no sentido de "sequestrada pelo sistema límbico".

como um todo, veremos que ambas as situações são muito semelhantes. Com fome, sonhamos constantemente em como seria bom se pudéssemos comer; com saudade, sonhamos constantemente em como seria bom se pudéssemos ter nosso ente querido de volta. Em ambos os casos, se a carência for aguda, a razão ficará temporariamente suspensa, e teremos de lidar com a questão nos termos que o cérebro emocional nos impõe, os quais raramente fazem sentido. Ficamos, como se diz, "cegos" de fome — ou de saudade. Pois então, se com fome suficiente engolimos até solas de sapato, por que não engoliríamos algumas mentiras inofensivas, se aliviassem a saudade? Nesse desespero por qualquer consolo, se a ideia de que nossos conhecidos continuam vivos pode nos oferecer qualquer conforto, então essa ideia é automaticamente verdadeira: basta imaginar como.

✳ ✳ ✳

Esclarecido esse ponto central, resta apenas discutirmos alguns pormenores daquilo que denominamos "inflação metafísica". Como vimos mais acima, quando removemos a matéria das pessoas que amamos, há alguma "coisa que sobra". Em homenagem ao célebre "algo mais", chamemos essa "coisa" de *algomalina*. Feitas as cerimônias, vamos ao que interessa. Imaginemos o mundo. Agora removemos do mundo toda a matéria. O que sobra? Aquilo em que temos fé. Se tivermos fé em deuses e espíritos, sobrará algo como uma versão espiritual do mundo, uma espécie de réplica etérea da realidade convencional, porém sem gravidade. Se tivermos fé no ser humano, sobrará o esqueleto de alguma "ordem moral do mundo" levemente hierárquica, juntamente com um sentimento de gratidão por todos os que existiram e foram bons homens, os quais ficarão um pouquinho acima dos demais. Se não tivermos fé em nada, teremos honrado a aritmética.

Ainda assim, independentemente de nossas crenças mais bizarras, restará em todos nós uma espécie de "pano de fundo" de nossa humanidade, ou seja, a tendência de interpretar o mundo em função de nós mesmos, incluindo aí coisas como sensações, valores, sentimentos etc. (*e.g.* tudo ficaria "morto" e "triste" e "negro", ou seja, seria muito "ruim"). Ao lado disso, como também nos afeiçoamos a ideias, seria natural que restasse a "essência" de alguns conceitos que nos são caros, como a ideia de arte, de justiça, de bondade, de coragem, de amor etc. Todas essas coisas às quais somos afeiçoados nos pareceriam continuar existindo, mesmo depois de havermos removido a existência. Elas "continuam lá", de algum modo.

Como seria de se esperar, esse "mundo-sem-o-mundo" feito de *algomalina* é exatamente o que faz dele um lugar importante: constitui a "essência" da realidade.

Basta tomarmos qualquer coisa que amemos e analisá-la por alguns instantes, e teremos a clara impressão de que há uma essência metafísica "por detrás" dela, sendo isso o que faz dela algo valioso, insubstituível, sendo também aquilo que dá "sentido" às nossas vidas. Se repetirmos essa análise com vários objetos, alguns que amamos mais, menos ou nem um pouco, ficará claro que tal sensação de "algo mais" sempre corresponde ao nosso envolvimento emocional. Para além disso, se considerarmos os demais indivíduos, veremos que esse padrão se repete de forma única em cada pessoa, a depender daquilo que ama. O raciocínio é simples, óbvio e um pouco desconcertante, mas também a chave para entendermos nossa necessidade de inventar um segundo mundo metafísico que, misteriosamente, só abriga nossos desvarios.

Se quisermos um último exemplo concreto, pensemos na própria vida. A vida é um processo material, como qualquer outro. É um processo, mas não "apenas" um processo — é o *nosso* processo, recheado da mais pura *algomalina*. Sendo mais específicos, pensemos no ser humano. Sabemos que somos especiais, pois temos algo que nos distingue das demais espécies, mas que algo é esse? Como nenhuma espécie parece compartilhar conosco essa opinião, parece que só sendo humanos para entender. Sendo ainda mais específicos, pensemos em nossa família. Gostamos dela apenas porque estamos envolvidos? Claro que não. Temos certeza de que nossa família tem algo de especial, que a distingue de todas as outras famílias do planeta — e essa mesma ilusão afeta cada uma delas. Em casos assim, como foi dito, sentimos que permanecer errados é, de algum modo, "questão de respeito", ilustrando com perfeita clareza como cada qual projeta *algomalina* em tudo o que ama, tornando-o algo maior do que realmente é.

Nessa altura, já deve estar clara a relação entre emoções e metafísica. Porém, antes de encerrar, talvez fosse oportuno fazermos algumas observações de um ponto de vista mais, digamos, filosófico. Se considerarmos a realidade em si mesma, aquilo que normalmente se entende por "coisa em si" — que seria algo como "o mundo por si mesmo" ou "a realidade quando não estamos olhando para ela" —, teremos o começo da metafísica por vias intelectuais (ou seja, refletir sobre aquilo que existe, mas sem poder ver). Por sua vez, o que esboçamos acima foi o começo (ou a invasão) da metafísica por vias emocionais (ou seja, acreditar que algo existe, sem precisar ver). Parece haver uma clara intersecção entre ambas, explicando por que a metafísica costuma ser uma área tão problemática. Questões metafísicas situam-se nessa espécie de ponto-cego da inteligência, a qual precisa trabalhar no escuro, sem acesso à experimentação, sendo esse o mesmo ponto em que nossas emoções estão em seu elemento, o "por detrás" das aparências. Ambas ocupam o mesmo espaço teórico, e ambas estão cegas, mas só uma sabe disso. Como nossas emoções têm esse hábito de se esconderem no "por detrás" da realidade, fica clara a importância desse tipo de consideração. Porque, se não nos dermos conta dessa convergência acidental, as chances são que tomaremos nossas crenças como parte da constituição íntima da realidade — e nossa inteligência, no escuro, não pode distinguir imediatamente entre uma coisa e outra. Ao mesmo tempo, como em questões metafísicas não podemos recorrer diretamente à experimentação, parece que só poderemos excluir a influência das emoções posteriormente, por meio do processo indireto que já analisamos, o de "delimitar" o que a realidade pode ser. Assim, por exemplo, se temos provas de que a consciência é criada por nossos cérebros, já não faz sentido considerar a hipótese de que ela possa sobreviver à nossa morte, mesmo que sintamos que pode. Exclui-se assim a plausibilidade de certas hipóteses metafísicas, presumivelmente motivadas pelo efeito "morto fantasma", sobre termos alguma "alma imaterial".

Para não nos estendermos em demasia, apenas concluamos. De uma forma geral, tudo o que nos é emocionalmente importante parecerá exigir de nós, como vimos nos exemplos acima, uma espécie de interpretação inflacionário-metafísica da realidade — e nossas crenças fornecerão a "não-matéria" que constitui o não-mundo metafísico que imaginamos ficar por detrás da realidade física. Então, em poucas palavras, nós nos inserimos no mundo e, depois, em nos encontrarmos nele, passamos a acreditar que ele existe para nós e sem nós. Tendo em mente esse mecanismo, se quisermos chegar à noção mais exata possível da realidade, bastará imaginar o mundo, retirar dele a matéria, e prestar atenção àquilo que sobra. Depois colocar o mundo de volta, retirando dele apenas essa "coisa que sobra", que corresponde exatamente àquilo que havíamos projetado nele. Teremos diante de nós uma visão bastante exata da realidade, a qual coincidirá "magicamente" com a versão científica dos fatos.

3. ACREDITAR NA VIDA

É difícil defender, só com palavras, a vida, ainda mais quando ela é esta
que vê, severina. Mas se responder não pude a pergunta que fazia, ela, a
vida, a respondeu com sua presença viva. E não há melhor resposta que
o espetáculo da vida: vê-la desfiar seu fio, que também se chama vida,
ver a fábrica que ela mesma, teimosamente, se fabrica.
— João Cabral de Melo Neto

Somos seres vivos. Gostamos de viver. Isso nos é natural como respirar. Contudo, no que se baseia esse apreço pela vida? Ele faz algum sentido, pode ser racionalmente justificado? Se sim, como faríamos para explicá-lo a alguém que estivesse fora de nossa condição? Imaginemos que pudéssemos conversar com a matéria inanimada. Como faríamos para convencê-la de que viver faz sentido? Provavelmente começaríamos explicando aquilo que pensamos, aquilo que sentimos, e o quanto nos empenhamos para levar adiante nossos sonhos, incluindo todas as esperanças que nossos conhecidos depositaram em nosso potencial, ao que a matéria inanimada responderia:

— Fazer isso tudo, depois o quê?
— Depois nada. Vivemos, fazemos essas coisas, depois morremos.
— E que sentido faz isso?
— O sentido você mesmo constrói ao longo do trajeto.
— Mas que sentido faz você criar um sentido?
— O sentido é viver.
— Então o sentido é viver, e você só inventa um caminho.
— Sim.
— Mas por que viver?
— Porque quero.
— E que sentido faz querer?
— Faz sentido para mim.
— Mas é para mim que está tentando explicar.
— Você entenderia se estivesse viva.

Não é familiar? Exatamente o tipo de resposta que receberíamos de um religio-so quando se percebe incapaz de comunicar as experiências que o levaram a crer no que crê. Se, para justificar a vida, precisamos recorrer a esse tipo de argumenta-ção circular, tomando nosso próprio comprometimento pessoal como prova daquilo que defendemos, isso subentende que não temos motivos objetivos para crer no que cremos — do contrário nós os apresentaríamos, ao menos para evitar fazer papel de tolos. Sem dúvida, sentimos que a vida é importante, mas isso nada prova se não pudermos demonstrar essa importância por meio de fatos. Colocados nessa situação, nossa estratégia é sempre a mesma: partir para o apelo emocional — "não há melhor resposta que o espetáculo da vida". Trocando em miúdos, é preciso "sentir na pele". Exatamente como uma fé.

Para ilustrar alguns pormenores, pensemos em nós mesmos, naquilo que nos faz gostar da vida. Porém, não pensemos nas razões pelas quais vivemos, pensemos naquilo que realmente nos motivou a encontrar essas razões, no próprio desejo de viver que sentimos em nosso íntimo. Uma vez tenhamos nos concentrado nessa sensação, passemos à próxima parte. Suponha-se que alguém viesse até nós e demonstrasse, com uma argumentação impecável, que essa sensação é um equívoco, que estamos errados ao viver. Está matematicamente provado: viver é um erro terrível. Diante disso, qual seria nossa reação? Deixaríamos de viver? Muito dificilmente. O mais provável é que inventássemos um pretexto qualquer para invalidar essa prova. Por sua vez, se essa objeção fosse derrubada, nós, com a maior cara de pau, inventaríamos uma segunda, e assim sucessivamente. Nessa situação, por mais que se tentasse, nenhum argumento poderia nos convencer, pois sentimos a necessidade de viver como algo muito mais fundamental que a própria racionali-dade. O detalhe é que, se a prova matemática houvesse sido em favor daquilo sentimos, nós nunca a teríamos colocado em dúvida, por pífia que houvesse sido a demonstração.

Assim, conforme fazemos esse jogo de racionalizar aquilo que sentimos, note-se que utilizamos dois pesos e duas medidas: levantamos razões e mais razões para justificar aquilo que sentimos e, enquanto estão em nosso favor, achamos essas razões todas muito convincentes. Porém, o caso é que dificilmente aceitaríamos essas mesmas razões no sentido contrário, como uma refutação daquilo que sentimos, por melhor comprovadas que estivessem. Isso parece indicar que nossas razões são um subproduto de nossas convicções, não sua causa. Nessa ótica, nossas razões seriam algo como uma "representante" de nossas convicções, uma espécie de "infantaria linguística" por meio da qual lutamos em nome daquilo em que acreditamos (*i.e.* daquilo que "sentimos ser verdadeiro"). Então, mesmo que, na prática, sejam nossas razões que arregaçam as mangas e fazem o campo de batalha (os debates), não são elas próprias aquilo em que acreditamos, mas apenas um reflexo indireto disso, daquilo que sentimos.

Por basear-se nesse mesmo esquema emocional, um caso muito semelhante é a crença em deus. Pensemos a respeito: já vimos alguém acreditar em deus por haver encontrado provas de sua existência? Isso nunca ocorre. O que ocorre é justamente o contrário: partindo da convicção de que deus existe — geralmente nascida de alguma "experiência pessoal" incomunicável —, o indivíduo passa a buscar provas de sua existência, encontrando-as nas menores irrelevâncias. Assim, a partir de um comprometimento emocional prévio, trabalhamos em racionalizações que buscam justificar nossas posições. Agora, se pensarmos no caso da vida, teremos basicamente a mesma situação: alguém acredita que a vida é importante porque encontrou provas disso? Não. Simplesmente partimos desse pressuposto e trabalhamos racionalmente para justificá-lo. Conforme analisamos ambos os casos lado a lado, as similaridades apenas se multiplicam, mas não parece necessário entrarmos aqui nesse tipo de detalhe.

Basta, para nossos fins, observar que a anatomia de nossas crenças parece seguir sempre esse mesmo padrão, independentemente do conteúdo específico da crença em particular. Parte-se de uma convicção de base emocional, a qual é posteriormente racionalizada em alguma "teoria", mas a teoria mesma nunca chega a ter importância vital à nossa posição, pois ela é abraçada como consequência de nossa convicção, não como sua causa. Daí que, mesmo depois de refutados, não abandonemos nossa posição, pois nossa motivação primária para abraçá-la nunca foi racional, mas estritamente emocional. Ao mesmo tempo, como só podemos ser refutados racionalmente, e como nossas razões são apenas representantes de nossos verdadeiros motivos, a crença mesma permanece intocada ao longo de todo esse processo. Nessa ótica, como já observamos, a razão toma o aspecto de uma "testa de ferro" das emoções.

Para ilustrar de uma forma mais prática, vejamos como um indivíduo típico lida com questões dessa natureza. Perguntemos, por exemplo, qual é o "sentido da vida". O indivíduo responde, digamos, que "o sentido é ser feliz". Então perguntamos em que fatos ele se baseia para fazer tal afirmação. E o indivíduo invariavelmente começará a devanear a respeito de suas experiências pessoais. Contudo, o que queremos saber é: por que o sentido é ser feliz? Por que não é ser triste, ou ser rico, ou ser sábio, ou ser qualquer outra coisa? Se o indivíduo tem essa opinião, deve ter seus motivos. Então pedimos que os apresente com objetividade, indicando ao menos alguns estudos que demonstrem a validade de sua ideia. Porém, com isso o indivíduo apenas se irrita, como se estivéssemos zombando dele ao pedir esse tipo de coisa. Noutro caso, suponhamos que a resposta houvesse sido: "o sentido da vida é aproveitá-la ao máximo". Mas poderíamos questionar: e se não quisermos viver "ao máximo"? No que poderíamos nos basear para justificar a afirmação de que todos devem fazer o seu melhor? Por que não fazer o seu "mais ou menos", e depois relaxar? Que diferença fará? Para quem? O que essa afirmação, no fim das contas, quer dizer? Se simplesmente afirmássemos que devemos fazer o nosso pior, isso provaria alguma coisa? Novamente, o indivíduo apenas se irrita.

Estão presentes todos os sinais clássicos de fé. O mero fato de nossas "teorias" não se sustentarem nem mesmo diante dos questionamentos mais singelos e, ao mesmo tempo, permanecermos aferrados a elas, sem ceder a detalhes tão irrelevantes quanto o fato de elas não se enquadrarem na "limitada lógica humana" tem grande similaridade com a fé religiosa — só que, no caso, estamos diante de uma *fé na vida*. Em termos de conteúdo, a fé religiosa pode diferir da fé na vida, mas, em termos de estrutura, são virtualmente idênticas. Em primeiro lugar, nenhuma das duas tem base em evidências, não podem ser demonstradas como um fato natural. Em segundo, não são objetivas, isto é, interpretam a realidade a partir de um ponto de vista emocionalmente comprometido, o qual não pode ser comunicado meramente em termos racionais, mas apenas se houver um "fundo" de experiências emocionais compartilhadas. Dentro disso, ambas baseiam-se igualmente numa racionalização dessa "verdade emocional" que sentimos e, também igualmente, não há preocupação com validar objetivamente o conteúdo dessa crença: não importa por que se acredita, desde que se acredite. Como justificam-se, comportam-se e protegem-se de maneira idêntica, só podemos concluir serem posturas aparentadas.

Que nosso aferro pela vida é irracional, isso parece bastante claro. Porém, como é bem sabido, não costuma ser muito produtivo discutir sobre aquilo em que se tem fé. Como o conteúdo desse tipo de crença é meramente inventado para justificar uma convicção prévia, seria mesmo ingênua uma abordagem que focasse o conteúdo dessas crenças, como se pretendessem ser literalmente verdadeiras, e como se fizesse alguma diferença refutá-las. Discussões nesse nível não costumam levar a nada, e as razões disso são óbvias. Porém, essa abordagem combativa não parece apenas problemática do ponto de vista da eficácia. Para além desse detalhe, parece haver algo de fundamentalmente errado na ideia de se "refutar" o valor da vida, porque, afinal de contas, se tivéssemos sucesso nessa empreitada, teríamos demonstrado que devemos cometer suicídio, e não era essa a ideia. Tudo o que queríamos era demonstrar a falsidade dessa noção de sermos "importantes", mas isso, de alguma forma, parece arrastar implicações práticas.

Tendo em vista esse detalhe, talvez devêssemos reconsiderar nossa estratégia argumentativa como um todo, pois essa abordagem racional, focada no conteúdo de nossas crenças, parece claramente incapaz de lidar com o assunto de forma satisfatória. A impressão é que essa ótica pega o assunto "de atravessado", deixando de fora algo essencial, e não fica imediatamente claro que algo é esse. Sendo esse o caso, se quisermos aprofundar nossa compreensão do assunto, parece que teremos de ver além de nossos simbolismos. Para tal fim, em vez de analisar o conteúdo de nossas crenças, focaremos sua forma geral, procurando delinear sua função prática, o papel que executam em nossas vidas. Veremos que os resultados, em poucas linhas, serão muito mais interessantes que longas discussões sobre o sexo dos anjos.

* * *

Como dissemos, nossa crença de que a vida é importante decorre do fato de sentirmos que ela é importante. Contudo, por que sentimos que é importante? Qual o porquê dessa sensação? Parece prematuro simplesmente afirmar que essa sensação é uma fantasia, e encerrar a discussão. Em vez disso, não haveria alguma forma de abordar essa "importância" de modo a torná-la, se não justificável, ao menos inteligível? Talvez haja. Se distinguirmos entre necessidades físicas e necessidades funcionais, talvez comecemos a entender de que modo *olhar* para esse tipo de questão.

Como se sabe, a vida em si mesma é um processo físico. Porém, nem tudo o que fazemos se deve diretamente a necessidades físicas. Algumas de nossas necessidades são "assuntos internos" da vida. Parte de nossas necessidades é física, objetivamente orientada à realidade que nos circunda. Porém, parte delas é funcional, correspondendo não à realidade em si mesma, mas àquilo que precisamos *fazer* para nos perpetuarmos. Metaforicamente, é como se a vida criasse em torno de si — aos olhos do sujeito —, uma espécie de realidade virtual, a qual se "sobrepõe" à realidade física, criando um cenário psicológico que orienta nossas ações àquilo que, direta ou indiretamente, conduz à perpetuação da espécie. Nesse cenário, teremos coisas como fome, beleza, moral, prazer, desejo etc., e esses elementos regularão nosso comportamento, não em função do mundo em si, mas de como o *experimentamos*, e assim saibamos o que *fazer* em cada situação.[69]

Colocada apenas nesses termos, pode parecer uma ideia vaga. Então passemos a algo mais concreto. Pensemos em algumas de nossas necessidades básicas: alimentação, respiração, liberdade, socialização. Agora vejamos por que precisamos de cada um desses elementos. Alimentos são necessários para nos fornecer energia. A partir daquilo que ingerimos, retiramos a energia para a produção de moléculas adenosina trifosfato (ATP), as quais serão utilizadas em diversos processos celulares que nos mantêm vivos. Assim, apesar de comermos para satisfazer a fome, a alimentação remete a uma necessidade física, a algo que o organismo não pode satisfazer por si próprio: comemos porque precisamos da energia que está fisicamente armazenada nessas moléculas que ingerimos. A respiração responde igualmente à nossa necessidade física de oxigênio, sem o qual não podemos sobreviver. Como essa necessidade tem correspondência na realidade, de nada adiantaria simplesmente "acreditarmos" que temos oxigênio em nosso sangue. Precisamos efetivamente tê-lo, ou morremos.

Agora pensemos em nossa necessidade de ser livres. A liberdade pode ser prazerosa, mas corresponde a quê, na realidade física? Vimos que nosso cérebro não pode dar a fome por satisfeita sem que estejamos alimentados porque, se o fizesse, morreríamos. Mesmo assim, notemos que, em princípio, nada impediria que nos sentíssemos satisfeitos sem comer. O problema é que, independentemente de quão satisfeitos nos sentíssemos, a desnutrição eventualmente nos mataria. Por outro lado, no caso da liberdade, qual seria o impedimento para que nosso cérebro nos desse a sensação de que somos livres, sem que efetivamente fôssemos? Ao que parece, nenhum. Se nosso cérebro estivesse programado para tal, ele poderia simplesmente nos "dar" a sensação de que somos livres, mesmo que estivéssemos acorrentados. Como essa necessidade é apenas psicológica, criada por nós mesmos,

---

69. Por exemplo, podemos mencionar o fato de usarmos a beleza como um critério para selecionar nossos parceiros sexuais. Nessa equação, nosso cérebro cria, não apenas a beleza, mas também a preferência por corpos belos, ou seja, cria o cenário todo — e apenas em termos psicológicos. A necessidade de encontrar parceiros belos só existe em nossas mentes, e a beleza também, mas, mesmo assim, ela orienta nosso comportamento à perpetuação da espécie, pois faz com que favoreçamos o contato com organismos saudáveis (na suposição de que a beleza seja uma aproximação que fazemos da saúde do organismo).

não haveria quaisquer implicações imediatas nisso, diferentemente do caso da fome, que teria implicações fatais por estar atrelada a uma necessidade física, e não apenas funcional. Nesse caso particular, o interessante está em perceber que a realidade física torna-se, por assim dizer, supérflua, pois funciona apenas como um *feedback* para o que devemos sentir.

Assim, enquanto a respiração é uma necessidade *objetiva*, a liberdade é uma necessidade *subjetiva*: trata-se de uma carência que nosso próprio cérebro cria, e que nosso próprio cérebro decide quando foi satisfeita — uma necessidade inteiramente "virtual", que nossa espécie desenvolveu ao longo de sua evolução como uma estratégia de sobrevivência, como uma forma de regular seu próprio comportamento. O mesmo se aplica à necessidade de socialização. Precisamos ter amigos, mas essa necessidade não corresponde a algo de que literalmente precisemos. Essa necessidade é criada por nossos cérebros porque ter amigos foi útil à nossa sobrevivência enquanto espécie. Assim, fisiologicamente falando, nada acontecerá conosco se não tivermos amigos: não vamos adoecer, definhar e morrer, como se tivéssemos parado de nos alimentar. Necessidades funcionais só são importantes por aquilo que precisamos fazer para satisfazê-las, não por si mesmas.

A conclusão é que, à parte nossas necessidades mais básicas de sobrevivência, que têm correspondência na física, o restante de nossas vidas é um "fantasma da função", um *script* comportamental que a vida criou para si própria conforme isso a ajudou a sobreviver. Essa porção virtual não corresponde a nada na realidade em si mesma, mas corresponde funcionalmente à perpetuação da vida, isto é, ao que precisamos fazer para que a vida continue existindo.

Para nossos fins, era só a esse ponto que queríamos chegar. Mas o que ele nos mostra? Em si mesmo, não mostra nada. Contudo, exemplifica muito bem o tipo de *olhar* que devemos lançar a nós mesmos para entender essa espécie de assunto: um olhar funcional, como se fôssemos máquinas — não um olhar interpretativo, como se fôssemos um texto. A importância dessa abordagem é que, ao lançar um olhar funcional sobre nossas motivações, conseguimos finalmente superar as dicotomias certo/errado, verdade/ilusão, as quais nos faziam andar em círculos explicativos conforme tentávamos determinar a veracidade de algo que só possui valor prático (como se abríssemos uma máquina e perguntássemos se suas engrenagens são "verdadeiras" ou "falsas").

No caso, buscávamos entender nossas crenças do ponto de vista do conteúdo de nossas racionalizações, como se elas fossem literalmente verdadeiras, mas essa parece uma abordagem equivocada. Em vez disso, nessa segunda abordagem, somos levados a perguntar, não pelo conteúdo de nossas crenças, mas por sua função: o que acreditar nisto ou naquilo nos leva a fazer? Qual a função de nossas crenças? Passamos a focá-las à luz do papel que executam em nossas vidas, não de seu conteúdo. Como resultado, em vez de discutir sobre "qual lado está certo", procuramos entender o que *ter um lado* nos leva a fazer. Esse ajuste de perspectiva torna a questão toda muito mais compreensível.

Assim, em vez de perguntarmos se somos "realmente" importantes, a pergunta que fazemos é: qual a função de nos sentirmos importantes? E a resposta será óbvia: promover a sobrevivência. O que mais poderia ser? Promover a explicabilidade de nossos anseios? Nesse contexto, parece evidente o equívoco de considerarmos esse tipo de questão em termos de certo ou errado. Porque, se devemos viver, é pelo mesmo motivo que devemos comer: porque funciona. Certo e errado não entram nessa equação, senão como aquilo que funciona ou não. Lembremos: somos máquinas de sobrevivência, não personagens de uma história em quadrinhos. Como qualquer máquina, estamos programados para fazer certas coisas porque elas funcionam — ou ao menos funcionaram em nosso passado evolutivo —, não porque fazem sentido.

Nessa perspectiva, como a motivação já não precisa ser considerada em termos de verdade, mas apenas em termos de funcionalidade, fica fácil encaixarmos inclusive nossa fé nesse esquema. Claro, não como uma forma de entender o mundo, mas como uma forma de fixar comportamentos úteis. Lembremos que nossas crenças são reflexo daquilo que sentimos, e aquilo que sentimos tem a função de orientar nossas ações. Logo, a racionalização de tais sentimentos, conforme constitui o conteúdo de nossas crenças — *i.e.* de nossas "verdades pessoais" —, só poderia ser compreendida adequadamente no contexto da vida prática, como tendo um caráter *normativo* sobre nossas ações, nunca um caráter explicativo sobre a realidade. Ainda que haja muita confusão entre ambas as coisas, em algum nível nós parecemos enxergar "através" dessa confusão. Dizemos isso porque, de uma forma mais ou menos intuitiva, tendemos a encarar a religião como um "guia moral", mas dificilmente como uma fonte de conhecimento, quer acreditemos em deus ou não.

✳ ✳ ✳

Agora retomemos a ideia inicial. Se definirmos *fé* como uma crença de fundo emocional que não tem correspondência nos fatos (pois quando nossa fé corresponde aos fatos ela não se distingue de conhecimento), seremos capazes de englobar nossa *autoestima* — *i.e.* o amor da vida por si mesma, e a crença reflexa de que somos importantes — como uma fé na vida. Teremos então entendido nosso comportamento como uma espécie de superstição biológica baseada em algoritmos de autoperpetuação — um "ritual de sobrevivência", por assim dizer. Pode parecer uma ideia descabida, mas, considerando a natureza impessoal da realidade que nos criou, não parece haver outro modo de interpretar nossas vidas, de entender por que fazemos o que fazemos, senão supor que isso, de pouco em pouco, por tentativa-e-erro, foi desenvolvendo-se lentamente por meio da seleção natural.

Ao menos da parte da natureza, não parece haver problema nesse tipo de abordagem. Não precisa fazer sentido, só precisa funcionar: essa sempre foi a regra de ouro da evolução. Se, para nos convencermos, quisermos outros exemplos desse princípio, basta observar quantos rituais de acasalamento estranhíssimos evoluíram em outras espécies. Perceberemos que essa ideia não é apenas tangível, mas na verdade quase trivial, um fenômeno corriqueiro no mundo natural. Considerado nesse contexto, nosso comportamento já não precisa fazer sentido, assim como nossos pulmões não precisam fazer sentido. Sendo apenas mais uma peça de nossa maquinaria biológica, nosso comportamento não precisa fazer sentido ou ser racionalmente justificável, só precisa funcionar.

Claro que, em nosso próprio caso, por havermos evoluído como uma espécie capaz de aprender e refletir, tornamo-nos capazes não apenas de fazer nosso "dever de casa", mas também de entender a função desse dever, e não só em termos simbólicos, mas literais. Entendemos não apenas como nos reproduzimos, mas também por que nos reproduzimos, e que essa reprodução, em si mesma, não tem sentido, só tem função. Naturalmente, seríamos os últimos a negar o quanto isso tudo é insólito. Caímos de paraquedas nessa megaestrutura de gambiarras evolutivas, e não foi fácil colocar cada peça em seu lugar. Mesmo assim, parecem ser poucos os que conseguem assimilar esses fatos sem enlouquecer, pelo menos um pouco.

4. RODEIOS BIOLÓGICOS

Enquanto agimos, temos uma finalidade. Uma vez terminada a ação,
ela tem para nós tão pouca realidade quanto o fim que buscávamos.
Nada consistente havia, pois, nisso tudo, salvo o jogo. — E. M. Cioran

O "fantasma da função" envolve a ideia de que, para além de nossas necessidades básicas de sobrevivência, o restante de nossas vidas só tem valor funcional.
Nossas complexas necessidades psicológicas, sociais e emocionais seriam apenas
para regular nosso comportamento enquanto espécie. Noutras palavras, um rodeio
biológico. Se a ideia nos parece exagerada, talvez fosse o caso de revermos nossa
perspectiva: todas as espécies são assim. Por que seríamos uma exceção? Como
qualquer espécie, surgimos por meio da seleção natural, não havendo, portanto,
outro meio de entender como viemos a ser o que somos.

✱ ✱ ✱

Lembremos que a seleção natural engloba duas noções: a luta pela sobrevivência e a — menos famosa — luta pela reprodução. Essa distinção é importante
porque o "fantasma da função" é mais influenciado pela seleção sexual que pela
seleção natural.[70] Para perceber a razão disso, façamos um rápido esboço de ambas
as seleções.

A luta pela sobrevivência diz respeito a coisas como encontrar alimento, água,
abrigo, segurança etc.; ou seja, trata-se de uma luta orientada pela realidade num
sentido bastante objetivo, referindo-se a necessidades que não podem ser satisfeitas
como bem entendermos. Por exemplo, se sentirmos nosso apetite saciado apenas
porque alguém nos admira, morreremos de fome. Similarmente, se nos sentirmos
protegidos apenas porque estamos bem alimentados, seremos presas fáceis. Para

---

70. Ao fazer essa oposição entre "seleção natural" e "seleção sexual", entenda-se que falamos
da "seleção natural" apenas no sentido de luta pela sobrevivência. Em rigor, essa oposição
está incorreta, mas ela se justifica pela falta de uma expressão que oponha, de uma forma
clara, a luta pela sobrevivência à seleção sexual — algo como "seleção sobrevivental" [sic].

termos chances decentes de sobreviver, será preciso que nossa saciedade corresponda à presença de alimentos nutritivos em nossos sistemas digestórios. Pela mesma razão, a sensação de segurança deve corresponder a estarmos de fato protegidos. Esse tipo de necessidade não depende de nós, daquilo que "sentimos": organismos sem energia morrem, e seria inútil simplesmente "acreditar" que estejamos bem alimentados, pois morreremos da mesma forma. Não existe ATP psicológico. Os exemplos podem ser simples, mas são apenas para ilustrar a natureza objetiva dos desafios que a luta pela sobrevivência costuma nos impor.

Por outro lado, no tocante à seleção sexual, já não há essa mesma rigidez, essa relação direta e exata com uma realidade impessoal e inflexível, pois a seleção dos melhores parceiros sexuais é feita por nós mesmos, não pelas circunstâncias acidentais de um ambiente inanimado. Por isso mesmo, em vez de originar necessidades objetivamente orientadas — como encontrar fontes de energia —, a seleção sexual, por depender de como julgamos os demais e de como somos julgados por eles, tende a criar necessidades subjetivas, a serem satisfeitas em nossa relação uns com os outros.

Como essas necessidades subjetivas não correspondem a nada na realidade exterior, pode-se dizer que elas são, por assim dizer, virtuais: um "assunto interno" da espécie. Para ilustrar, pensemos, por exemplo, nos critérios pelos quais um organismo julga o outro atraente. Aquilo que nos atrai no outro depende da realidade em si, num sentido objetivo? Na verdade, não. Porque, quando falamos de depender da realidade num sentido objetivo, queremos dizer algo como: "respirar porque precisamos de oxigênio". Nesse caso específico da respiração, será preciso nos ajustarmos ao comportamento de uma realidade exterior, que é indiferente aos nossos desejos. A necessidade de respirar é objetiva porque o oxigênio não é "criado" por nossa respiração. Mas a beleza, por outro lado, é sem dúvida criada por nós. Ela não está na realidade exterior: está, como se diz, nos olhos de quem vê. Por isso humanos acham humanos atraentes, enquanto macacos acham macacos atraentes, mas ambos respiram o mesmo oxigênio. A beleza depende de como nossos cérebros estão programados; o oxigênio, de como a realidade funciona.

A função da respiração é óbvia, mas qual a função da beleza? Em tese, a beleza funciona como um indicador de nossa aptidão reprodutiva. Claro que, em nossa espécie, a beleza não é muito determinante, mas certamente tem seu peso na escolha de nossos parceiros sexuais. Sabemos que a beleza nos atrai, mas por quê? Porque julgar belos os indivíduos saudáveis nos dá melhores chances procriar, de ter uma prole saudável. Naturalmente, nada impediria que nos apaixonássemos por indivíduos doentes, só que, nesse caso, seria muito reduzida a chance de nossa prole ter um futuro promissor. Continuando nesse raciocínio, fica fácil perceber que a beleza remete ultimamente às estratégias que desenvolvemos no processo de competir uns com os outros pelos melhores parceiros sexuais.

Naturalmente, esse processo todo, apesar de complexo, não tem qualquer "finalidade última". É, no fim das contas, apenas um jogo — e jogos, no contexto evolutivo, são para definir nossa aptidão enquanto parceiros sexuais, não para alcançar algum "objetivo". Por isso mesmo, podem ser jogos quaisquer. Como não correspondem a nada na realidade exterior, os jogos e suas regras são arbitrários, mas perceba-se que não o são os critérios pelos quais selecionamos os jogadores: queremos sempre os melhores, os vencedores. Gostar de vencedores nos dará filhos vencedores. Gostar de perdedores nos dará filhos perdedores, inclusive na competição por recursos. É um mecanismo bem básico, mas funciona. A simples diferença na taxa relativa de sobrevivência cria a tendência de nos sentirmos atraídos sempre pelos melhores jogadores, não importando de qual jogo.

Para exemplificar essa seleção na prática, pensemos num esquema simples entre machos e fêmeas: os machos escolhem as fêmeas por sua capacidade de conceber filhos saudáveis e as fêmeas escolhem os machos pela quantidade de poder que possuem sobre os demais, por seu lugar na hierarquia social (e suponha-se que houvesse algum benefício indireto em ocupar elevados postos sociais: que determinasse, por exemplo, a quantidade de alimento à qual se tem direito). No mundo natural, isso significaria que os machos lutariam entre si pelas fêmeas, e lutariam com bravura proporcional à fertilidade da fêmea em questão, enquanto as fêmeas só teriam o trabalho de escolher os vencedores. Nesse esquema, por não arcarem com os custos da gestação, seria provável que machos desenvolvessem a estratégia de tentar inseminar toda e qualquer fêmea possível. Contudo, incorporar essa variável complicaria muito nosso exemplo. Então, para tornar a decisão do macho tão crítica quanto a da fêmea, suponha-se que ele só pudesse ejacular uma única vez a cada nove meses. Nessas circunstâncias, nenhum macho lutaria por uma fêmea que não fosse fértil, assim como nenhuma fêmea sentiria atração por um macho perdedor.

Como o investimento de ambos é grande, ambos desejarão conquistar o melhor par possível do sexo oposto. O caso é que nem todos conseguirão. As fêmeas mais férteis recusariam as investidas de machos fracos. Os machos mais fortes não se arriscariam com fêmeas inférteis. Assim, apenas os machos mais fortes conseguiriam copular com as fêmeas mais férteis. Em consequência, os machos perdedores tenderiam a desaparecer da população, pois copulariam com fêmeas pouco férteis, que teriam menos chances de conceber, desaparecendo também. A seleção sexual, aqui, favorece os machos mais fortes e as fêmeas mais férteis. Naturalmente, como herdamos as características de nossos pais, a próxima geração, representada pelos melhores da geração passada, competirá dentro desses mesmos critérios pela chance de determinar a constituição genética da geração seguinte, e assim sucessivamente. Como, a cada geração, os melhores são selecionados, cria-se uma competição cada vez mais acirrada e especializada.

Claro que, nesse exemplo, os marcadores de aptidão são bastante singelos, mas isso é algo que, em vez de prejudicar, nos ajuda a entender a ideia geral. Para fins de clareza, poderíamos simplificar ainda mais, exibindo tais marcadores numericamente, algo que deixará o processo quase transparente. Suponha-se então que o histórico de cada organismo fosse representado por números escritos em seu ombro (algo como um *display* digital de base biológica). No caso das fêmeas, indicaria quantos filhos já teve e suas atuais chances de conceber um filho saudável. No caso dos machos, a quantidade de lutas das quais já participou, e quantas delas venceu. Nesse contexto, uma fêmea 0/99% seria muito mais atraente que uma fêmea 5/32%. Seria, na verdade, o sonho de todo macho. Imaginemos então que houvesse dois machos iguais lutando por ela. Por exemplo, dois machos 100/100%: ambos venceram todas as cem lutas de que participaram, e ambos querem essa fêmea. Como são veteranos bem-sucedidos, a fêmea teria atração pelos dois, mas o detalhe é que só poderia engravidar de um. Então que seja do melhor deles. Mas como decidir qual é o melhor? Como não há meios de "adivinhar" esse tipo de coisa, é exatamente aqui que entra o valor dos jogos, pois funcionam como uma forma de evidenciar a aptidão relativa dos organismos conforme competem diretamente uns com os outros. No caso, os machos lutariam bravamente entre si e, claro, eventualmente um deles terá de perder, tornando possível discernir qual é o melhor. Um se tornaria 101/100%, enquanto o outro se tornaria 101/99%. A fêmea, inspecionando o valor exibido no ombro de ambos, julgaria mais atraente o macho 101/100%, e assim seria feita a seleção sexual por critérios totalmente internos à espécie.

No exemplo acima, os organismos competem por meio da força bruta. Porém, se colocarmos um cérebro complexo nessa equação, já não precisaremos competir literalmente, por meio de lutas: competiremos mentalmente, por meio de representações. Nesse caso, uma fêmea poderia sentir-se atraída por um macho — ou *vice versa* — por vários motivos sutis que, indiretamente, indicam sua aptidão: beleza, saúde, dinheiro, fama, *status*, inteligência etc. Com essa seleção sexual abstrata, os critérios ficam mais fluídos, mais complexos, mais refinados — escolher torna-se um jogo psicológico.[71]

Um jogo certamente complexo, mas ao mesmo tempo destituído de qualquer relação direta com a realidade. Para ilustrar esse distanciamento, pensemos, por exemplo, na luta por *status*. É essencial que tenhamos um bom *status* para sobreviver? Não. Mas é essencial para termos bons parceiros sexuais. Por isso nos importa ter boas reputações. Claro, ter reputações ruins não nos matará, mas diminuirá grandemente as chances de encontrarmos bons parceiros sexuais, tornando essa inclinação bem pouco "hereditária". Portanto, ainda que queiramos ter boas reputações, esse é o tipo de coisa que só importa aos nossos olhos. Como só tem relação com nós mesmos, a reputação pode ser entendida como um "assunto interno" de nossa espécie, como um jogo em função do qual competimos entre nós mesmos.

Por sua vez, esses jogos são arbitrários, não faz muita diferença qual é o jogo, desde que sejamos bons nele, e que seja difícil ser bom, que isso prove algo sobre nossas competências. Podemos competir ganhando dinheiro, sendo bons em xadrez, cultivando erudição, vencendo campeonatos de tiro ao alvo, desfilando belos carros — não faz muita diferença a modalidade escolhida. O importante é que participemos de um jogo, e que esse jogo distinga entre vencedores e perdedores, e que vença o melhor. Claro que esse modelo, ao lado de nosso comportamento, é algo bastante simplificado, mas ao menos nos ajuda a entender como utilizamos os jogos para nos "medirmos" por meio da competição.

Para nossos fins, não é preciso explorar a ideia para além desse ponto. Esse processo todo é bem conhecido, e já foi descrito por diversos autores,[72] inclusive pelo próprio Darwin. Só precisamos, aqui, ter em mente a ideia geral. Essa explicação preliminar foi para entendermos nosso comportamento de uma forma ampla e, ao mesmo tempo, objetiva, criando assim um modelo básico no qual encaixar nossas vidas. Agora nosso foco será analisar como experimentamos esse jogo enquanto sujeitos, abordando essa mesma questão do ponto de vista de nossa vida pessoal.

---

71. Note-se que essa é uma das possíveis explicações para o fato de termos cérebros tão grandes: eles serviriam justamente como um ornamento sexual.
72. Em especial, mencionemos o trabalho de Geoffrey Miller em *A Mente Seletiva*.

✳ ✳ ✳

Estivemos, até aqui, centrados na perpetuação genética. Porém, se não é esse o nosso foco principal, por que nos demos ao trabalho de explicá-la? Porque, para podermos considerar o ponto de vista do indivíduo de uma forma compreensível, temos antes de considerar como esse organismo surgiu, como chegou até aqui. Assim, esse trabalho prévio de esboçar o contexto de nossas necessidades é importante porque nos fornece uma linha-guia a partir da qual interpretar nossas necessidades de uma maneira coerente, em vista do conjunto como um todo — evitando a comum tendência de nos fecharmos em nosso mundo de subjetivismos.

Para uma compreensão de longo prazo sobre nós mesmos, o DNA é sem dúvida importante, mas só nesse nível geral (não há como escapar disso porque, lembremos, quem não manifesta comportamentos que perpetuam genes desaparece em uma geração). Porém, do ponto de vista do organismo, o DNA parece irrelevante. Mesmo porque, não fosse pela ciência moderna, nem saberíamos que existe isso de "DNA". Assim, apesar de ser a razão pela qual existimos, a ideia de perpetuação genética, para nós, não tem qualquer apelo psicológico. Nenhum organismo perpetua-se porque pensa carinhosamente em seus filamentos de DNA. Mas isso apenas porque organismos não precisam realmente preocupar-se com seu DNA, não precisam entender seu funcionamento: só precisam entender como perpetuá-lo. Esse limitado "entender como perpetuá-lo" é onde nossas vidas pessoais se encaixam — ou, melhor dizendo, se estancam.

Como se supõe, essa é a razão pela qual, enquanto organismos, somos orientados à perpetuação de nossos genes, não em termos genéticos, mas em nossos próprios termos (*e.g.* falamos de "sangue" em vez de DNA, em sexo em vez de fecundação, em namoro em vez de cortejo, em filhos em vez de perpetuação, e assim por diante). Nós, enquanto organismos, não temos consciência de como nos encaixamos no todo: sabemos apenas o que fazer, mas não sabemos a razão disso, como que especializados em algo que não entendemos. Esse mecanismo nos torna naturalmente alienados de nossa natureza, fechados num "universo humano" que ignora suas próprias forças motrizes.[73] Claro que, do ponto de vista da evolução, não há nada de errado nisso. Se, enquanto organismos, não precisamos entender

---

73. Um solo obviamente rico para o florescimento de superstições, pois nossa compreensão da realidade terá de ser basicamente "inventada" por nós mesmos conforme interagimos com o ambiente.

tudo, então não vamos entender tudo. Desde que funcione, não há problema.

Tendo tais detalhes em mente, podemos agora passar à perspectiva do organismo por si mesmo. Essa é a parte mais fácil. Como somos nós próprios esses organismos, conhecemos em primeira mão essa perspectiva. Basta então nos interrogarmos: de nosso ponto de vista, o que estamos buscando quando fazemos aquilo que, indiretamente, sabemos que promoverá nossa perpetuação? Por que temos *hobbies*? Por que fazemos sexo? Por que queremos seduzir certa pessoa? Por que viajamos? Por que queremos um bom emprego? Por que queremos ser reconhecidos? Por que queremos ter amigos? Temos vários motivos para cada uma dessas coisas, mas ultimamente o que esperamos delas é algum prazer.

Da vida, esperamos que ela nos dê prazer. Contudo, não podemos simplesmente cruzar os braços, sentarmo-nos numa poltrona e ter prazer. Temos de fazer por merecê-lo. Por isso temos ambições, metas, planos, objetivos. Jogamos alto, arriscamo-nos em coisas novas. Chamamos isso de "sonhar". Na prática, "acreditar em nossos sonhos" geralmente envolve um esforço contínuo em "alcançar" isto ou aquilo, que em geral será algo muito difícil. Mas, de nossa parte, tudo bem. Porque, em nossas cabeças, é a própria luta que dá sentido à vida. É justamente o esforço — a pena — que faz a vida valer a pena.[74] Vivemos nessa constante luta para nos "superarmos", tentando ser tão bons quanto o possível, pois isso seria "aproveitar a vida".

Agora pensemos: todo esse esforço é feito a troco de quê? O que queremos com isso tudo? Queremos ser felizes. E ser felizes significa o quê? Uma vez mais, prazer. Tudo gira em torno disso. Lutamos pelo sucesso porque pessoas bem-sucedidas sentem-se melhor que as que perdem (ou ao menos é essa a premissa que nos move). Estamos, nesse processo todo, buscando algum objetivo? Não. Buscamos apenas nossa satisfação, buscamos prazer. Achamos esse prazer, e depois o quê? Depois nada. Depois morremos, como todo animal. Nenhum mistério nisso. O caso é que, como recompensas de prazer não estão diretamente sob nosso controle, precisamos fazer todos esses "rodeios" para ser recompensados, sendo justamente esses "rodeios" que criam e sustentam a sociedade. Ou seja, fazemos a coisa toda acontecer nesse processo de buscar prazer, e em geral nem nos damos conta disso, pois estamos focados apenas em nossa fatia do bolo.

---

74. E isso é tão circular quanto parece.

236

✷ ✷ ✷

Para ilustrar como tais "rodeios" se encaixam em nossas vidas práticas, pense-mos, por exemplo, em insônia. Que tipo de coisa nos causa insônia? Geralmente são preocupações com problemas do dia a dia, ansiedades sobre o futuro, expecta-tivas envolvendo algum evento importante, e assim por diante. Mas pode ser também indigestão, torcicolo ou simplesmente um dia de verão. Podemos mesmo ter insônia crônica. São várias causas possíveis. Porém, supondo-se que durmamos regularmente bem, em regra só teremos insônia em função de situações problemá-ticas, estressantes, nas quais há algo importante em jogo. Não dormimos porque estamos "preocupados", mas queremos estar preocupados? Em geral, não. Quere-mos sinceramente dormir. Contudo, podemos simplesmente escolher dormir? Não. O cérebro não nos dá essa opção — não diretamente. Em vez disso, ele barganha: se resolvermos o problema, teremos nosso sono de volta. Isso revela que essa insônia não é realmente um "defeito" em nosso ciclo de sono, mas algo intencional, uma espécie de "chantagem" de nosso cérebro. A ideia fica óbvia se observarmos que não foi o problema que nos tirou o sono: foi nosso próprio cérebro. Ele tira nossa "paz" para que demos atenção a um problema *xis* cuja resolução nos dará de volta essa mesma paz. Em função disso, somos levados a realizar um "rodeio" no mundo exterior para ter algo que, a princípio, poderíamos ter a qualquer momento (sono), mas que não está sob nosso controle voluntário.

Agora vejamos essa insônia num contexto mais amplo. Suponha-se que estivés-semos com insônia porque amanhã teremos uma prova importante. Sendo uma prova muito difícil, seria preciso que estudássemos para ter um bom resultado. Naturalmente, se houvéssemos feito nossa parte, se estivéssemos perfeitamente preparados para essa prova, seria muito improvável termos insônia, pois a questão seria somente ir até lá e dar as respostas certas. Estaríamos perfeitamente tranqui-los quanto a isso. Porém, despreparados, sentimo-nos inseguros. A insônia surge como uma tentativa do cérebro de nos fazer "resolver" o problema, ainda que ele não possa ser resolvido à véspera da prova. Naturalmente, se pudéssemos paralisar a passagem do tempo nessa última madrugada disponível, estudaríamos tudo o que fosse preciso para resolver nosso problema. Mas, como não podemos, parece que só nos resta enfrentar a insônia. Ainda assim, há o seguinte detalhe: se fôssemos informados de última hora que o tema da prova fora mudado para outro que, por sorte, dominamos perfeitamente, a insônia desapareceria "magicamente", e dormiríamos tranquilos.

Vejamos as duas coisas que estão envolvidas aqui. Por um lado, temos um objetivo exterior, dependente de certo desempenho de nossa parte, de uma demonstração pública de nossas habilidades (conseguir uma boa nota). Nosso cérebro, por meio de reações químicas, poderia controlar o mundo exterior, fazendo com que nos desse uma boa nota? Não. Isso precisa ser feito objetivamente: nossa reputação depende de efetivamente irmos até lá com uma caneta no bolso e mostrarmos nosso potencial. Mas, por outro lado, notemos que está sob nosso controle o que buscamos por meio disso: prazer. Perseguimos esse objetivo real, externo, não por ele mesmo, mas em troca da paz, da sensação de dever cumprido, de bem-estar, de reconhecimento, desses diversos nomes que damos às recompensas de prazer. E lembremos que nosso cérebro pode nos dar essas recompensas a qualquer momento, sempre pôde, mas não vai, a não ser que "mereçamos".

O exemplo ilustra como nosso sistema educacional se encaixa nesse "rodeio biológico" por meio do qual o cérebro nos leva a realizar ações socialmente relevantes em troca de recompensas de prazer. Se quisermos nos dar ao trabalho, podemos encaixar tantas peças quanto quisermos nesse modelo: estudamos para ter bons empregos, pois bons empregos nos darão dinheiro, que nos permitirá comprar carros e pagar viagens, nas quais conheceremos uma pessoa especial com a qual compartilhar nossas vidas e criar uma família. Agora multipliquemos isso por centenas de milhares de pessoas: teremos uma cidade. Por centenas de milhões: teremos um país. Assim se constrói a realidade como a conhecemos.

5. FANTASMA DA FUNÇÃO

Dizem que o que todos procuramos é um sentido para a vida. Não penso que seja assim. Penso que o que estamos procurando é a experiência de estar vivos, de modo que nossas experiências de vida, no plano puramente físico, tenham ressonância no mais íntimo de nosso ser e realidade, e assim realmente sintamos o arrebatamento de estar vivos.
— Joseph Campbell

O modo como apresentamos a discussão até aqui nos permitiu entender o contexto no qual surgiram nossas necessidades de jogar tanto em nível genético quanto em nível de organismos. Porém, ainda temos de relacionar essa questão à nossa necessidade de "acreditar". Sabemos que nossas crenças preenchem uma lacuna que a natureza deixou em nossa compreensão, e que isso ocorreu pelo fato de não ser realmente necessário entendermos tudo o que se passa. Mas ainda não investigamos como isso repercute em nossas vidas subjetivas, como experimentamos tais coisas em nossas próprias peles. Esse será o objetivo desta última reflexão.

✳ ✳ ✳

Vimos que o organismo faz parte de um grande processo, mas que só tem consciência do papel específico que deve executar. Uma metáfora para isso seria um operário que, numa linha de montagem de sofisticados carros esportivos, só sabe apertar um parafuso específico da porta. Ele sabe tudo sobre o parafuso, e os aperta como ninguém, com toda a sua alma. O porquê ele não sabe, mas a sensação é ótima. Isso ilustra a mentalidade com que costumamos viver nossas vidas: limitamo-nos ao necessário, entendendo apenas como alcançar e repetir os prazeres que nos seduzem.

Agora, tendo esse mecanismo em mente, tentemos encaixar algumas outras peças. Como estamos considerando o ponto de vista do organismo nesse processo de "acreditar" em coisas enquanto luta para alcançar seus objetivos, talvez fosse oportuno começarmos pelo papel da consciência nisso tudo. Sabemos que, em vista do todo, nossa consciência é bem pequena. Ignoramos quase tudo o que se passa em nossos corpos. Ignoramos quase tudo o que se passa no mundo. Ignoramos quase, mas não tudo. Temos consciência de algumas coisas. Mas que coisas? E por quê? O que faz com que algo se torne consciente em nós? Por que conscientes disto, mas não daquilo? Seria fácil responder que podemos pensar o que quisermos, mas não é esse o foco de nossa abordagem. Mesmo que estejamos falando de pensamento, não há espaço para falarmos aqui de "liberdade", pois livre-arbítrio é somente uma metáfora para a autonomia dos organismos. Essa liberdade é conceitual — e queremos entender, não o conteúdo, mas a função de nossa consciência. Nossos pulmões servem para realizar trocas gasosas. E nossas consciências, servem para quê?

Prestemos atenção ao modo como os pensamentos ocorrem em nossas consciências ao longo do dia: nós escolhemos aquilo que pensamos? Com alguns instantes de introspecção, veremos que a resposta é não. Nossos pensamentos não são escolhidos: eles, como que por mágica, simplesmente "aparecem" em nossas consciências. Mas com que fim nossos cérebros tornam conscientes especificamente esses conteúdos? A resposta não parece estar longe. Basta lembrar: com que fim ele nos mantém acordados quando temos insônia? Sempre há algum "problema" a ser resolvido. Por exemplo, se nosso corpo todo estiver em perfeita saúde, mas tivermos na ponta do pé uma pequena mordida de inseto, nossa consciência toda se voltará a esse desconforto: pensaremos repetidamente em como essa coceira é irritante, e em como poderíamos aliviá-la facilmente se tivéssemos esta ou aquela pomada. Noutras palavras, focamos os problemas. A consciência é uma "resolvedora" de problemas.

Para uma versão mais detalhada desse processo, imagine-se que temos uma bicicleta com a qual vamos ao trabalho todos os dias. Por vários anos, sempre tivemos esse costume, e ela sempre se mostrou confiável. Sabemos que ela tem vários mecanismos e engrenagens, mas nunca nos demos ao trabalho de entendê-los. Ela funciona: é tudo o que precisamos saber. O resto é pedalar, e até aqui esse esquema tem funcionado bem. Porém, certo dia essa bicicleta começa a apresentar problemas em sua caixa de marchas. Pela primeira vez, nós teremos "interesse" nessa parte do sistema: tornamo-nos conscientes dessa caixa de marchas, atentamos ao seu funcionamento, mas apenas porque ela passou a representar um problema. Tendo conhecimentos básicos de mecânica, conseguimos consertar o sistema, mas ele quebra novamente no dia seguinte, e assim sucessivamente. Precisando realizar consertos frequentes, e tendo de prever sinais de falha, passaremos eventualmente a entender como marchas funcionam, nos tornaremos "esclarecidos" a seu respeito. Nesse ínterim, notemos que todo o resto permanece inconsciente: não pensamos sobre os aros, sobre os pneus, sobre coisa alguma além do necessário. Pensaremos em outras coisas quando essas outras coisas apresentarem problemas. Assim, como a consciência se direciona à resolução de problemas, nós nos tornamos conscientes das coisas basicamente à medida que elas desandam. Sobre todo o mais, é como se "dormíssemos".

Imagine-se que estivéssemos diante desse problema no câmbio de nossas bicicletas. Há duas reações básicas diante desse algo que "contraria" nosso desejo de chegar ao trabalho. Podemos praguejar, chutar, tentar "intimidar" esse mecanismo. Zangar-se é uma típica reação infantil diante de uma situação com a qual não sabemos lidar, mas esse tipo de abordagem só dá resultados com pessoas. Passados alguns instantes, a indignação cede, pois é improdutivo protestar contra objetos inanimados. Chutes não vão resolver nosso problema e, não havendo pessoas por perto para nos ajudar, vemo-nos limitados aos nossos próprios recursos. Nessa situação, se não encontrarmos uma forma de resolver o defeito nos termos que ele nos impõe — e não nos termos que gostaríamos de impor-lhe —, não conseguiremos o que queremos, que é continuar pedalando. Ou mudamos nossa abordagem, ou ficamos à deriva. Dada a circunstância, permanecer ignorantes a respeito de caixas de câmbio já não parece viável. Acalmamo-nos e passamos a inspecionar o mecanismo com atenção, tentando identificar o problema.

Nosso cérebro partiu para a abordagem mais custosa: investir em pesquisa e desenvolvimento, entender o problema conscientemente. Depois de alguns instantes de análise, articulamos uma estratégia para a resolução do problema e a colocamos em prática. A bicicleta está consertada. Ótimo. Sentimos um pequeno prazer como recompensa pelo sucesso, e seguimos viagem. Para nós, é só mais um dia normal dentro de uma rotina normal. Não costumamos dar atenção ao fato de que, para nos "educarmos" a respeito desse mecanismo, foi preciso que ele representasse um problema, e que esse problema não pudesse ser resolvido com chutes, de modo que passasse a ser nosso interesse pessoal entender esse problema impessoalmente. É assim que nos tornamos "lúcidos" a respeito de algo, mas essa é uma abordagem para a qual só partimos em último caso, quando nos vemos forçados a entender algo em seus próprios termos, a despeito de nossos desejos pessoais, que precisam ser temporariamente postos de lado.

Em função dessa experiência, desenvolvemos uma nova forma de lidar com um assunto sobre o qual nada entendíamos, criando um caminho alternativo às reações infantis básicas que foram nossa primeira opção. O importante está em perceber que só tomamos a iniciativa de reprimir nossos desejos básicos depois que atestamos sua absoluta ineficácia em resolver o problema. Só então recorremos, contrariados, ao entendimento, mas única e exclusivamente porque não tínhamos nenhuma outra opção. Esse processo todo, naturalmente, deixa suas marcas, pois não gostamos de "dar o braço a torcer". Em nossas cabeças, o ideal é que nossos chutes fossem capazes de consertar até satélites. Mas não consertam. "É a vida", pensamos. Mais uma "lição" aprendida.

Consideremos agora como esse conhecimento altera nosso comportamento em relação a caixas de marcha. Como temos registros mentais de que essa caixa de marchas apresentou problemas, e como isso nos foi inconveniente, tornamo-nos naturalmente "desconfiados" a seu respeito. A partir de então, já não temos uma postura ingênua em relação a essa bicicleta, pois outrora ela nos deixou na mão, nos "decepcionou". Como confiar não funcionou, agora desconfiamos: passamos a verificá-la, buscando evidências de que funcionará como esperado,[75] e essa desconfiança, naturalmente, estende-se não apenas às nossas bicicletas atuais, mas a quaisquer outras que venhamos a possuir. No futuro, quando formos comprar nossa próxima, faremos perguntas detalhadas sobre seu sistema de marchas, pesquisaremos os melhores fabricantes, ouviremos a opinião de outros comprado-res, e assim por diante. Tomaremos várias medidas para nos sentirmos protegidos diante daquilo que nos causou problemas no passado. Isso, evidentemente, torna mais cansativo lidar com bicicletas, pois nossa relação com elas tornou-se mais complexa e profunda, mais custosa em termos intelectuais. Já não conseguimos pensar no assunto com a mesma leviandade de antes. Esse é o "fardo" do esclareci-mento.

No começo, éramos inconscientes dos mecanismos de nossas bicicletas. Depois de enfrentar adversidades, aprendemos nossa "lição", e isso nos tornou "esclareci-dos", fez com que passássemos a ter consciência de algo que ignorávamos com a maior boa vontade. O processo de crescer, de tornar-se adulto, envolve exatamente essa perda progressiva da inconsciência infantil conforme nos deparamos com problemas desse tipo, que nos "acordam", forçando-nos a abandonar nossos desejos imediatos para resolver o problema em seus próprios termos, como "adultos".

Esse tipo de experiência nos ensina lições ao mesmo tempo valiosas e detestá-veis — mas mais detestáveis que valiosas. Por isso ninguém se esclarece por prazer. O esclarecimento é útil, mas ele nos "pesa", nos rouba de um tipo de paz infantil que nunca conseguiremos recuperar. Quanto mais sabemos, mais complicado o mundo se torna, mais coisas temos de considerar. Queremos nos sentir seguros diante de tudo o que poderia nos ameaçar, mas fica cada vez mais cansativo manter tudo sob controle. Isso tende a nos tornar progressivamente ansiosos conforme crescemos, coisa que eventualmente nos faz suspirar de saudade dos tempos de infância, da amável época em que não sabíamos nada de coisa alguma.

✳ ✳ ✳

Já discutimos nossa consciência. Agora pensemos em fé. Nós acreditamos em várias coisas, mas temos consciência disso? Em regra, não. Fazemos pouca ou nenhuma ideia de como chegamos a crer no que atualmente cremos. Professamos

---

75. Ao que parece, é assim que o ceticismo nasce em nós, como uma espécie de ressentimen-to.

esta ou aquela fé sem saber o porquê, assim como digerimos sem entender que enzimas estão implicadas. Em circunstâncias normais, sabemos tão pouco de nossas mentes quanto de nossa fisiologia geral, tão inconscientes de nossa vida interior quanto de nossas vísceras, ao menos na medida em que tudo funciona bem.

Permanecemos em grande parte inconscientes porque "acreditar" é uma questão emocional. Como nossos corações, nossas crenças funcionam por si mesmas, sem interferência de nossa vontade consciente. Assim, mesmo que queiramos, não há como efetuar uma intervenção consciente nesse nível de nossas vidas mentais, não há como "dialogar" racionalmente com nossas crenças, pois nosso sistema límbico defende-se desativando a racionalidade. Não apenas não damos ouvidos àquilo que nos contraria, como não temos sequer a escolha de ouvir. Portanto, nesse particular, a primeira coisa a ser notada é que influências racionais externas são nulas. Resta considerar o lado de dentro. Porém, pelo que discutimos acima, há alguma possibilidade de questionarmos voluntariamente, por um mero capricho intelectual, aquilo que funciona? Seria muito improvável. Ninguém para a meio caminho do trabalho porque supõe, do nada, que talvez as suas marchas, que estão funcionando perfeitamente bem, talvez não estejam funcionando. A coisa simplesmente não faz sentido.

Imaginemos agora que certa pessoa, a qual já teve problemas em suas marchas, com a melhor das intenções nos dissesse que as nossas estão "funcionando errado". Daríamos alguma atenção? Se está funcionando, está funcionando. "Do que esse sujeito está falando?", pensamos com nós mesmos — e, enquanto ele fala, resmunga nossa consciência:

Porque, de nossa parte, nossas marchas vão muito bem. E, sendo esse o caso, realmente não nos interessa a opinião desse sujeito. Na verdade, ele que vá para o diabo com seus caprichos irrelevantes, que cuide de sua vida, de suas marchas. As nossas, enquanto não quebrarem, não vamos tentar consertar, tampouco nos importará estudá-las, e menos ainda vê-las sob a perspectiva de alguém que diz estarem quebradas quando estão obviamente funcionando. Pois só pode ser um lunático. Se as marchas nunca nos deram problemas, deixemo-las em paz. É o que toda pessoa sensata faria. Se essa criatura entende mais de marchas que nós, ótimo. Seja feliz com seu grande conhecimento, e o guarde para si. Nós só queremos chegar ao trabalho.

É comum pensarmos esse tipo de coisa daqueles que nos incomodam com conselhos que não conseguimos compreender. Mesmo assim, como estamos habituados à vida em sociedade, costumamos permanecer educados nesse tipo de interação, fingindo que consideramos seu "conselho" algo além de perda de tempo. Não perdemos a compostura porque o indivíduo não fez nada, só recomendou que fizéssemos. Contudo, se acontecer de alguém nos parar a caminho do trabalho para tentar consertar nossas bicicletas à força, e isso sem que estejam quebradas, em vez de chutar as marchas, vamos chutar essa pessoa. Ou seja, a mesma reação infantil que tivemos em relação às marchas quando quebraram, teremos também em relação às pessoas quando elas tentam nos "esclarecer" sobre algo em que não vemos nenhuma necessidade de esclarecimento. O caso, entretanto, é que com pessoas essa abordagem funciona: se chutamos aqueles que nos incomodam, em geral o problema vai embora. O padrão é fácil de ver porque repete-se insistentemente em nossas vidas.

Essa mecânica consideravelmente exótica de nossas mentes explica a razão pela qual a fé, qualquer tipo de fé, enquanto é vigorosa, enquanto funciona, permanece impenetrável a qualquer argumento. Ela funciona, e nós a defendemos por isso: é nosso interesse fazê-lo. Enquanto não for nosso interesse pessoal superá-la, não conseguiremos "enxergar além" daquilo em que acreditamos. Por isso mesmo, só despertaremos dessa inconsciência emocional quando formos forçados a isso, ou seja, quando essa fé parar de funcionar, e assim tivermos de lidar com a situação em seus próprios termos. Até esse momento, não daríamos a mínima se as evidências científicas estão contra ou a nosso favor. Porém, quando a resolução do problema está em nossas mãos, passamos a fazer absoluta questão de estar certos a seu respeito, pois disso depende nosso bem-estar, coisa que fatalmente nos aproximará da ciência e dos estudos. Isso mostra que só nos tornamos permeáveis à razão na medida em que nossas paixões esfriam e caducam, convertendo-se num problema a ser resolvido. Em seu auge, a paixão nos sequestra à inconsciência, hipnotizando-nos com uma doce burrice da qual o despertar é a lucidez.

Falamos de bicicletas, mas poderíamos falar de qualquer outra coisa. Pensemos, por exemplo, numa pessoa pela qual já tenhamos sido perdidamente apaixonados. Imaginemos qual seria nossa reação se um indivíduo qualquer, no auge de nossa paixão, tentasse "argumentar" que aquela pessoa é errada para nós. No melhor dos casos, nós o ignoraríamos. Ele poderia estar coberto de razão, mas essas razões nos pareceriam uma piada, uma mesquinharia. Por mais que tentasse, ele nunca conseguiria nos "convencer" a deixar de amá-la. Seria simplesmente inútil. Porém, uma vez tenhamos, por um motivo qualquer, deixado de amar essa pessoa, conseguiremos enfim "entender" o que o outro estava dizendo, e nossa reação típica será pensar: "como fui cego!", ou "como não enxerguei antes!", ou algo equivalente. É justamente essa "cegueira" que aqui denominamos "inconsciência": só conseguimos "entender" nossos sentimentos quando já estão bastante enfraquecidos. Antes disso, eles nos dominam, impedindo-nos de pensar com clareza.

Pelas mesmas razões, será inútil argumentar racionalmente com um indivíduo religioso. Ele "ama" essa ideia de deus como nós amávamos aquela pessoa. Permanecerá igualmente irredutível, e só conseguirá questionar sua fé uma vez ela esteja previamente enfraquecida. Antes disso, nenhuma razão vai "convencê-lo". Por isso é tão comum que indivíduos se tornem ateus apenas depois de alguma "decepção" com deus, ainda que a princípio isso não pareça fazer muito sentido. O caso é que apenas então percebem, em sua própria pele, que não podem contar com a ajuda daquilo que não ajuda, pois não existe. Porém, como esse tipo de lucidez não pode ser "explicada" — já que nosso emocional bloqueia automaticamente ideias contrárias —, só conseguimos "crescer" de nossas ilusões se experimentamos alguma dificuldade na qual elas mesmas nos colocaram, fazendo com que passemos a senti-las como algo que nos prejudica. Desse modo, para deixarmos de ter alguma fé, para despertarmos desse transe de inconsciência emocional, é preciso que sejamos "confrontados" pela ineficácia de nossa crença no mesmo nível em que ela nos conforta. Apenas assim "acordamos". Sozinha, a razão nada pode fazer.

✳ ✳ ✳

Até aqui, falamos da fé em deus, de sua similaridade com uma paixão amorosa. Consideremos agora nossa fé na vida. Gostamos de viver, mas entendemos o porquê? Também não, como em todos os casos que vimos acima. Não obstante, não achamos que seja preciso. Acreditamos em seu valor porque é assim que nos sentimos a seu respeito. Sabemos disso "em nosso coração". Exatamente como deus. Exatamente como o amor. Nós sabemos que temos valor sem entender esse valor: nós temos fé. Naturalmente, se o valor da vida é igualmente baseado nesse mecanismo de "acreditar" em algo que não entendemos, ele será em regra tão invulnerável à crítica quanto deus, quanto todo o mais. Por isso mesmo, seria inútil nos aproximarmos de um indivíduo qualquer que é "apaixonado" por sua própria vida e solicitar educadamente que considere a possibilidade de sua vida ser, como dizia Schopenhauer, um episódio que perturba, sem nenhuma utilidade, a serenidade do nada. Isso é tão inútil quanto solicitar a um teísta que considere sua religião racionalmente, entendendo-a como uma mitologia contemporânea. O indivíduo não se tornará consciente de sua paixão até que, por si mesma, ela se enfraqueça.

Se é esse o caso, então pensemos em como nossas paixões declinam. Acontece com teístas, quando se decepcionam com deus. Acontece com amantes, quando se decepcionam uns com os outros. Não poderia acontecer com o valor da vida, quando nos decepcionamos com ela? Noutras palavras, não haveria uma situação na qual essa "fé na vida" se enfraquece? Como se supõe, é o que chamamos de depressão, um estado no qual ficamos repentinamente "céticos" em relação à vida. Ocorrem várias coisas quando estamos deprimidos. Porém, o mais interessante é notar que passamos a questionar o "sentido" de tudo o que fazemos. Queremos entender a razão pela qual vivemos. Porque, agora, já não parece haver nenhuma. Mas parecia haver. O que aconteceu com o sentido? Onde ele foi parar? Nossa paixão, enfraquecida, permite que nos tornemos "conscientes" a seu respeito. Começamos a "perceber" várias coisas sobre as quais nunca havíamos pensado, pois as dávamos por garantidas.

Como num passe de mágica, a vida toma um aspecto subitamente estrangeiro, como se houvéssemos sido exilados do ar que respirávamos, perdido uma fé em algo que, confusos, ainda nem sabemos nomear. Vemo-nos numa situação insólita, quase surreal, como se o mundo todo acreditasse numa religião da qual acabamos de nos tornar descrentes, uma religião que professa uma fé na vida: como se cada qual, por sua própria biologia, fosse cegamente apaixonado, não por outrem, mas por si mesmo, e permanecesse firmemente inconsciente disso ao longo de toda a sua vida. De onde veio essa mudança tão radical? No mundo em si mesmo, nada mudou. Também nada mudou em nossa forma de entender a vida: ela continua sendo o fenômeno biológico que sempre foi. Porém, mudou nossa forma de senti-la: já não estamos apaixonados por ela. E essa situação nos permite questioná-la e entendê-la imparcialmente, como um ateu que tentasse entender a religião e a fé em deus.

Conforme avançamos nessa investigação, tornando-nos friamente esclarecidos a respeito da vida, é comum dizer-se que nos tornamos "pessimistas", ou "cínicos", ou "amargos", e assim por diante. Contudo, é possível ver algo além de um *ad hominem* nesse tipo de observação? Se nos aproximarmos de um casal apaixonado e dissermos, de uma maneira seca e ríspida, que seu comportamento não passa de um ritual de acasalamento pré-histórico, acabando assim com o agradável clima que os envolvia, podemos ser acusados de insensibilidade, de grosseria, de várias coisas, mas não de estar errados. O ponto, então, não é termos sido desagradáveis, mas não haver como rebater a afirmação que acabamos de fazer, e por razões muito simples: porque estamos certos. Só que os apaixonados, obviamente, jamais admitirão, como religiosos jamais admitem. Porém, assim como religiosos não conseguem responder os questionamentos racionais dos ateus, e assim como indivíduos apaixonados não conseguem justificar a perfeição metafísica que só eles enxergam no parceiro, também ninguém consegue demonstrar ao niilista a razão pela qual a vida vale a pena — só se repete insistentemente que vale, mas nunca se demonstra coisa alguma.

O raciocínio que apresentamos, como se percebe, não é meramente uma "abstração filosófica". É, na verdade, um raciocínio muito simples, um padrão recorrente em nossas vidas, e os exemplos estão a todo o momento em nosso cotidiano, sendo quase impossível não vê-los. De uma forma resumida, a ideia é que, assim como ateus são descrentes de deus, niilistas seriam descrentes da vida. Um desiludiu-se com deus; o outro, com a existência. Porém, dentro disso, há ainda o detalhe de que não podemos simplesmente "escolher" ser descrentes: para nos tornarmos descrentes é preciso que experimentemos alguma forte decepção em relação a algo a que éramos profundamente apaixonados. No caso do ateu, decepcionar-se com deus. No caso do amante, com o parceiro. No caso do niilista, com a vida.[76]

Se pensarmos a respeito, veremos que é muito compreensível que a depressão enfraqueça nosso "amor" pela vida, pois torna nossa experiência de existir algo extremamente insípido. Nessa situação, desapaixonar-se seria uma reação bastante previsível, pois certas coisas só fazemos se estivermos apaixonados, sendo viver uma delas. Fazendo um paralelo, vejamos o caso da religião: não é óbvio que, se crer em deus não desse resultados, se não nos confortasse de alguma forma, simplesmente não haveria quem acreditasse em deus? É demasiado óbvio. Acreditamos em deus porque esse "acreditar em deus" funciona, não porque deus existe. Também não é óbvio que, se não estivéssemos apaixonados, jamais seríamos tão carinhosos e dedicados ao nosso parceiro? À parte estarmos apaixonados, não há qualquer razão para sermos assim tão carinhosos, para fazermos tantos gestos gratuitos de ternura, sendo evidente que deixaremos de fazê-los tão logo nos desapaixonarmos.

---

76. Poderíamos, naturalmente, ser ateus sem nunca ter acreditado em deus, mas, ao menos no contexto do argumento, esse pormenor não parece ter qualquer relevância.

Similarmente, se perdemos nossa paixão pela vida, seria previsível que deixaríamos de vê-la como os demais, que permanecem apaixonados, inconscientes daquilo que os move. Passamos a vê-la desapaixonadamente, e essa percepção é algo que nos atinge com uma brutalidade que nunca poderíamos ter previsto. Subitamente subtraídos de qualquer razão para viver, sentimo-nos o joguete do acaso que sabemos ser. Experimentamos essa desilusão sozinhos, imersos no absurdo, com a única certeza da morte à nossa frente. Diante de nossos olhos, a vida se esfacela e se faz nada, se converte em ficção e fantasmagoria. Gostaríamos, mas não há para onde fugir. Ninguém pode nos ajudar, pois ninguém pode mudar essa realidade. Todos compartilham essa mesma condição de existência, sem que haja nada a ser feito quanto a isso. Vemos desmoronar tudo o que acreditávamos. Toda e qualquer esperança. Era tudo invenção. Tudo fantasia. Encaramos a morte nos olhos. Talvez por tempo demais, pois a entendemos, e assim deixamos de temê-la. É possível dizer que a lição nos mata. Mas parece mais acertado dizer que nos acorda do sonho da vida. Em todo caso, parece ser assim que nos tornamos niilistas, experimentando esse desapontamento derradeiro em relação a tudo. A partir de então, a vida passa a ter o aspecto de um sonho. Mais precisamente, de um sonho dentro de uma máquina.

Alguns poderiam alegar que isso tudo é somente uma psicose do indivíduo deprimido. Claro. Poderia ser. Seria até preferível que essa versão da realidade existisse somente em sua cabeça, juntamente com elefantes coloridos. Mas o caso é que essa percepção corrosiva do nada coincide exatamente com a versão científica dos fatos. A vida efetivamente é esse sonho dentro de uma máquina. Não apenas "achamos" que as coisas sejam assim. Temos provas abundantes disso, confirmadas por todas as áreas da ciência e insistentemente documentadas em toda a literatura científica. Temos todos os fatos à nossa disposição, só que não temos interesse em entendê-los tão literalmente, pois essa compreensão nos agride. Então fingimos que a questão é "indecidível", elaborando vários pretextos para manter vivas as esperanças que nos sorriem. No que toca nossa liberdade, podemos duvidar o quanto quisermos. Porém, no que toca as evidências, não há realmente dúvida. Se não o admitimos, é apenas porque certas verdades doem mais do que estamos dispostos a suportar.

Então, ainda que esse modo "pessimista" de ver a realidade pareça tão gratuito, tão subjetivo quanto qualquer outro, ele não é. Porque, como dissemos, na medida em que nossa visão de mundo coincide com os fatos, ela deixa de ser somente uma opinião. No mais, no que toca o conhecimento, é irrelevante o fato de só conseguirmos ver o mundo imparcialmente quando estamos deprimidos. Isso é um detalhe que diz respeito à nossa psicologia, à mecânica de nossos cérebros, não à constituição da realidade. O que importa são as evidências, e nós as temos. Por isso mesmo, uma vez tenhamos superado essa fase de miséria existencial, nem por isso as conclusões que alcançamos perderão sua validade.

✳ ✳ ✳

Vejamos mais alguns aspectos dessa questão. Quando estamos deprimidos, deixamos de "acreditar" na vida. Diante dessa situação, é comum que os demais indivíduos tentem nos dar "conselhos". Porém, como nunca houve uma "razão" para acreditarmos na vida, seria ingênuo pensar que razões poderiam "convencer" alguém de que a vida vale a pena. Essa abordagem parece tão improdutiva quanto tentar convencer uma criança de que verduras são doces porque sentimos essa doçura "em nosso coração". Como "razões" desse tipo nada mais são que racionalizações daquilo que sentimos, elas só nos convencem quando correspondem a algo que já sentimos. Porém, quando correspondem a algo que só nós sentimos, mas o outro não, torna-se inútil tentar "explicar", pois meras explicações não o farão sentir, em sua própria pele, aquilo que sentimos.

Para ilustrar, imagine-se o equivalente de uma depressão em termos alimentares: uma anorexia. Perdemos o apetite. Não sentimos mais vontade de nos alimentar. Do ponto de vista do prazer, parece uma perda de tempo. Porém, mesmo não havendo fome, poderíamos ainda racionalizar que, apesar de não sentirmos prazer ao nos alimentarmos, precisamos comer para manter nossos corpos em funcionamento. Por razões indiretas, continuaria sendo nosso interesse comer. Contudo, para uma analogia mais exata com o valor da vida, imagine-se que não precisássemos realmente comer, que nossos corpos funcionassem por si mesmos, sem nenhum combustível, e que tivéssemos o hábito de ingerir alimentos simplesmente por prazer, pelo capricho de degustá-los, como um *hobby*.

Nessa situação, se o indivíduo não sente prazer, e se também não há qualquer necessidade real de alimentar-se, já não haveria como "racionalizar" um motivo para continuar alimentando-se. Por isso mesmo, seria inútil tentar "explicar" a ele que o alimento tem certo "valor intrínseco" indemonstrável, mesmo que não sinta esse valor, e que ele não sirva para nada àqueles que não o sentem. Se, mesmo assim, o indivíduo continuasse alimentando-se, isso só poderia ser por algum motivo que inventou em sua cabeça, por alguma "superstição nutricional", ou mais provavelmente por pressão dos demais.

Porém, agora, imaginemos o reverso dessa situação: sentimos a necessidade de comer, temos fome, bem como prazer ao nos alimentarmos, mas continua não havendo necessidades energéticas. Só sentimos fome por razões funcionais, talvez porque o hábito de comer tivesse nos mantido unidos ao longo de nossa evolução. Não importa definir um porquê. O caso é que, nessa situação, certamente pareceria que precisamos comer, ainda que não precisássemos. Na verdade, comeríamos apenas para realizar um *script* que nos ajudou a sobreviver, sem a consciência de que, se parássemos de comer, isso não faria diferença alguma. Esse seria o caso da fome como um "fantasma da função": um desejo que não corresponde a qualquer necessidade. Nessa situação, para justificar essa "fome virtual", seria provável que inventássemos várias "explicações" segundo as quais alimentos teriam algum "valor intrínseco", mas isso demonstraria alguma coisa? Só nossa criatividade. Continuaria sendo o caso que comemos, não porque entendemos, mas porque sentimos que devemos comer. Similarmente, julgamos que a vida tem valor porque sentimos que tem, não porque haja evidências disso.

Para melhor ilustrar a inutilidade de nossas racionalizações àquele que não sente a vida da mesma maneira que nós, imagine-se que, por um motivo qualquer, deixássemos de sentir o sabor de determinadas frutas. Por exemplo, de mangas. Haveria alguma utilidade em "racionalizar" o sabor dessa manga, talvez alegando que ela tem um "sabor intrínseco"? Essa racionalização permitiria que voltássemos a sentir prazer ao saboreá-la? Não. Então, se alguém tentasse nos convencer de que comer manga é prazeroso "em si mesmo", sem que haja a necessidade de sentirmos prazer nisso, conseguiríamos levar a sério essa argumentação? Só conseguiríamos esboçar um sorriso diante de tamanha ingenuidade. Nenhuma fruta tem um "sabor intrínseco", tem o sabor que experimentamos, e esse sabor é criado por nossos cérebros, não por nossas explicações. Similarmente, o valor da vida depende de o experimentarmos, e nossas "explicações" são somente racionalizações dessa sensação.

∗ ∗ ∗

Naturalmente, se estamos deprimidos, isso não precisa ser o fim do mundo. Depressões podem ser tratadas. Mesmo porque ninguém gosta de sentir que a vida é inútil. Podemos tratá-las, mas não com razões. Sabemos que razões não funcionam. Porém, ao mesmo tempo, também não nos interessa aqui entrar no particular daquilo que funciona, de como a depressão deve ser tratada, pois o assunto é demasiado complexo, e certamente foge de nosso escopo. Para isso existem psiquiatras. Limitemo-nos a observar que, uma vez a depressão ceda, seja natural-mente, seja por meio de tratamentos médicos, nós simplesmente voltamos a sentir que a vida vale a pena. O valor da vida perdeu-se da mesma forma que agora retornou: sem que o entendêssemos.

Porém, assim como depois de superar a perda de um amor, vemos que na ver-dade nenhum prejuízo permanente foi causado. Foi só um episódio perturbador. Agora que recuperamos nossa motivação, voltamos a encontrar prazer em nossas atividades cotidianas, como sempre foi. Todavia, como em nosso exemplo ciclísti-co, nossa relação com a vida torna-se mais complexa, mais profunda e exata. Já não conseguimos ter uma fé ingênua na vida. Já não conseguimos vê-la com a mesma infantilidade de antes, como uma coisa "mágica". Tornamo-nos esclarecidos a esse respeito, conscientes do jogo enquanto o jogamos, conscientes da ilusão enquanto ela nos move, pois já a perdemos. Uma vez acordados, dificilmente conseguimos voltar a dormir. Mesmo assim, ainda que pareça, isso não causa grande problema. Porque o importante, como vimos, é *sentir* que a vida tem valor — já que, sendo um acaso natural, valor de fato ela nunca teve.

Perceba-se que, ao longo desse processo de transição entre diferentes formas de sentir a vida, o conhecimento atravessa a questão toda sem realmente interagir com ela. O modo como pensamos a respeito da vida mostra-se independente do modo como a sentimos. Por isso mesmo, desde que sintamos que a vida vale a pena, podemos ao mesmo tempo saber que ela é inútil, ou podemos acreditar ingenua-mente que é "de fato" importante. Não faz diferença: viveremos da mesma forma, e igualmente bem. A princípio, talvez a noção dessa independência pareça um pouco contraintuitiva, mas, assim como há ilusões óticas, há também ilusões intelectuais.

Esse tipo de observação é importante por ser comum a suposição de que preci-saríamos "acreditar" em algo, ou ter alguma "fé", para podermos sentir que a vida vale a pena. Não é bem esse o caso. Para sentirmos que a vida vale a pena só precisamos de um cérebro saudável e de um objetivo que o mantenha ocupado. Contudo, se lidamos com essa questão em termos místicos, envolvendo alguma "fé", isso costuma acontecer apenas porque nunca precisamos realmente entender essa questão em seus próprios termos, e assim simplesmente "confiamos" no valor da vida, como muitos "confiam" em deus, acreditando que esse valor decorre do conteúdo conceitual de nossas crenças. Porém, como ambas as coisas trabalham independentemente, essa postura de fé ingênua não é obrigatória. Assim como a espiritualidade independe de termos uma fé ingênua em deus, o valor da vida independe de termos uma fé ingênua em nós mesmos. Então, como o valor da vida não vem de nossas "razões", mas da sensação de que ela tem valor, tal sensação pode conviver tranquilamente com o conhecimento de que ela não tem qualquer utilidade, qualquer fim, qualquer sentido. A vida pode ser um acidente inútil e sem sentido — mas, se nós gostamos desse acidente, isso não é problema algum.

✶ ✶ ✶

Agora, tendo esboçado esse quadro da realidade, ficará fácil entender que porções de nossa visão de mundo dependem de fé. Pensemos em como vemos o mundo quando estamos nos sentindo bem; depois pensemos em como vemos o mundo quando estamos deprimidos. O que muda de uma visão para a outra? Tentemos isolar as variáveis, aquilo que se altera entre as duas formas de ver o mundo. A depressão faz, por exemplo, com que duvidemos de que temos duas pernas? Faz-nos pensar que o homem não é um primata? Talvez nos leve a duvidar da capacidade de corrosão do ácido sulfúrico? Se não do sulfúrico, talvez do clorídrico? Não. Mas notemos como nos faz duvidar da vida, duvidar de nossos "ideais", de nossa religião, de nossos sonhos, e em geral de todas as coisas pelas quais lutamos (nas quais, diga-se, só nós acreditamos). Duvidamos dessas coisas, e sempre dessas mesmas coisas, porque elas dependem daquilo que sentimos. O restante, aquilo que sabemos, depende da realidade. Naturalmente, se tais ideias a respeito da realidade dependem de um sentimento para ter uma espinha dorsal, não há outra forma de entendê-las senão como uma fé. São crenças injustificadas, algo que sabemos porque sentimos, não porque entendemos.

Tal exercício mental nos permite identificar com razoável clareza as porções de nossa visão de mundo que dependem de fé. Claro que ninguém tentará deprimir-se simplesmente para fins de esclarecimento, mas, se tivermos a curiosidade de acompanhar as alterações de nossa visão de mundo em função de variáveis conhecidas, podemos pensar em algo menos dramático que uma depressão. Pensemos em indisposição. Imagine-se que certa manhã estejamos indispostos. Precisamos realizar algumas tarefas, ou combinamos de jogar futebol com os amigos; uma ocupação qualquer, não importa qual. O caso é que, chegada a data, não estamos com a mínima vontade, não queremos mover uma palha. Nesse estado, tudo o que fizermos será simplesmente insípido. Sabemos disso. Nenhuma ocupação pode ser muito divertida se estivermos letárgicos como uma preguiça gigante. Temos consciência de que o evento foi combinado com antecedência, e de que todos estão contando com nossa presença, mas não conseguimos evitar. Diante dessa situação, o evento parece estar arruinado.

Mas talvez não. Ocorre-nos encontrar uma forma de alterar nossa disposição mental artificialmente, ajustando-a às nossas necessidades sociais. Para nossa sorte, materiais para isso podem ser encontrados em qualquer supermercado. Fazemos um bule de café e, uma ou duas xícaras depois, problema resolvido. Agora temos à nossa disposição toda a energia necessária para levar adiante nossos compromissos, fazendo com que a ocasião transmute-se "magicamente" em algo que vale a pena. O que mudou na realidade exterior? Nada. O que mudou em nossos cérebros? Duas coisas: o nível de alerta (pelo bloqueio dos receptores de adenosina, que causa sonolência) e o nível de dopamina (peça chave em nosso circuito cerebral de recompensas, cujo aumento de concentração nosso cérebro utiliza como forma de nos "recompensar" por nossas ações). Como isso repercute em nossas "razões"? Na forma de "valor". A atividade passa a "valer a pena" em função dessa simples variável, e note-se que nada disso envolve qualquer tipo de "significado". É tudo puramente físico. Agora basta pensar na depressão como uma versão mais complexa desse mesmo problema, e teremos entendido do que se trata.

Como esse processo todo de acreditar, desacreditar, duvidar e entender é natural de nossa psicologia, tornar-se cético não parece exigir qualquer pré-requisito exótico. Acontece naturalmente. O simples desapaixonamento causado pela depressão nos torna subitamente céticos a respeito de coisas que, em circunstâncias normais, jamais questionaríamos.[77] Como agora nos convém entender, já que temos um problema a resolver, seria esperado que nos tornássemos curiosos e receptivos aos fatos, com um súbito interesse em estudar e adquirir novos conhecimentos sobre o assunto. É o que geralmente vemos acontecer. Se, até então, nunca havíamos questionado tais coisas, é apenas porque elas nunca haviam nos dado motivos para isso, porque haviam funcionado bem, e por si mesmas, de modo que nem dávamos por sua existência. Tínhamos "a grande saúde de não perceber coisa nenhuma", como dizia Pessoa.

Naturalmente, se algo funciona por si mesmo, se não temos nós próprios de assegurar seu funcionamento, não é realmente decisivo estar certos a seu respeito. Nessa situação, como nosso entendimento não é o responsável, como não é a *causa* desse bom funcionamento, dá no mesmo acreditar ou saber, entender ou fantasiar, ao menos enquanto tudo funciona. Porém, quando esse mecanismo emperra,

---

77. Situação comparável à do teísta que, em circunstâncias normais, jamais questionaria sua fé.

fantasias não nos ajudarão a consertá-lo. Deprimidos, o que emperra no caso é nosso circuito cerebral de recompensas. Paramos de receber as recompensas que esperávamos, e assim a vida torna-se, em si mesma, um problema a ser resolvido. Até esse momento, se fantasias nos confortavam, era apenas porque não éramos os verdadeiros responsáveis por tudo correr bem, e assim podíamos escolher as explicações simplesmente em função do quanto elas nos soassem agradáveis. Porém, agora que somos, nós próprios, os únicos responsáveis, fantasias só prolongarão nossa miséria.

Então, uma vez a questão esteja inteiramente em nossas mãos, deixa de haver escolha entre verdade e ilusão: se quisermos ver resultados, nossa única opção será estar certos. É assim que nos tornamos "conscientes" da vida: sendo forçados a entendê-la em seus próprios termos na tentativa de "consertá-la", de voltar a sentir que vale a pena. Não é uma situação particularmente agradável, mas, como no caso da bicicleta, não temos escolha, pois estamos sozinhos, confrontados com um problema incontornável que nos afeta diretamente. Chutamos, é claro, mas é inútil chutar. Se quisermos consertá-lo, teremos de entender o mecanismo em seus próprios termos, a despeito do que gostaríamos que fosse.[78] Se nada fizermos, ficaremos à deriva. Se fizermos algo que não funciona, também. Colocados nessa situação, precisamos entender. Somos forçados a isso. Então entendemos.

Olhemos a questão: deprimidos, a vida não vale a pena. Bem dispostos, vale. Desanimados, nossos *hobbies* nos parecem uma idiotice insípida. Animados, encontramos prazer nessas mesmas idiotices. As variáveis estão claras. Isso mostra uma vez mais que o valor da vida não depende de nossa forma de entender o mundo, não depende de "acreditarmos" em algo: depende de padrões neuroquímicos de nossos cérebros que não têm, eles próprios, nenhum significado. Com isso conseguimos entender como se regulam os dois lados da equação. Chegamos ao mecanismo que cria o valor sem precisar "acreditar" em nenhum valor, assim como entendemos a insônia sem "acreditar" no sono. Ao mesmo tempo, como criamos um caminho alternativo para "processar" essa noção de valor da vida, um caminho intelectual, dissociado da fé infantil, tornou-se possível sentir que nossa vida tem valor ao mesmo tempo em que entendemos esse valor: não simbolicamente, como uma racionalização daquilo que sentimos, mas literalmente, como um processo

---

78. Isso nos permite compreender a razão pela qual é tão comum que indivíduos esclarecidos cheguem, de forma independente, sempre às mesmas conclusões. Os fatos são os mesmos para todos. As fantasias, porque são inventadas, cada qual tem as suas.

físico em nossos cérebros.

* * *

Para nossos fins, já abordamos o assunto suficientemente bem. Faremos apenas mais uma consideração, a qual nos levará ao último tópico a ser abordado. A questão é a seguinte: quando estamos desanimados, queremos entender as "razões" pelas quais fazemos isto e aquilo. Mas há realmente algo a ser entendido? Se realmente entendermos nossas vidas, isso será uma solução?

Imaginemos uma pessoa deprimida. Ela sente que sua vida não vale a pena. Pergunta-se "por que viver?", e a questão não parece ter resposta. Seus conhecidos, cheios de boas intenções, dão seus motivos, mas eles em nada a confortam. Nenhuma explicação que, para eles, parece fazer tanto "sentido", mostra-se capaz de convencê-la, de fazê-la sentir que a vida vale a pena. Por quê? Evidentemente, porque também eles próprios não valorizam a vida devido a tais motivos. Pelo contrário, foi exatamente devido a uma valorização prévia — que eles muito provavelmente não entendem — que inventaram tais motivos, isto é, racionaliza-ram-nos.

Contudo, geralmente não temos consciência dessa inversão: pensamos ser o apito do vapor que faz a água da panela ferver, bastando apitar "com vontade". Ou seja, confundimos nossas racionalizações com a causa daquilo que sentimos. Por isso é tão comum que, deprimidos, busquemos entender o "sentido da vida", na ilusão de que entendê-lo nos faria voltar a gostar da vida por motivos "racionais". É o que nos parece, então é o que fazemos. Tentamos entender o que é este mundo em que estamos. Procuramos as melhores fontes de conhecimento. Buscamos absorver tudo o que o homem sabe sobre si mesmo. Entender a natureza da realidade, a evolução da vida, a origem do planeta, do sistema solar, a razão pela qual o sol brilha, como surgiram as culturas, por que nossa espécie é tão estranha em comparação às demais. Para nossa sorte, nos dias de hoje há conhecimento abundante à nossa disposição. Então, com algum esforço, conseguimos entender racionalmente por que estamos aqui, e por que somos como somos. Muito bem. Alcançamos nosso objetivo: entendemos o "sentido da vida". Bastou estudar um pouco. Porém, isso foi uma solução ao nosso problema? Não. Simplesmente entender o que estamos fazendo aqui não restaurará nossa vontade de viver. O que queríamos, ao buscar esse sentido, era sentir esse sentido, vivê-lo, ter a sensação correndo em nossas veias.[79] Lembremo-nos das palavras iniciais de Campbell. Nessa altura, já estará claro para nós que o conhecimento, por si mesmo, não restaurará nossa vontade de viver, pois nossa consciência não tem controle direto sobre tais coisas: ela só pode recorrer a "rodeios". Porém, mesmo que simplesmente entender o problema não baste, já é meio caminho andado. Entender como marchas funcionam também não vai consertá-las, mas nos permitirá olhar na direção certa, nos permitirá entender como colocar as perguntas certas para esse tipo de problema. Assim, em vez de perguntar "qual o sentido da vida", pergunte-mo-nos: o que nos faz gostar da vida? Quais são as condições necessárias para que sintamos o viver como uma experiência agradável? Se houvesse alguma "razão" para gostarmos de viver, bastaria dizê-las ao indivíduo deprimido, e ele as entenderia e passaria a gostar. Mas não é como as coisas acontecem. Assim como não temos "razões" para dormir, também não temos "razões" para viver. Para dormir, temos sono. Para viver, temos o quê? É o que veremos a seguir.

✳ ✳ ✳

Se não queremos razões, então o que queremos? Já vimos isso quando discutimos nossos "rodeios biológicos": queremos prazer. Queremos a experiência, e fazemos rodeios em troca dessas experiências. Esse é o "sentido" da vida, correr atrás de recompensas. E nós corremos. A vida chega à eternidade exatamente assim, fazendo com que a carreguemos nas costas em troca de prazer. Não que, de nossa parte, realmente gostemos de todo o trabalho envolvido nesses rodeios, mas eles são inevitáveis. Como no caso da bicicleta, nunca quisemos entender a caixa de marchas em seus próprios termos. Porém, se quisermos chegar ao trabalho, precisamos entendê-la. Nunca quisemos entender o valor da vida em seus próprios termos, mas, se quisermos voltar a apreciar a vida, teremos de entendê-lo.

Para iniciar estas últimas considerações, lembremos o exemplo em que discutimos as causas de nossa insônia. Tínhamos insônia ou não em função de havermos nos preparado para um desafio, o qual nos faria ser reconhecidos se tivéssemos sucesso ou repreendidos se fracassássemos. Jogamos um jogo, fazemos um rodeio biológico em troca de algo que ultimamente são recompensas de prazer. E

---

79. Considerando que, ao buscar o "sentido da vida", o que realmente queremos é bem-estar e conforto, e não descrições imparciais dos fatos, fica clara a razão pela qual a abordagem da religião — oferecer o que se está procurando — costuma ter muito mais sucesso que a abordagem da ciência — oferecer os fatos.

lembremos que, em termos de prazer, o cérebro pode nos dar tudo o que quisermos, e a qualquer momento. Precisamos de motivação? De alegria? De serenidade?
De êxtase? De relaxamento? O cérebro sabe que substâncias sintetizar para nos dar
cada uma dessas sensações. Então, se as quisermos, basta fazer com que o mundo
as desperte. Esse é o pulo do gato. Não podemos ter as recompensas diretamente.
Ganhamo-las por merecê-las. O fim é o prazer, o mundo é o meio.

Nesse esquema, como vimos, nosso pensamento não tem realmente muita
escolha. Tudo o que está ao nosso alcance é encontrar uma forma de resolver os
problemas que a vida nos impõe, para ser então recompensados (por nós mesmos).
Sem tais recompensas, é certo que não faríamos coisa alguma, um caso tão bem
ilustrado pelos depressivos. Esse quadro deixa claro que nossa consciência, em vez
de ser uma "soberana" no contexto de nossas vidas, é na verdade uma serviçal.
Uma serviçal inteligente de um patrão estúpido, o sistema límbico. Assim, apesar
de sofisticada, a consciência tem pouco poder sobre o organismo: seu papel é
apenas entender o mundo e resolver problemas, e o resto simplesmente não lhe
compete. Então, dadas as limitações, tudo o que podemos fazer é entender as regras
do jogo e partir em busca dessas sonhadas recompensas de prazer.

Ao nos darmos conta desse processo, fica fácil perceber o que está realmente
acontecendo nos bastidores da consciência. O cérebro nos controla através de
recompensas de prazer, exatamente como um dependente químico é controlado
por seu vício, e não falamos isso num sentido metafórico. Nosso cérebro realmente
nos "dopa" com substâncias que, comercialmente, seriam altamente controladas.
Ironicamente, são essas mesmas substâncias que dão o "sentido" à vida. Ou seja,
encontramos nosso "sentido" onde encontramos nosso prazer, e lá estacionamos
nossas vidas, colhendo repetidas vezes a mesma dose de prazer no melhor estilo do
junkie evolutivo.

Uma vez mais, não estamos sendo metafóricos. O "sentido" da vida é justamente correr atrás de situações que nos liberem substâncias prazerosas, substâncias nas
quais somos cronicamente viciados. Não há um "algo mais", um "significado" em
nossas vidas. Nosso cérebro nos dopa, gostamos, e queremos repetir a experiência.
É isso o que nos move. Os significados somos nós mesmos que inventamos,
justamente para tornar essa repetição possível. Se essa ótica nos parece "limitada",
se ela ignora o "essencial", então imaginemos uma vida sem tais recompensas: a
imagem nos aterroriza. Seria tão insuportavelmente enfadonha que preferiríamos a
morte. E é apenas por isso que indivíduos depressivos cometem suicídio. Quando
nosso sistema cerebral de recompensas deixa de funcionar corretamente, a vida

deixa de valer a pena. É só isso. Fazendo um paralelo, tentemos imaginar como seria o sexo sem orgasmos, sem que houvesse prazer algum. Alguém o faria? De graça, muito dificilmente. Agora imaginemos que viver fosse fazer sexo continuamente, sem que nunca sentíssemos prazer. É como a vida seria sem tais recompensas: insípida. Assim como ninguém faria sexo, também ninguém viveria sem que houvesse recompensas de prazer para justificar o esforço.

Para entendermos essa mecânica de recompensas de uma forma mais concreta, usemos um exemplo prático que envolva nosso cotidiano. Por exemplo, exercícios físicos. Após uma sessão de exercícios, geralmente nos sentimos relaxados. Por ser natural, costumamos pensar que o relaxamento que sentimos é "como se fosse" um calmante. Mas não é "como se fosse". É um calmante. Mais precisamente, é um parente do ópio chamado endorfina, que literalmente significa "morfina de dentro", isto é, *endo*morfina. Como a morfina sintética, a endorfina tem um poderoso efeito analgésico e sedativo. É por isso que nos sentimos relaxados depois de um exercício, e é por isso que, depois de "aquecidos", sentimos menos dor. Estamos drogados. E por nossos próprios cérebros.

Por sua vez, se fizermos exercícios todos os dias, e subitamente pararmos, não é apenas devido ao hábito que sentimos falta do exercício. Sentiremos também falta dessa substância química em nossos cérebros. Daí ser tão comum ficarmos irritadiços após alguns dias de inatividade. São sintomas de abstinência, como os de um fumante que repentinamente parasse de fumar. Nós paramos de nos exercitar. Ambos os processos parecem iguais porque são iguais. Não é "como se estivéssemos" viciados. Estamos viciados. Tornamo-nos dependentes de uma droga, uma que nosso próprio cérebro produz. A diferença é que, como ele só as produz quando as "merecemos", é difícil conseguirmos "abusar" de seu uso.

A ideia geral é essa. Agora basta pensar nesse tipo de "recompensa" de prazer em todos os aspectos de nossas vidas. Por exemplo, por que queremos que certa pessoa nos admire? Porque isso nos dá prazer. Libera recompensas químicas em nossos cérebros. Parece evidente que a admiração, por si mesma, jamais nos importaria se não nos desse nenhum prazer. Alguém se importaria em exercer domínio sobre várias dezenas de besouros? Dificilmente, pois isso não dá nenhum prazer, ao menos para a maioria de nós. Contudo, ter domínio sobre várias dezenas de pessoas nos dá muito, por isso procuramos ter bons empregos.[80] É em função desse tipo de coisa que nos relacionamos uns com os outros, e tudo segue esse padrão de buscar recompensas químicas que foram pré-programadas em nós em função de seu valor prático à perpetuação da vida.

Se prestarmos atenção ao nosso cotidiano, ficará fácil ver como tais recompensas químicas regulam nosso comportamento, como determinam a forma como nos relacionamos uns com os outros. Pensemos: a que tipo de pessoa é comum nos afeiçoarmos? Àquelas que nos despertam boas sensações, junto das quais nos sentimos bem. O amor é o caso mais exemplar desse fenômeno, pois estar apaixonado nada mais é que estar "viciado" numa pessoa que nos libera substâncias incrivelmente prazerosas. A pessoa mesma não é especial, mas passa a ser porque — e apenas enquanto — estamos apaixonados, pois nessa situação somos altamente recompensados pela sua presença. Daí que abandonar um amor termine por ser tão problemático quanto o abandono de qualquer outro vício.[81] Falamos do amor, mas esse é apenas mais um caso particular dentre tantos outros. Os exemplos estendem-se indefinidamente, enquanto estivermos dispostos a procurá-los: um elogio pode nos motivar como um café; o reconhecimento pode levantar nossa autoestima como um antidepressivo; uma boa notícia pode nos relaxar como um ansiolítico. E nosso cérebro regula tais experiências subjetivas por meio do mundo simbólico que temos ao nosso redor, dentro do qual buscamos essas recompensas

---

80. A esse propósito, o psiquiatra J. Anderson Thomson, em seu pequeno mas sagaz livro *Why We Believe in God(s)*, comentou: "Todo animal com um sistema nervoso central possui serotonina, o mais antigo neurotransmissor da classe das monoaminas. Neurônios serotoninérgicos residem no tronco cerebral, e lançam projeções no cérebro por várias razões, incluindo movimento motor grosso e repetitivo. Porém, mais importante neste tópico é que a serotonina também regula quimicamente nossa autoestima de acordo com o *feedback* social".

81. Através de pesquisas com ressonância magnética, já se conseguiram identificar conexões entre rejeição amorosa e abstinência química: as regiões cerebrais ativadas diante da rejeição amorosa são precisamente as mesmas que se ativam em dependentes de cocaína quando sentem necessidade da substância. Isso sugere que a experiência de rejeição romântica envolve os mesmos sistemas neurais que subjazem a vários outros vícios (*e.g.* tabagismo), explicando, entre outras coisas, o típico comportamento obsessivo que se observa em indivíduos apaixonados recentemente rejeitados pelo parceiro. *As descobertas são consistentes com a hipótese de que a rejeição romântica é uma forma específica de vício*, afirma o estudo. (*Cf. Reward, addiction, and emotion regulation systems associated with rejection in love*, disponível em: http://jn.physiology.org/content/104/1/51.full.pdf).

criadas por nós mesmos, mas às quais não temos acesso direto. A diferença é que, na vida prática, entendemos tais processos metaforicamente, em termos de "valores", "empregos", "sucessos", "compromissos", "amizades", "amores" e assim por diante. Essas são as nossas "razões".

E o que são, nessa ótica, as nossas "razões"? São uma interface simbólica que desenvolvemos para interagir com um mundo que não entendemos — não literalmente. Como explicamos acima, não interagimos com a realidade em termos de DNA, tendo uma visão clara do todo, mas em nossos próprios termos, tendo uma visão limitada ao nosso papel enquanto organismos. Essas simbologias, esses nossos subjetivismos, são eles próprios os nossos "termos". As "explicações" que inventamos são como um vodu linguístico em torno de forças que ignoramos, mas que não há problema algum em ignorar, desde que essas "explicações" funcionem para nossos fins, ajudando-nos a alcançar nossos objetivos.

Uma vez compreendamos esse mecanismo básico, o processo todo parece tornar-se bastante óbvio. Racionalizamos certos estados mentais agradáveis — damos-lhes um nome e uma "explicação" —, mas o que realmente lhes dá sentido é o fato de que eles nos dão prazer. Ou seja, nossas explicações mesmas não querem dizer nada. Ao explicar simbolicamente algo que não entendemos literalmente, tudo o que estamos fazendo é estruturar intuitivamente uma "estratégia" que nos permita tornar tais recompensas repetíveis. Por isso nossas "explicações" dão "sentido" às coisas ao mesmo tempo em que nada explicam. São, no fim das contas, apenas a nossa versão do macete do rato procurando o queijo.

Agora pensemos nas implicações disso. Se gostássemos desta ou daquela "teoria" apenas porque ela nos ajuda a alcançar certo prazer, seria esperado que pouco nos importasse se é verdadeira ou não, desde que funcionasse. Pouco surpreendentemente, é bem isso o que observamos no comportamento humano em geral, algo que explica, entre várias outras coisas, por que a religião faz tanto sucesso entre nós. Em nenhum momento a ideia era encontrar a "verdade". Todo esse cenário virtual que construímos em torno de nossas vidas sempre foi para servir como pano de fundo de nossas relações interpessoais, por meio das quais buscamos recompensas de prazer.

Se parece duvidoso que um mecanismo tão singelo seja capaz de estruturar nossa complexa sociedade, pensemos novamente, agora considerando que somos nós os maiores interessados, e que temos cérebros monstruosos perfeitamente aptos à tarefa. O resultado não parece apenas possível, parece inevitável. Ademais, como somos nós mesmos aquilo que queremos entender, sabemos do que se trata melhor que ninguém. Basta então perguntarmos a nós mesmos: qual a razão para querermos ganhar dinheiro? Por que sempre tentamos vencer? Por que gostamos de receber presentes? Porque tais coisas nos dão prazer. Por que queremos o parceiro mais bonito, mais inteligente? Porque isso nos dá mais prazer. Por que queremos ser bem-sucedidos? Porque isso nos dá prazer. Por que queremos vencer discussões? Porque nos dá prazer. E prazer são recompensas químicas, pequenas doses de narcótico que nosso cérebro sintetiza para nos condicionar a repetir comportamentos que deram bons resultados. Somos assim porque todos os animais são assim. Não é nossa "culpa", mesmo porque não há problema algum em sermos "viciados", desde que sejamos viciados no que é socialmente útil. Mesmo assim, é claro que, se não precisássemos fazer todos esses rodeios, simplesmente não os faríamos — e é por isso que todos os mecanismos por meio dos quais poderíamos acessar o prazer diretamente têm de ser controlados, pois competem com os mecanismos naturais cujos "rodeios" sustentam a sociedade.

Assim, uma vez asseguremos nossa sobrevivência, o restante de nossas vidas será basicamente isso, um rodeio para competirmos uns com os outros, buscando recompensas de prazer nas quais somos cronicamente viciados. Criamos significados para dar forma a essa interação, mas a vida mesma não tem nenhum. Significados são apenas a "interface mental" por meio da qual interagimos intuitivamente com um mundo que não entendemos, mas que não precisamos realmente entender. De nossa parte, só precisamos saber onde está a próxima dose.

QUARTA PARTE

Versões de si mesmo

A lucidez é o único vício que torna o homem livre: livre em um deserto.

— E. M. Cioran

Já vimos que o mundo pode ser encarado de uma forma pessoal, e pode ser também encarado de uma forma impessoal. Contudo, não haveria uma forma de entender ambas ao mesmo tempo? Se, na segunda parte, fizemos uma análise predominantemente objetiva e, depois, na terceira, predominou o subjetivo, esta última, como se pode supor, será justamente para trabalharmos uma melhor integração de ambas, esclarecendo como podemos ter tantas opiniões distintas a respeito de uma só realidade e, mesmo assim, não estar delirando.

Para tal fim, tentaremos nos entender simultaneamente como um processo físico e como uma pessoa, discernindo que porções de nosso conhecimento se aplicam a cada esfera, bem como as limitações e a função de cada forma de conhecer, discutindo também como nossa visão de mundo se intersecciona com a dos demais. Veremos que, para que tudo se encaixe, bastará que interpretemos nossas "humanidades" em função de nossas vidas práticas.

Considerado por si mesmo, o assunto seria relativamente extenso. Porém, como a maioria dos conceitos que abordaremos já foi bem explorada nas primeiras três partes, será somente questão de fazermos alguns apontamentos finais no sentido de complementar o que foi dito. Assim, não havendo necessidade de nos repetirmos, e não abordando nenhuma ideia nem muito complexa, nem inteiramente nova, esta última parte resultou por isso mesmo mais concisa e rápida que as demais.

1. A CONSTRUÇÃO DA IMPARCIALIDADE

A mente que se tornou acostumada com a liberdade e imparcialidade
da contemplação filosófica preservará algo dessa mesma liberdade e
imparcialidade no mundo da ação e da emoção. — Bertrand Russell

Como distinguir entre a realidade em si mesma e as opiniões que inserimos
nela? No dia a dia, todo indivíduo, conscientemente ou não, tem a tendência de
contaminar os dados que recebe com seus traços pessoais. Como essa parcialidade
serve indiretamente aos interesses do indivíduo, talvez seja possível dizer que,
quanto melhor fizer com que seus interesses passem por algo impessoal, tanto
melhor para ele. Nós, em resposta, estamos igualmente condicionados a "filtrar"
esse tipo de distorção, revertendo-a em nosso favor, e o mesmo se aplica aos
demais, conforme nos ouvem. No que toca a vida cotidiana, predomina esse
padrão de pensamento essencialmente competitivo e pragmático.

Sendo essa a regra, quando fazemos o caminho reverso, procurando uma forma
imparcial de entender a realidade, estamos de certo modo contrariando nossas
tendências naturais. Remover nossos interesses daquilo que vemos é algo que,
aparentemente, tira o sentido daquilo que se faz. Ao menos à primeira vista, não
parece haver muito sentido num conhecimento que não esteja comprometido com
nossos fins — como não parece haver sentido em amizades com pessoas que não
nos conhecem.

A despeito dessa primeira impressão, a imparcialidade pode sem dúvida ser
útil. Contudo, é preciso aprender a usá-la. Como um instrumento musical, ela é
algo inicialmente difícil de dominar, requerendo tempo e disciplina. Naturalmente,
sendo grande o investimento inicial, torna-se importante entender o que exatamente estamos buscando, pois assim como não nos daríamos ao trabalho de
dominar certo instrumento se não tivéssemos ideia de que isso nos permitiria fazer
música, também não nos daríamos ao trabalho de cultivar um conhecimento
imparcial sem uma ideia razoável do benefício a ser colhido.

A melhor forma de entender como a imparcialidade pode ser útil parece ser a
comparação com um objetivo educacional de longo prazo. Isso porque, ao investir

em educação e disciplina, já temos uma boa ideia de como lidar com nossas expectativas: não vamos à sala de aula esperando recompensas diretas e imediatas, mas uma longa e lenta rotina de aperfeiçoamento. Sabemos que a utilidade desse tipo de conhecimento é estratégica, atuando nas entrelinhas de forma silenciosa, mas cumulativa, de modo que, em certa altura, diante das mesmas situações, vemo-nos capazes de perceber novos detalhes, os quais antes passavam despercebidos. É nesse sentido que a imparcialidade pode ser útil — como uma forma de, digamos, não precisarmos de inimigos para encontrarmos nossos próprios erros.

Por sua vez, como o conhecimento imparcial é essencialmente indiferente a nós, não faria muito sentido pensar nele como um substituto de nossa visão de mundo pessoal. Pelo contrário, ele será apenas uma forma de aprofundá-la, de torná-la mais exata através de um segundo olhar sobre nós mesmos. Assim como um conhecimento elementar de gramática permite que nos expressemos com maior clareza, e assim como um conhecimento básico de física pode nos tirar de vários tipos de enrascada, um olhar imparcial sobre nós mesmos também nos ajudará, mas apenas nesse sentido indireto, como uma ferramenta.

Consideremos também que o conhecimento do mundo natural, mesmo sendo imparcial, pode por vezes conflitar com nossas crenças preexistentes. Para lidar com essa situação, nosso enfoque não pode ser combativo, pois reagiríamos à nova informação como uma "inimiga", como se ela estivesse nos "roubando" de algo importante. Isso acontece porque, lembremos, ter uma "explicação" para a realidade é algo que nos conforta, que nos dá segurança, e não conseguimos simplesmente "abrir mão" de algo que nos conforta. Precisamos, antes, ter algo que o substitua, e que cumpra esse mesmo papel psicológico. No caso, precisamos de uma segunda "explicação" para a realidade, a qual nos possibilitará abandonar a primeira. Esse expediente é necessário, não por qualquer "razão", mas apenas para que mantenhamos nossas necessidades psicológicas satisfeitas ao longo do processo de transição — do contrário a insegurança nos fará permanecer "abraça-dos" às nossas crenças equivocadas. De qualquer modo, considerando que vivemos "dentro" de nossa visão de mundo, parece óbvio que não poderíamos simplesmente destruí-la, ou mesmo abandoná-la, sem que houvesse outra para nos abrigar. Esse tipo de olhar "biológico", como se nota, deixa bastante clara a lógica dessa aborda-gem.

✳ ✳ ✳

Feitas essas considerações preliminares, passemos à construção da imparcialidade. Acostumar-se a uma visão objetiva de si mesmo envolve o hábito de supervisionarmos a nós mesmos, de pensarmos sobre aquilo que pensamos enquanto agimos. A ideia é nos tornarmos mais conscientes daquilo que se passa em nossas mentes, conscientes do processo de nos colocarmos naquilo que vemos, de modo a nos tornarmos familiarizados com a distinção entre os fatos e a nossa interpretação desses fatos.

Em geral, ambas as coisas ficam embaralhadas, significando que o esforço inicial costuma ser considerável. Porém, esse não é o tipo de tarefa que precisamos realizar de uma só vez. Ela pode ser diluída no dia a dia de uma maneira transparente à nossa rotina, exigindo somente um esforço extra e regular de nossa parte. Assim, em vez de tentarmos rever nossa visão de mundo de um só golpe, mergulhando numa espécie de "fúria filosófica", podemos analisar nossas ideias e opiniões gradualmente, conforme as empregamos em nosso cotidiano, como um antivírus de computador que inspecionasse os arquivos acessados e tomasse notas. Como a ideia, aqui, em vez de encontrar vírus, é categorizar e organizar nossa visão de mundo, o fato de estarmos analisando nossas ideias ao vivo melhorará nossas chances de fazer um juízo acertado, pois encontraremos, no próprio contexto da situação, uma riqueza de informações e detalhes práticos que a reflexão, sozinha, dificilmente poderia igualar, pois estaria limitada ao que foi registrado em nossas memórias.

Nessa fase preparatória, queremos entender nossa forma de entender o mundo. Assim, ao mesmo tempo em que vivemos, ao mesmo tempo em que defendemos esta ou aquela opinião, também pensamos: por que tenho essa opinião? Vejo o assunto dessa forma por motivos pessoais, ou trata-se de algo baseado em fatos? Todos nesse assunto pensam como eu, ou a maioria pensa de outra forma? Se pensam de outra forma, fazem-no em função de quê? Dos fatos, ou de suas opiniões pessoais? O assunto em si é uma questão de opinião, ou de conhecimento? Note-se que a ideia aqui não é alterar nossa visão de mundo, mas apenas entendê-la, como se estivéssemos, por assim dizer, "catalogando" nossos pensamentos.

Então, gradualmente, conforme separarmos nossa visão de mundo entre o que é pessoal e o que é impessoal, entre o que é conhecimento e o que é opinião, teremos ao mesmo tempo adquirido uma razoável familiaridade com a linha divisória entre ambas as coisas, de modo que remover nossa própria interpretação dos fatos será meramente questão de não levarmos em conta um conjunto bem definido de ideias. Uma vez tenhamos alcançado essa fluência mental básica, superando o estado inicial de desordem, teremos dado o primeiro passo em direção à imparcialidade, que é *saber* quando estamos sendo parciais.

O objetivo último disso tudo é chegar a viver como se estivéssemos fazendo uma "pesquisa de campo" com nós mesmos, mas levando essa pesquisa adiante sem interferir com nossas vidas práticas, como uma espécie de projeto paralelo. Assim, idealmente, a cada situação com a qual lidamos, a cada opinião que manifestamos, a cada mudança naquilo que sentimos, como pesquisadores de nós mesmos, procuramos uma relação com nosso conhecimento teórico da realidade, de modo a criar lentamente um *continuum* entre ambas as coisas.[82]

✳ ✳ ✳

Como indicamos, não será preciso abrir mão de nossas opiniões pessoais. Poderemos continuar com as mesmas que sempre tivemos, tomando apenas o cuidado de reconhecer os limites de toda opinião pessoal: aquele que a detém. Quando estivermos tratando de assuntos pessoais, envolvendo a vida prática, não haverá problema algum em levar em conta nossas opiniões pessoais. Porém, ao abordar o mundo intelectualmente, essa ótica pessoal deve recolher-se de uma forma mais ou menos automática. Mesmo assim, essa retração não é sentida como um "sacrifício pessoal", pois entendemos como essa imparcialidade conta em nosso favor. Não estamos simplesmente "abrindo mão" de nossas opiniões, como quem visse nisso um gesto de "grandeza espiritual", mas somente limitando-nos a usá-las onde fazem sentido, já que ser parciais em questões intelectuais redundaria em nosso próprio detrimento, assim como redundaria em nosso detrimento utilizar calculadoras cujas teclas não correspondessem precisamente aos números a ser calculados.

Assim, uma vez construamos, em torno dessa visão pessoal, uma segunda visão,

---

82. Por exemplo, ao nos apaixonarmos, ao mesmo tempo em que vivemos essa experiência do ponto de vista pessoal, podemos também encará-la como um estudo em primeira mão dos instintos reprodutivos de nossa espécie, dos mecanismos psicológicos que evoluímos para o cortejo. Assim, conforme acompanhamos as alterações em nossa percepção nesse tipo específico de situação, dando atenção a que detalhes nossa consciência é direcionada, começaremos a perceber nesses detalhes como nosso cotidiano se encaixa como um caso prático daquilo que sabemos sobre o mundo em geral, por meio da ciência. Uma vez alcancemos essa percepção de nossas vidas reais como um caso particular do conhecimento teórico, passaremos a ter um crescente interesse em distinguir esse tipo de relação, exatamente por sua capacidade de nos situar dentro da realidade de uma forma compreensível.

que será impessoal e baseada apenas nos fatos, passaremos a ter duas visões de mundo simultâneas, as quais se complementam: uma que é emocional, parcial, pessoal, necessária para nos orientar na vida prática, e outra que é intelectual, imparcial, impessoal, útil para nos informar sobre o mundo. Na primeira visão, temos o mundo à nossa frente, aos nossos olhos; na segunda, temos o mundo como um todo, e nós dentro dele, vendo-o a partir da primeira. Em uma, consideramos apenas os fatos e, na outra, consideramos os fatos mais a nossa interpretação pessoal desses fatos — como uma folha de transparência anotada que sobrepomos ao original.

Como resultado da sobreposição — mas não mistura — desses dois níveis de compreensão da realidade, torna-se possível compensar automaticamente pelas parcialidades que precisamos assumir na vida prática, as quais não podem ser abandonadas, mas que agora já não prejudicam nossa clareza mental, pois preservamos o original intacto, exatamente para servir de referência às nossas vidas práticas. Sendo metafóricos, é como se entendêssemos nossa experiência pessoal do ponto de vista subjetivo, prático — como um usuário que navega pela realidade —, e também do ponto de vista objetivo, técnico — como um programador que estuda o código-fonte no qual se baseia essa experiência subjetiva.

Claro que, inicialmente, precisaremos alternar entre ambas as visões. Porém, eventualmente, elas se integrarão numa só, como se houvéssemos alcançado uma espécie de "ambidestria mental", sendo capazes de analisar nossas próprias vidas sob duas óticas simultaneamente. Assim, quando conseguirmos trazer essa visão técnica para dentro de nós mesmos e, ao mesmo tempo, permanecer focados em nossas vidas pessoais, teremos o movimento mais interessante desse processo todo, que é alcançar, por meio da inteligência, um segundo olhar sobre nós mesmos. Um olhar que, apesar de atento à nossa experiência subjetiva, ao mesmo tempo também enxerga "através" dela, através do conteúdo dessas experiências, entendendo-as literalmente, como parte da realidade, e não apenas simbolicamente, como parte de nosso "mundo particular", dando-nos assim a intuição de que somos, nós próprios, enquanto sujeitos, não algo que está "dentro" da realidade, mas a própria realidade.

2. ÓTICAS SOBREPOSTAS

Opiniões diferentes são o que faz corridas de cavalo. — Mark Twain

Ver ambos os lados de uma questão é relativamente fácil, desde que não sejamos um deles. Quando estamos envolvidos, fazê-lo envolve a capacidade de deixar
de lado nosso ponto de vista para nos colocarmos no lugar da outra pessoa. Porém,
nesse processo, como saber que porção de nossa visão devemos deixar de lado e
que porção da ótica do indivíduo devemos considerar? Temos de delimitar as
partes relevantes de cada coisa, pois não é possível transpor tudo. Para lidar com
esse problema, seria útil termos uma ideia geral de como nosso conhecimento
tende a divergir ou convergir de indivíduo para indivíduo, e em função de quê.

Para tal fim, suponha-se um experimento em que reunimos um grupo de indivíduos aleatoriamente, pedindo que respondam um questionário sobre suas
crenças pessoais. Seria um formulário de, digamos, cem perguntas gerais, e uma
pequena amostra poderia ser algo deste gênero:

1. O ser humano é um animal?
2. Qual o melhor sistema econômico?
3. Qual a virtude mais importante?
4. Qual a coisa mais importante da vida?
5. Qual a verdadeira religião?
6. Qual o melhor estilo musical?
7. Quantas horas por dia dorme?
8. Aborto é certo ou errado?
9. E pena de morte?
10. Quantas pernas possui?
11. A que temperatura a água ferve?
12. Quanto é 7 vezes 3?

Em geral, temos já uma ideia bastante boa do tipo de resposta que encontrarí-
amos para cada uma dessas perguntas, mas que critério usaríamos para interpretá-
las? Como o que queremos entender são os padrões de convergência ou divergên-
cia na visão de mundo dos indivíduos, podemos levantar quantas respostas iguais

houve para cada questão e, num momento posterior, analisar o que elas têm em comum. Suponha-se que houvéssemos entrevistado mil sujeitos, e que o índice de respostas coincidentes houvesse sido:

1. 60% *sim*. 40% *não*.
2. 70% *capitalismo*. 20% *socialismo*. 10% *outros*.
3. 30% *honestidade*. 20% *bondade*. 20% *coragem*. 30% *outras*.
4. 30% *saúde*. 20% *felicidade*. 50% *outras*.
5. 50% *cristianismo*. 30% *outras*. 20% *nenhuma*.
6. 40% *pop*. 20% *rock*. 40% *outros*.
7. 50% *8 horas*. 30% *7 horas*. 20% *6 horas*.
8. 50% *não*. 50% *sim*.
9. 50% *não*. 30% *sim*. 20% *não sei*.
10. 100% *duas*.
11. 100% *$100°$C*.
12. 100% *21*.

Para entendermos de uma forma imediata o que esses números nos dizem, podemos elaborar uma representação gráfica dos resultados em folhas de transparência. Cada indivíduo terá sua própria folha, e nela as respostas serão representadas por pontos dentro de uma circunferência. Cada ponto terá sua posição determinada pela porcentagem de respostas iguais no grupo como um todo. Assim, quanto mais indivíduos tiverem dado aquela mesma resposta, mais próximo do centro ficará o ponto, e nesse esquema cada questão será representada por um raio da circunferência. A ideia é criar um "mapa visual" do que cada indivíduo pensa.

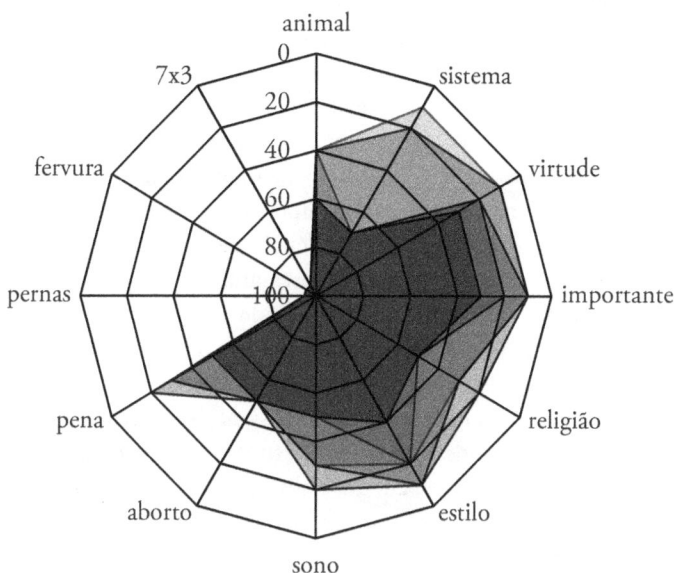

Agora, tendo em mãos os resultados, se fizermos a sobreposição de todas as folhas, teremos algo próximo do gráfico acima. Nele vemos que certas partes de nossa visão de mundo tendem claramente a convergir, enquanto outras parecem divergir sem um padrão muito claro. Todos acreditam que a água ferve a 100 graus Celsius. Todos acreditam que têm duas pernas. Mas nem todos concordam se o homem é um animal. Nem todos concordam quanto ao melhor sistema econômico.

Por quê? O que diferencia os assuntos que tendem a convergir dos que tendem a divergir? Podemos notar que assuntos impessoais tendem a gerar concordâncias (áreas vazias), enquanto os pessoais tendem a gerar discordâncias (áreas escuras). Assim, os pontos tendem a ocupar massivamente o centro do gráfico quando as questões dizem respeito à realidade objetiva, ao que foge de nosso controle, mas tendem a migrar para a periferia do círculo, sobrepondo-se de maneira significativamente menos densa, quando envolvem nossa humanidade. Essa é a principal diferença.

Note-se também que, representando os dados dessa forma, se fôssemos completamente objetivos em todas as questões, não haveria gráfico algum, apenas um ponto no qual se concentram todas as respostas, como foi o caso das três últimas

275

questões. Dito de outra maneira, fatos objetivos não se discutem (e isso deve ser entendido, não como uma prescrição, mas como uma constatação: nós literalmente não os discutimos). Por outro lado, quando o assunto depende do ponto de vista de cada sujeito, suas óticas muitas vezes sobrepõem-se de maneira conflitante, como se estivessem "competindo" pelo mesmo espaço, e esse grau de "conflito interpessoal" na forma como vemos o mundo é exatamente o que esse gráfico mede.

Claro, considerando que assuntos impessoais baseiam-se em fatos, enquanto assuntos pessoais baseiam-se na experiência de vida de cada qual, o resultado parece bastante previsível. No caso, o interessante está em perceber que tal conflito não se deve à mera "ignorância" de um dos lados, mas ao modo fundamentalmente distinto como questões subjetivas relacionam-se à realidade. Diferentemente de discussões objetivas, discussões subjetivas não se referem a algum "fato" sobre o qual se debate por mera falta de dados. Pelo contrário, em questões subjetivas, os "fatos" são aquilo que pensamos sobre o assunto — de modo que nossas opiniões passam a ocupar o papel que, em questões objetivas, seria ocupado pelo mundo natural. Nossas opiniões são, por assim dizer, a "realidade fundamental" das questões subjetivas.

Naturalmente, se o "certo" depende do que cada qual pensa, então esse tipo de discussão envolvendo nossas "humanidades" não gira realmente em torno de nosso conhecimento — de sabermos ou ignorarmos algo —, mas de nossos interesses — de preferirmos algo pessoalmente —, e isso fica ainda mais claro se observarmos que as divergências só aparecem nas questões em que estamos envolvidos. Por exemplo, ninguém está pessoalmente envolvido no fato de 3 x 7 ser 21. Como ninguém em particular pode beneficiar-se de o resultado ser, digamos, 22, ninguém defende essa "opinião". Porém, no caso de qual é a melhor virtude, ou o melhor sistema econômico, parece inevitável que nossos interesses tenham peso na resposta, explicando por que o "certo" passa a divergir de indivíduo para indivíduo. Então, como em questões humanas o "verdadeiro" é sinônimo daquilo que nos interessa — e não daquilo que corresponde aos fatos —, a verdade torna-se uma questão de ordem prática.[83]

---

83. E aqui vemos em que ponto a moral se intersecciona com o conhecimento.

3. ISOLANDO VARIÁVEIS

Você tem o seu caminho. Eu tenho o meu caminho. Quanto ao caminho exato, o caminho correto, e o único caminho, isso não existe.
— Friedrich Nietzsche

Nossos interesses sem dúvida pesam sobre nossa compreensão da realidade.
Contudo, como o mundo pode ser algo diferente "aos olhos" de cada indivíduo, se
é o mesmo para todos? Simples: não pode. Até onde sabemos, a realidade física é
uma só, e ela não varia de acordo com o que pensamos a seu respeito. Assim, para
organizar nossa compreensão do assunto — sem partir para algum relativismo
lunático, evidentemente —, o primeiro passo consiste em perceber que o mundo e
as opiniões que temos a seu respeito não são a mesma coisa — ou todos teriam a
mesma opinião.

Naturalmente, para conseguirmos entender o que são nossas opiniões sobre o
mundo, teremos primeiramente de entender o que é, em si mesmo, esse mundo
sobre o qual temos opiniões, e isso significa que teremos de nos "remover" dele.
Isso porque, se a realidade física não depende de nossa opinião, nosso conhecimento a seu respeito também não pode depender — do contrário não será um conhecimento a respeito da realidade, mas de nós mesmos refletidos nela. Assim, ao
menos nessa altura, nossos gostos pessoais precisarão ficar de fora.

Ao isolar essa primeira variável, falamos da realidade em si mesma, daquilo que
independe de quaisquer óticas, e por realidade "em si mesma" devemos entender
física, simplesmente.[84] Como foi dito, nosso conhecimento a respeito da realidade
física não poderá depender de nosso julgamento, pois a própria realidade não
depende. Logo, nesse nível, o grau de tolerância a divergências entre sujeitos é *zero*.
A água congela-se a zero grau Celsius. Ponto. Não podemos ter uma "opinião"
sobre isso. Ela, ao nível do mar, simplesmente se congela a zero grau, queiramos ou
não. Se a humanidade inteira acreditar piamente que se congela a 10, continuará

---

84. Lembremo-nos do cenário que esboçamos no início da segunda parte.

congelando-se a zero. Não importa o que pensamos. Não depende de nós. Esse é o perfil de uma questão objetiva.

Agora passemos para uma questão menos clara: pena de morte. Como podemos saber se estamos sendo objetivos quando tratamos dessa questão, tão objetivos quanto com a água? Para nós mesmos, qualquer resposta intelectualmente satisfatória parecerá confundir-se com a realidade em si mesma. Então como distinguir uma coisa da outra? De início, podemos recorrer a um filtro simples: a variação. Tentamos descobrir se a resposta varia, por exemplo, de acordo com nosso humor, ou se varia de indivíduo para indivíduo, ou de sociedade para sociedade. Havendo variação conforme se olha para o assunto sob este ou aquele ângulo, fica implícito que a resposta depende da ótica do sujeito.

Para ilustrar, suponha-se que determinado dia estejamos pensando sobre pena de morte, chegando à conclusão de que é errado tirar a vida de outro ser humano. Noutro dia estamos novamente refletindo sobre o assunto, porém dormimos pouco, estamos cansados e mal-humorados, concluindo agora que sim, quem fizer isto ou aquilo merece morrer. No decorrer desse mesmo dia, depois de um cochilo, voltamos a pensar que a pena de morte é errada. Diante dessa flutuação, fica evidente que a resposta depende de nossa ótica. Contudo, isso deve ser entendido como uma "falha" de nossa parte? Não exatamente. Pois ainda que, com as melhores intenções, nos obstinássemos em encontrar uma resposta objetiva para a questão, o esforço, ao que tudo indica, seria em vão. A razão disso é fácil de ver: temos 1) A pena de morte é uma questão intrinsecamente moral; e 2) A moral existe apenas a partir de nós, isto é, de sujeitos particulares; logo, 3) A questão da pena de morte não pode ser decidida de forma objetiva, independente de quaisquer sujeitos, pois a própria moral só existe por meio de sujeitos. Então, como se vê, a questão da pena de morte não é apenas "difícil" de ser respondida de forma objetiva, é na verdade impossível, justamente por ser, em si mesma, uma questão subjetiva. Abordá-la objetivamente equivaleria a tentar comprovar nosso nome recorrendo à química, sendo óbvio que a realidade, em seu nível químico de organização, não tem, nem pode ter, um "nome", muito menos o nosso.

Naturalmente, se a resposta não pode ser decidida apenas com base nos fatos, então tudo o que podemos ter são opiniões pessoais. Não que todas as opiniões sejam igualmente respeitáveis (pois já explicamos que esse relativismo pode ser superado se direcionarmos esse tipo de questão, não ao mundo natural, mas ao bem-estar). O que estamos querendo dizer é que esse não é o tipo de questão a respeito da qual apenas um lado está "certo", e os demais errados, pois pode haver diferentes formas de lidar com o assunto satisfatoriamente. Por exemplo, se temos duas abordagens para resolver um problema *xis*, e se ambas dão bons resultados, então ambas, para todos os fins, estão igualmente "certas", pois nesse tipo de questão "estar certo" é apenas isso: alcançar bons resultados. Similarmente, duas linhas de montagem podem ser diferentes, mas, se saem delas carros igualmente bons, então ambas, para todos os fins, são igualmente boas. Não há, entre esses dois modos de fazer carros, um que seja "no fundo" o verdadeiro — e, assim como não há apenas um jeito "certo" de fazer carros, também não há um jeito "certo" de viver. Daí que, em questões humanas, em vez de dizer que os indivíduos estão "certos" ou "errados", talvez fosse mais exato dizer que estão convencidos disto ou daquilo, ou acostumados a isto ou àquilo, pois, não havendo nenhuma realidade por detrás desse tipo de questão, nenhum dos lados poderia estar *realmente* certo.[85]

Agora, para uma última observação nesse tópico particular, retomemos nosso dia de mau humor, porém relativamente a uma questão objetiva. Por exemplo: a temperatura em que a água ferve. Em circunstâncias normais, uma noite de insônia poderia facilmente nos "convencer" de várias coisas,[86] mas todas elas subjetivas. Nenhuma insônia, por mal-humorados que nos deixasse, nos faria duvidar de que a água ferve a 100 graus Celsius.[87] Estejamos no topo do mundo ou no fundo do poço, não passamos a encarar diferentemente o modo como a água se comporta. Sim, óbvio. Mas o que isso nos mostra? Mostra que apenas questões subjetivas dependem dos olhos do sujeito — as objetivas dependem do objeto. Segue-se que a forma certa de abordar cada questão não depende realmente de nós — de nossa "liberdade de crença" —, mas da própria natureza da questão — a qual pode ser

---

85. Ainda que não fosse esse o objetivo, uma consequência quase inevitável desse tipo de percepção parece ser a tolerância que desenvolvemos quanto a pontos de vista distintos. Isso porque, uma vez tenhamos localizado as crenças que só defendemos por razões pessoais, passamos a vê-las de uma forma mais flexível e relativa, exatamente porque as desembaraçamos da realidade em si mesma, deixando de concebê-las como parte constituinte do mundo, situando-as, em vez disso, como uma ótica apenas nossa, que se baseia apenas em nossa interpretação — assim como outras pessoas terão as suas próprias, baseadas nas suas. Então, percebendo que não há verdades em assuntos pessoais, mas apenas óticas, deixamos de lado a ideia de que precisa haver uma correspondência entre nossa sensação de "estar certos" e a realidade exterior, e assim já não sentimos nossas crenças pessoais como algo que deve ser "defendido".
86. Cioran que o diga.
87. Sendo mais específicos: H_2O em sua forma pura, sob uma atmosfera de pressão.

objetiva, a ser respondida com base nos fatos (*e.g.* fervura da água), ou subjetiva, a ser respondida com julgamentos pessoais (*e.g.* pena de morte).[88]

* * *

Uma vez tenhamos entendido em que tipos de assunto a resposta depende de nós, e em que assuntos não, e em que nível nosso humor se encaixa dentro disso, teremos já dado o primeiro passo para organizar uma compreensão clara do problema como um todo. Assim, inicialmente, o provável é que procurássemos uma forma de desembaraçar a influência de nosso humor sobre nossa compreensão da realidade. Começaríamos perguntando: que porções de minha visão da realidade dependem de meu humor? E a resposta já estaria ao nosso alcance. Porém, depois, poderíamos perguntar: que porções da realidade dependem de mim? Que porções da realidade dependem da sociedade? Que porções da realidade dependem de sermos humanos? Que porções da realidade dependem de estarmos vivos? E, por fim, que porções da realidade não dependem de nada? Dado o primeiro passo, os demais parecem seguir-se. Temos assim uma sutil gradação desde algo tão pessoal e cambiante quanto nosso humor até algo tão inflexível quanto a realidade física.

Para facilitar, podemos imaginar essa ideia como uma série de círculos concêntricos (por assim dizer). Englobando todos os demais ficaria a realidade física — como a porção da realidade que não depende de nada — e, dentro dela, temos círculos cada vez mais particulares de organização. Essa divisão em círculos, claro, é apenas um recurso didático, mas útil para entendermos visualmente a hierarquia de determinações dos diferentes níveis de organização da realidade e, ao mesmo tempo, permanecermos "com as mãos livres" para refletir sobre este ou aquele detalhe, sem gastar recursos mentais imaginando círculos.

---

88. Para ilustrar um caso que admite ambas as interpretações, pensemos no sentido da vida. Se abordarmos essa questão de uma maneira subjetiva, significando a vida "valer a pena", poderemos pensar certo dia, porque acordamos bem dispostos, que a vida tem sentido. Porém, noutro dia, se por alguma frustração pessoal sentíssemos o chamado da ranzinzice, poderíamos muito bem concluir que não há sentido nenhum, que a coisa toda é uma palhaçada. Por outro lado, se abordarmos essa mesma questão de uma forma objetiva, concluiremos que o sentido da vida é a perpetuação genética. Sendo objetiva, essa ótica não estará sujeita às mesmas flutuações que encontramos na abordagem subjetiva. Estejamos bem ou mal humorados, nunca nos ocorrerá duvidar de que os seres vivos estejam programados para criar cópias de si mesmos.

física

vida

homem

indivíduo

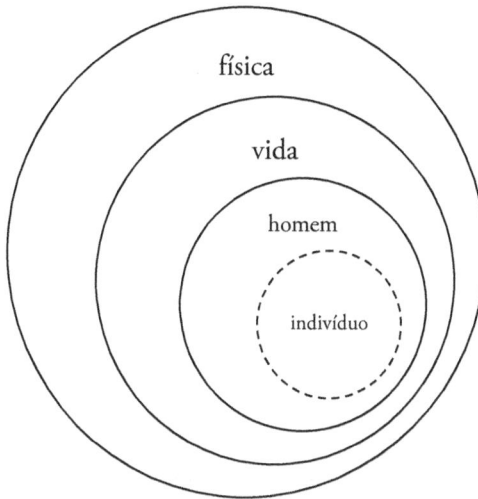

Interpretando o esquema, vemos que, enquanto indivíduos, somos determinados "de fora" pelos vários círculos em que estamos inscritos. Porém, naquele que nós mesmos criamos, não somos determinados por nada. Assim, o que se encontra fora de nosso círculo, por estar além de nosso controle, pode, por isso mesmo, ser conhecido objetivamente, mas o que está dentro, como pode ser escolhido, torna-se uma questão de opinião. Daí que possamos pensar que é errado matar, pois isso diz respeito à moral, mas que não possamos pensar que é "errado" que a vítima morra depois de atirarmos nela, pois isso diz respeito à física. Uma coisa existe a partir de nós, a outra, não. O exemplo é simples, mas suficiente para entendermos a ideia geral.

Essa relação entre as esferas é particularmente útil para entendermos como o que está fora do indivíduo, ao mesmo tempo em que o permite uma abordagem objetiva da realidade, também o "delimita" na liberdade de seu próprio círculo. Assim, o indivíduo é livre, mas apenas enquanto indivíduo, apenas naquilo que foi criado em seu nível; em todo o mais, ele é determinado pelos círculos exteriores. Nessa ótica, não podemos ter a opinião de que a lua é de queijo, como se estivéssemos tentando "nos impor" à física, mas podemos ter a opinião de que a lua é bela, pois estética existe a partir de nós. O detalhe importante a ser notado é que, na medida em que pudermos ter opiniões, tudo o que podemos ter são opiniões: deixa de haver, sem quaisquer meios-termos, um critério de objetividade.

Assim, num assunto que diga respeito à realidade em si mesma, não haverá margem para "opiniões", mas haverá margem para conhecimento. Porém, se o assunto disser respeito apenas a nós mesmos — como a hora que julgamos mais adequada para dormir —, poderemos ter a opinião que quisermos, mas todos também poderão ter as suas, de modo que a esfera de aplicação dessas opiniões ficará automaticamente restrita aos seus respectivos donos. Seguindo tal raciocínio, um fato que não depende de nada vale para todos, como, por exemplo, a temperatura em que a água se congela; um fato que depende de sermos homens vale para todos os homens, como sermos bípedes; um fato que depende apenas de nós, vale apenas para nós, como uma música preferida; um fato que depende de nosso humor, vale apenas para aquele humor, como a vida não valer a pena se estivermos deprimidos ou, se não estivermos, valer.

✳ ✳ ✳

Observemos agora que, ao fazer tais distinções especificamente no nível do indivíduo, chegamos à clássica separação entre ciências naturais e ciências humanas. Como se supõe, essa separação existe devido à natureza essencialmente distinta de seus respectivos objetos de estudo. No caso das ciências naturais, como o mundo natural existe por si mesmo, torna-se possível uma abordagem objetiva. Porém, existindo a partir de nós, nossas humanidades nunca poderiam ser estudadas dessa mesma forma, procurando-se por correspondência em fatos naturais.

De um modo geral, ciências naturais são fáceis de entender: observamos o mundo e o descrevemos. As teorias serão verdadeiras ou falsas na medida em que corresponderem ou não aos fatos. Nessa lógica, se ciências naturais correspondem ao mundo natural, então ciências humanas deveriam corresponder ao homem, mas nós correspondemos ao quê? Na medida em que podemos fazer o que quisermos, não correspondemos a nada em particular. Queremos dizer, não há leis naturais especificamente humanas, e objetivamente inscritas na trama da realidade, das quais cada homem seja um caso particular. Então, não havendo "leis humanas" às quais estejamos submetidos, não parece possível abordar nossa humanidade de uma forma objetiva, a não ser que estudemos cada indivíduo separadamente, sem a intenção de formular qualquer regra geral.

Para fazer um paralelo um pouco mais claro entre ambas as esferas, imaginemos uma controvérsia qualquer, primeiramente no âmbito das ciências naturais. Por exemplo, objetos de diferentes massas caem a diferentes velocidades? Um lado sustenta a *teoria a*, enquanto outro sustenta a *teoria b*. Claro, ambas as teorias poderiam estar erradas. Contudo, na suposição de que uma delas estivesse certa, como faríamos para decidir? Simples: pela observação da realidade. A *teoria a* diz que *a*. A *teoria b* diz que *b*. Então observamos a realidade. Vemos que *b*. Logo, a *teoria b* é a verdadeira. É só isso.

Por outro lado, se essa controvérsia entre a *teoria a* e a *teoria b* estivesse situada na esfera de nossa humanidade, como faríamos para resolvê-la? Digamos que o primeiro indivíduo julgasse mais belo o quadro *xis*, enquanto o segundo julgasse mais belo o quadro *ípsilon*. Como cada lado tem sua teoria, ouvimos ambos os lados da equação. Primeiro ouvimos o *lado a*. Depois o *lado b*. Agora, para decidir qual está certo, olhamos onde? Se não há uma "realidade humana", um referencial externo a partir do qual estabelecer a validade objetiva deste ou daquele ponto de vista,[89] o que poderia ser dito em termos objetivos que fosse relevante à questão? Ao que parece, nada. Porque, se a condição humana só existe a partir de nós, somos nós o único referencial — e, sendo esse o caso, nunca poderíamos decidir esse tipo de questão olhando "para fora". Será preciso olharmos para dentro. Porém, como cada qual olha para dentro de si mesmo, a objetividade fragmenta-se ao nível individual.

Nessa situação, fica claro por que não faz sentido abordar controvérsias humanas com o mesmo modelo das ciências naturais, na suposição de que apenas um lado poderia estar "realmente" certo, pois para determinar que lado é esse seria preciso partir de algum pressuposto exterior à condição humana — e fora da condição humana tais assuntos sequer existem. Se estivéssemos falando de física, de química, ou mesmo de fisiologia, seria simplesmente questão de descrever comportamentos de certos objetos em certas condições. Porém, uma vez caminhemos ao cenário que nós mesmos criamos, esse modelo deixa de funcionar. As questões humanas, diferentemente das naturais, não dependem do mundo em si, mas apenas de como cada indivíduo vê o assunto — e o assunto, sendo subjetivo, não remete a nada além da própria visão desses indivíduos, de modo que a questão toda passa a constituir uma espécie de "nuvem" que não tem pé em nada. Ficamos, assim, fechados em nós mesmos, tendo em nossa humanidade um "assunto interno" da espécie.[90]

---

89. E aqui fica óbvio o tipo de problema que deus soluciona.
90. Notemos como essa conclusão que, à luz da biologia, parece demasiado óbvia, soa de certo modo "ousada" nesse contexto de discussão.

Agora, para melhor entendermos a situação em que essa "objetividade fragmentada" nos coloca e, ao mesmo tempo, evitar alguns pontos viciados do assunto, tentemos imaginar essa fragmentação em termos puramente físicos. Digamos que cada átomo tivesse seu próprio comportamento individual, como homens. Como faríamos para estudá-los? Poderíamos tentar observá-los um a um, ou em conjunto, mas, como eles sempre fazem o que bem entendem, nenhuma quantidade de observações nos permitiria prevê-los com exatidão. Em vez disso, teríamos de partir para alguma abordagem aproximada, estatística, exatamente como fazem as ciências humanas. O resultado seria um conhecimento relativamente vago, que não se aplica a nada em particular, e que precisa ser constantemente revisto para manter-se mais ou menos útil. Essa abordagem "humana" dos átomos — ao menos se comparada à precisão quase cirúrgica da física moderna —, nos pareceria algo extremamente limitado. Porém, dadas as circunstâncias, não teríamos outra escolha.

No caso, o interessante está em perceber que não conseguiríamos prever o comportamento desses "átomos autônomos" pelas mesmas razões que não conseguimos prever seres humanos: porque, nesse nível que estamos tentando entender, nenhum deles está submetido a leis gerais. Assim, o problema não parece estar (apenas) nas limitações de nosso aparelho cognitivo, mas no fato de o ser humano não estar submetido a quaisquer determinações especificamente humanas — sendo óbvio que, se cada átomo se comportasse como bem entendesse, também não conseguiríamos entender muito de química.

4. RAZÕES RIVAIS

A forma mais comum de loucura é a crença apaixonada no palpavelmente falso. Essa é a principal ocupação da humanidade.
— H. L. Mencken

Temos dois times que competirão entre si durante determinado período de tempo, orientados por um conjunto de regras. Em cada time, cada jogador está ciente de que seus interesses conflitam com os do outro time, mas a ideia é exatamente essa. Durante a partida, cada jogador dará o seu máximo para levar seu time à vitória, buscará aplicar estratégias que desestabilizam seus oponentes tanto física como psicologicamente, explorando ferozmente suas fraquezas, minando suas resistências repetidamente, até que um dos lados ceda, abrindo assim uma brecha pela qual o adversário imediatamente impõe-se, tomando o controle da situação e mantendo esse controle até vencer a partida, após a qual dão-se as mãos como se nada houvesse acontecido.

Todos sabemos que esportes são simplesmente invenções para nos entreter, e é curioso perceber como conseguimos extrair prazer, como nos dedicamos tão intensamente a algo que sabemos não ter quaisquer "fundamentos". Ninguém se indigna, exclamando: "Como assim, acabou a partida, acabou o jogo, e é só isso? Que coisa mais insensata! Que ótica mais limitada! Se não há um árbitro supremo que criou as regras de nossas esportividades, o que impede um jogador de atear fogo ao estádio? Esporte não é, não pode ser só isso! Tem de haver algo mais, uma razão superior pela qual se joga!" Mesmo sendo perfeitamente aplicável, ninguém levanta esse tipo de argumentação. Como esse não é um assunto a respeito do qual buscamos nos enganar, nenhum jogador ou torcedor parece sentir-se ofendido pela afirmação de que o esporte não tem uma "finalidade existencial". Parece-nos demasiado óbvio que a ideia do jogo é jogar. O que mais seria? Evoluir nosso metabolismo? Diferentemente da vida, que sempre vivemos por alguma outra razão, o jogo nós jogamos por ele mesmo.

Além disso, ninguém parece supor que, ao trazer à luz a arbitrariedade desses jogos, estejamos de algum modo sugerindo que eles não devam ser jogados, ou que sejam perda de tempo, ou que devamos nos envergonhar por praticá-los. Simplesmente não nos sentimos ameaçados pela ideia de aplicar uma abordagem racional ao esporte, como se isso fosse de algum modo um "reducionismo digno de pena" — algo que, presumivelmente, ouviríamos ao tentar aplicar essa mesma ideia às nossas vidas. Podemos também supor que, se o preço de entendermos os esportes fosse ter de parar de praticá-los, então apenas sedentários chegariam a fazê-lo. Mas nem isso acontece. Em nossas cabeças, ambas as coisas simplesmente não conflitam, e nem vemos por que deveriam.

Assim, torce-se por um time, torce-se por outro, mas estamos sempre cientes de que o fazemos meramente pelo acaso de gostarmos pessoalmente deste ou daquele time. Não sentimos a necessidade de subverter nossa visão inteira da realidade para se conformar a essa "paixão", racionalizando teorias metafísicas que "dão sentido" ao time pelo qual torcemos. Então, dado que tratamos esse assunto com naturalidade, e com os pés no chão, se porventura nos perguntam os motivos de nossa preferência, admitimos sossegadamente que é "coisa de família", ou influência de alguém em específico, ou outra coisa qualquer. Seja qual for nosso motivo, dificilmente tiraremos da manga alguma explicação fantástica para justificá-lo, como algo do calibre de uma "vida passada".

Muito bem, agora coloquemos esses fatos em perspectiva. Temos vários times, cada qual com seu séquito fiel de torcedores. Todos vivem discutindo entre si, buscando de todas as maneiras enaltecer seu próprio time e diminuir os demais. Nenhum esforço é poupado no processo de deixar claro que o seu time, e ele apenas, é o melhor da existência, ao lado do qual os demais servem apenas para ilustrar o que é ser um fracassado digno de pena. Diante desse interminável conflito, a pergunta que colocamos é a seguinte: *qual está certo?*

Imaginemos um jogo em andamento. Temos, em dois lados do estádio, dois grupos de torcedores, os quais representam pontos de vista distintos, conflitantes entre si. Um lado acredita estar com a razão. E o outro também. Todos acreditam estar com a razão. Contudo, é impossível que todos estejam certos ao mesmo tempo. Impossível porque estão discutindo qual é o *melhor* time — e melhor só pode haver um. Pois então, qual lado está com a razão? Qual torcedor está *realmente* certo? Poderíamos responder que é exatamente essa a finalidade da partida: definir o melhor time. Porém, se a vitória define o melhor time, e se todos torcem para o melhor, então, excetuando-se casos de empate, por que todos não saem do estádio torcendo para o mesmo time? Se adentrarmos o estádio com esse tipo de argumentação, podemos estar certos de que até o torcedor mais simplório terá discernimento suficiente para nos explicar que ter um time é "coisa do coração", e que o lado "certo" depende de qual lado gostamos, não de qual faz sentido.

Entendendo os esportes dessa maneira, os paralelos possíveis com nossas vidas são vários, mas há dois particularmente relevantes à nossa discussão. Primeiramente, essa abordagem mostra que é possível compatibilizar nossas "paixões" com uma compreensão racional da realidade — e isso sem ficarmos "desmotivados", sem que o jogo "perca o sentido". Se podemos entender as razões que nos levam a competir em jogos, que são invenções humanas, por que não poderíamos entender as razões — igualmente arbitrárias, diga-se — pelas quais vivemos? Entender nossas vidas objetivamente, como um processo físico, um jogo genético, mas também subjetivamente, como um jogo pessoal, um no qual temos certo lado — o nosso —, a defender? Qual seria o impedimento? Se entender jogos esportivos imparcialmente não conflita com as razões práticas pelas quais jogamos, nem incentiva o caos, nem prejudica as fintas, por que entender a vida — que, afinal, é apenas um jogo que jogamos em sociedade —, traria esses problemas? Problemas que, aliás, nunca vimos acontecer? Até onde podemos perceber, a comum suposição de que entender a vida arruína-a não é mais que um preconceito de ordem intelectual.[91]

Em segundo lugar, ilustra que assuntos humanos, por se orientarem à prática, são irredutíveis ao modelo de conhecimento das ciências naturais, não havendo como situar um ponto de vista "verdadeiro" dentre todos os demais com referência a um fato natural. Ciências naturais, como já explicamos, baseiam-se em fatos, mas ciências humanas baseiam-se em humanos. Assim, em vez de entender nossas opiniões como "verdades pessoais", tomando emprestado o modelo das ciências naturais, faria mais sentido que as entendêssemos como entendemos os esportes, isto é, em termos de preferências individuais. Nessa ótica, nossas opiniões pessoais seriam posições adotadas por motivos práticos, comprometimentos que nos permitem levar a vida adiante conforme competimos, mas que não possuem nada "por detrás", sendo ultimamente algo tão arbitrário quanto o lado pelo qual se torce numa partida esportiva.

---

91. Claro, talvez se argumente que essa visão demasiado "seca" da vida tira dela toda a beleza, tornando-a insípida. A princípio, poderia até ser o caso. Contudo, por que essa mesma "visão seca" não tira a beleza dos esportes? Fosse realmente isso o que tira a "beleza" da vida, deveria tirar também a do esporte (e a da amizade, e a do sexo etc.). Porém, se não tira, a impressão é que essa teoria de a beleza ser "secada pela razão" é apenas um *ad hoc* — um tapa-buracos, um *para isto* — sobre algo que não entendemos realmente. Afinal, por que precisaríamos ser necessariamente iludidos para levar a vida adiante? Por que não podemos viver e entender? Precisaria haver ao menos uma explicação satisfatória para essa suposta incompatibilidade entre ambas as coisas, já que uma visão esclarecida parece, em todos os sentidos, um melhor guia para nossas ações que uma visão iludida. Pois então, por que pensamos dessa maneira? Considerando que não há quaisquer evidências em favor dessa linha de raciocínio — já que indivíduos racionais vivem perfeitamente bem —, poderíamos tentar a hipótese de que, nesse caso particular, nosso julgamento é colorido por uma associação emocional subjacente entre a lucidez e as experiências traumáticas que a despertam. Noutras palavras, estaríamos novamente confundindo os efeitos da lucidez — a compreensão aguda de algum fenômeno — com as causas dessa lucidez — esse fenômeno ter nos causado problemas (assunto que, se estivermos lembrados, já discutimos ao final da terceira parte).

5. ARENA VIRTUAL

Enquanto nos recusarmos a admitir o caráter intercambiável das ideias,
o sangue corre. — E. M. Cioran

Suponhamos um debate a respeito de um assunto controverso qualquer, como aborto, pena de morte ou eutanásia. Agora vejamos como ocorre o confronto entre os participantes. Cada indivíduo terá um "lado", uma opinião baseada naquilo em que "acredita", e cada um deles pensará estar certo, buscando demonstrar o equívoco na argumentação do adversário. Até aqui, tudo bem. Debates civilizados costumam ser saudáveis. Mas e se quisermos saber qual deles *realmente* está certo? E, se está, por que o outro não aceita? Afinal, não é para isso que estão discutindo, para chegar à verdade? Assim como no caso dos esportes, já deve ter nos ocorrido a possibilidade de que nenhum dos dois lados está certo, nem nunca estará. Pois como alguém poderia estar certo ou errado a respeito de um assunto que não se baseia em nada, senão em cada ponto de vista? Uma vez a discussão tenha perdido o pé no mundo natural, passando a questões puramente humanas, podemos defender qualquer ideia imaginável com base em qualquer teoria concebível. Pouco espantosamente, é bem isso o que fazemos.

Pensemos mais a respeito. Haveria alguma forma de abordar nossas humanidades, se não objetivamente, ao menos de modo a encontrar um ponto a partir do qual todos concordassem? Apenas se convencêssemos todos a deixar de lado as posturas que defendem devido ao comprometimento pessoal (*e.g.* fazer com que ambos os lados da torcida parassem de discutir por reconhecer que, no fundo, seus respectivos times só são melhores aos seus olhos). Contudo, parece evidente que, ao remover tal comprometimento, as humanidades perdem sua razão de ser. Mesmo porque, se estivermos lembrados, a própria vida só existe porque está comprometida consigo mesma, e lembremos também que esse comprometimento não parte da vida "como um todo", mas de organismos particulares, de modo que o referencial de "verdade", ao menos em termos subjetivos, passa a ser a ótica de cada qual. Daí o conflito.

Traduzindo em termos práticos, se um *indivíduo a* nasceu num *país a*, no qual se fala inglês e a pena de morte é permitida, e outro nasceu num *país b*, no qual se fala português e a pena de morte é proibida, as chances são que ambos absorverão as tendências dominantes no meio em que vivem, passando a defendê-las como suas "verdades pessoais" e, ao mesmo tempo, presumindo estarem errados todos os que não houverem sido criados sob a influência desse mesmo conjunto de valores. Então, se imaginávamos que algum ponto de vista era defendido por ser "verdadeiro", ilusão a nossa. Assim como, entre o português e o inglês, não há uma língua que seja a "realmente verdadeira", também não há nenhum ponto de vista "realmente verdadeiro" sobre pena de morte. Nessa situação, como tudo o que há são diferentes pontos de vista, discutir se pena de morte é certa ou errada "em si mesma" faz tanto sentido quanto discutir se é "melhor" dizer *obrigado* ou *thanks* quando recebemos trocos, e isso independentemente do país em que estivermos. Mesmo assim, se falar de *países a* e *indivíduos b* nos parece vago e distante, e preferirmos casos reais, basta observar o mundo ao nosso redor: veremos que cada qual defende seu país, sua religião, seu partido, sua família, seus amigos, seus costumes, simplesmente porque são *seus*, não porque haja realmente uma "razão" nisso.

Resulta que, num debate entre esses indivíduos *a* e *b*, não haverá, para ancorar a discussão, um terreno mais sólido do que as próprias convicções desses indivíduos, de modo que o debate todo girará em torno de um "eu acredito em *a*" opondo-se a um "eu acredito em *b*", cada qual defendendo uma realidade que só se mostra aos seus olhos, mais ou menos como um morcego tentando convencer um humano de que o "certo" é ver com os ouvidos. Assim, do começo ao fim, o debate é guiado, não pela razão, mas pela sensação íntima de "estar com a razão", e isso sem que nenhum dos lados tenha provas. Por qualquer definição sensata, isso é um tiroteio de cegos. Mas é também uma forma de entender por que tais assuntos, por mais que os discutamos, nunca nos levarão a parte alguma, pois não se baseiam em nada, apenas no fato de o indivíduo ter direito a uma ótica porque está vivo. Apesar de um pouco inquietante, esse quadro ao menos nos ajuda a entender por que a humanidade, por mais que tente, nunca consegue superar seus conflitos internos.

Sendo otimistas, não seria possível supor que um dia todos concordarão? Não. Foi o que acabamos de explicar. Essa possibilidade não existe, pois cada ótica está comprometida, não com alguma "humanidade em geral", mas com o indivíduo em particular, e cada qual, sendo cada qual, tem seus próprios interesses a defender. Tendo isso em vista, talvez fosse o caso de repensarmos nossa forma de abordar o assunto, pois não há nada que a razão possa dizer a respeito do conteúdo de nossos argumentos se eles não se baseiam em nada — ou ao menos em nada além desse aferro circular às nossas posturas, por elas mesmas. Perguntemos então o seguinte: por que discutimos sobre a veracidade de assuntos que não se baseiam em nada, pelo simples fato de estarmos comprometidos com eles? O que é disputar a veracidade de um assunto que não tem verdade alguma por detrás? O que realmente está acontecendo aqui? Para responder essa questão, como o conteúdo de nossas ideias parece ser irrelevante, já que não se refere a nada no mundo, parece que estamos uma vez mais na situação em que, para prosseguir na análise, teremos de focar a forma geral em vez do conteúdo: o que se faz, não o que se pensa.

Imaginemos duas pessoas discutindo a respeito de qual estilo musical é o melhor. Se estivéssemos interessados, poderíamos ouvir o que cada lado tem a dizer, e então emitir algum parecer sobre qual está com a razão. Muito bem, agora suponhamos que essa mesma discussão estivesse ocorrendo em uma língua que não entendemos. Com isso, já não podemos dizer se concordamos ou discordamos, mas ainda conseguimos reconhecer a forma geral do que estão fazendo: estão discutindo, isto é, trocando gestos e vocalizações de forma mais ou menos agressiva. Agora imaginemos que, em vez de serem dois homens, fossem dois animais trocando gestos e vocalizações. Com esse último passo, não fica claro o que estamos realmente fazendo ao discutir assuntos que, por princípio, não podem ser resolvidos? Em última análise, estamos apenas competindo, demonstrando nossas habilidades verbais, nossas capacidades mentais, trocando agressões, tentando intimidar, estabelecer dominância, hierarquia, poder, sendo também importante impressionar quem assiste. É o que fazem todos os animais hierárquicos, é o que nós fazemos. A diferença é que nossa disputa, em vez de ser literal, já que a agressão física costuma ser custosa à espécie, é simbólica e ritualizada, ocorrendo numa "arena virtual" de informações que nós mesmos criamos por meio da linguagem. Como se supõe, o nome dessa arena é cultura.

Em nosso cotidiano, costumamos ver a cultura como uma espécie de manifestação artística do ser humano, como algo inofensivo e relativamente inútil que apenas ilustra o quanto somos criativos e espiritualmente fecundos. Assim, ela seria algo que caminha ao nosso lado, uma espécie de "companheira" dos genes. Nessa abordagem, como focamos apenas seu conteúdo conceitual, a cultura não nos parece mais que um repositório informacional, um baú de quinquilharias espirituais. Porém, se a interpretarmos à luz da função que executa em nossas vidas, ficará claro que, em vez de uma "companheira", ela é na verdade a arena desses mesmos genes: uma bolha de informação que nos envolve e acompanha ao longo da história, criando o cenário virtual, a zona de guerra na qual competimos entre nós mesmos, levando nossas capacidades sempre até o limite. Nesse sentido, observe-se que, se nossas prioridades fossem simplesmente sobreviver e nos reproduzirmos, não seria preciso muito para satisfazer a humanidade como um todo: precisaríamos apenas de alimento e de um lugar para dormir, e para além disso simplesmente vegetaríamos. Porém, uma vez asseguremos nossas necessidades básicas, descansar é o que fazemos? Não. Continuamos à procura de satisfação. E onde exatamente a encontramos? Justamente na relação uns com os outros — relação que tem a cultura como pano de fundo, a qual nos dá as regras segundo as quais competir entre nós mesmos por *status* e poder, os quais, por seu turno, nos darão acesso aos recursos de que precisamos para sobreviver.

Tendo em mente essa mecânica, fica claro por que o conteúdo de nossos argumentos é de pouca ou nenhuma importância. Disputamos por razões funcionais relativas à perpetuação da espécie, não por razões lógicas relativas ao progresso do conhecimento: queremos definir quem manda, não quem está certo. Por isso mesmo, nesse processo a última coisa com que nos importaríamos seria a verdade: aqui, estar certos não legitima nossos motivos, assim como estar errados não os invalida. Basta observar que, quando estamos debatendo sobre nossas convicções pessoais, se o adversário nos refuta, nós simplesmente aumentamos a voz e fingimos que não foi conosco. Em teoria, ao ser refutados, teríamos de abrir mão de nosso ponto de vista, mas isso praticamente não acontece, pois a ideia nunca foi encontrar a verdade, mas apenas competir, mostrar que estamos certos. Daí que uma prova de que estamos errados não nos prove nada, pois nossos pontos de vista nunca foram mais que pretextos para competir. Estar literalmente certos, aos nossos olhos, é quase uma questão técnica, no melhor caso uma forma de assegurar credibilidade, mas nunca o essencial. O essencial é vencer.

Esse modelo nos permite entender por que a preocupação com a verdade, para a maioria das pessoas, é meramente simbólica, ligada à sua vaidade, não factual, ligada à realidade, e também por que a ideia de ser imparciais lhes é tão dúbia e apela tão pouco ao seu modo natural de pensar. Esse seria um resultado bastante previsível se "estar certo" fosse mais uma questão de impor-se aos demais, de fazer valer sua opinião, que de possuir uma compreensão adequada da realidade. Naturalmente, se todos os nossos pontos de vista fossem baseados apenas na realidade, e se cada qual guardasse suas opiniões para si mesmo, todos movidos por um autocontrole emocional espartano, simplesmente não haveria discussões, não haveria conflitos humanos. Contudo, esse tipo de situação pacífica dificilmente seria favorecida pela seleção natural, pois está focada nos interesses do organismo, aos quais a evolução é essencialmente indiferente. Como a utilização de parte de nossos recursos em disputas internas tem a imediata utilidade de "filtrar" as melhores configurações genéticas possíveis por meio da competição, a evolução de uma convivência perfeitamente pacífica, em condições naturais, parece algo muito improvável, como o surgimento de um órgão complexo que não serve para nada, ocupando o exato lugar de outro que poderia ser muito útil.

Então, como são exatamente os conflitos de interesse que criam o campo de batalha na vida, e como essa competição executa um importante papel na seleção do material genético que passará às gerações seguintes, fica fácil entender, entre várias outras coisas, por que temos a crônica tendência de deturpar os fatos em favor de nossa "individualidade", de nossos "princípios", e assim por diante. Essa competitividade que nos move, a qual se manifesta até em nível conceitual, é reflexo de termos sido programados para viver em ambientes nos quais nem sempre havia recursos para todos. Ou seja, tínhamos de ganhar a vida sendo melhores que a média. Isso faz do conflito humano uma característica estrutural da vida, não apenas um problema teórico a ser solucionado encontrando-se a "ótica correta" sobre o assunto, pois já vimos que tal ótica não existe. Assim, se por vezes defendemos posições absurdas e aparentemente sem sentido, não é tanto por sermos ignorantes sobre a realidade, mas principalmente porque somos parciais, porque temos de vender nosso peixe. A verdade nunca foi a questão. Reinterpretamos os fatos para que eles nos favoreçam, não para estar certos. Queremos nos dar bem. Porém, como todos querem o mesmo, precisamos competir até nisso, fazendo um intrincado jogo social de explorar sem ser explorado, de mentir sem ser enganado, de seduzir sem ser fisgado. O resultado de toda essa competitividade, naturalmente, é vivermos sempre "no limite" de nossas habilidades, como seria esperado se a ênfase estivesse na seleção do mais apto, não no bem-estar do organismo, tampouco na lógica de seus conceitos.

Agora, se pensarmos em termos práticos, veremos que um dos casos mais típicos dessa "disputa interna" ocorre na dimensão intelectual, na célebre luta do homem por seus "ideais". Os pré-requisitos dessa luta já são bastante sugestivos: nenhum. Não precisamos de nada para ter um "ideal", nem mesmo de um bom motivo: basta ter uma boca e uma ideia fixa. Naturalmente, seja qual for nosso ideal, ele virá sempre acompanhado da sensação de que "algo deve ser feito", mesmo que não saibamos o quê, mesmo que nada realmente precise ser feito. Assim, na tentativa de justificar essa necessidade gratuita de lutar, passamos a afirmar que há algo de errado com o mundo. Torna-se então urgentemente necessário mudá-lo, seja no que for. E é claro que, nesse processo, quem sofre as mudanças não somos nós, mas os que nos circundam, conforme contestamos sua forma de pensar, na suposição de que seria muito importante "para o mundo" que todos passassem a pensar exatamente como nós. Assim, incapazes de nos ajustarmos ao mundo, tentamos fazer o mundo ajustar-se a nós: temos nisso as raízes de praticamente todas as *militâncias* — e raízes bastante embaraçosas, é verdade —, das quais nasce o desejo de "reformar" a humanidade. Se pensarmos a respeito, a ideia de que o mundo só será melhor quando conseguirmos mudá-lo já é bastante estranha. Porém, se acrescentarmos que queremos mudá-lo em algo que ninguém nunca viu, e que isso dará certo por motivos que não sabemos explicar — porque precisam ser "vividos" —, teremos praticamente uma confissão de que o indivíduo não tem a menor ideia do que está falando. Convenhamos: o mundo vai muito bem, obrigado. Sim, mas como isso pode ser verdade, se não é o mundo com o qual sonhamos? Bem, porque o mundo não é um sonho, não é o ideal que temos na cabeça, não são as fantasias às quais nos apaixonamos enquanto estávamos nas fraldas. Mudar o mundo? Ora, o mundo é uma pedra.

REFERÊNCIAS

CAMPBELL, Joseph. *O poder do mito*. São Paulo: Palas Athena, 1992.

CAMUS, Albert. *O estrangeiro*. Rio de Janeiro: Record, 2005.

_____. *O mito de Sísifo*. São Paulo: Record, 2004.

CANCIAN, André D. *Ateísmo & liberdade*. Catanduva: Ed. do autor, 2002.

_____. *O vazio da máquina*. Catanduva: Ed. do autor, 2009.

CIORAN, Emile M. *Breviário de decomposição*. Rio de Janeiro: Rocco, 1989.

_____. *Del inconveniente de haber nacido*. Madrid: Taurus, 1981.

_____. *Silogismos da amargura*. Rio de Janeiro: Rocco, 1991.

DAMÁSIO, Antônio. *O erro de Descartes*. São Paulo: Cia. das Letras, 1996.

DAWKINS, Richard. *Deus, um delírio*. São Paulo: Cia. das Letras, 2007.

_____. *O gene egoísta*. São Paulo: Cia. das Letras, 2007.

_____. *O relojoeiro cego*. São Paulo: Cia. das Letras, 2001.

_____. *O rio que saía do Éden*. Rio de Janeiro: Rocco, 1996.

DENNETT, Daniel C. *Breaking the spell*. New York: Penguin, 2006.

_____. *Consciousness explained*. Boson: Back Bay Books, 1991.

_____. *Darwin's dangerous idea*. New York: Simon & Schuster, 1995.

DESCARTES, René. *Discurso do método*. São Paulo: Martins Fontes, 1996.

DO VALLE, Huáscar Terra. *Tratado de teologia profana*. São Paulo: Alfa Ômega, 1998.

DOSTOIEVSKI, Fiodor. *Notas do subsolo*. Porto Alegre: L&PM, 2008.

FISHER, Helen E.; BROWN, Lucy L., e ARON, Arthur; STRONG, Greg; MASHEK, Debra. "Reward, addiction, and emotion regulation systems associated with rejection in love." *J Neurophysiol 104*, 2010: 51–60.

REFERÊNCIAS

FREUD, Sigmund. *O Futuro de Uma Ilusão*. Rio de Janeiro: Imago, 1984.

_____. *O Mal-Estar na Civilização*. Rio de Janeiro: Imago, 1997.

_____. *Totem e tabu*. Rio de Janeiro: Imago, 1999.

GIANNETTI, Eduardo. *A Ilusão da alma*. São Paulo: Cia. das Letras, 2010.

_____. *Auto-engano*. São Paulo: Cia. das Letras, 1997.

GOLEMAN, Daniel. *Inteligência emocional*. Rio de Janeiro: Objetiva, 1996.

GRAY, John. *Straw dogs*. London: Granta Books, 2002.

GREENE, J. D. The terrible, horrible, no good, very bad truth about morality and what to do about it. Princeton: Princeton University, 2002.

HARRIS, Sam. *Letter to a Christian nation*. New York: Alfred A. Knopf, 2006.

_____. *The end of faith*. New York: W.W. Norton & Co, 2004.

_____. *The moral landscape*. New York: Free Press, 2010.

HITCHENS, Christopher. *God is not great*. New York: Twelve Books, 2007.

HUME, David. *Investigação acerca do entendimento humano*. São Paulo: Cia. Editora Nacional, 1972.

KLINGEMANN, August. *Las vigilias de Bonaventura*. Tradução: Marisa Siguan e Eduardo Aznar. Barcelona: El Acantilado, 2001.

LE BON, Gustave. *As opiniões e as crenças*. São Paulo: Brasil Editora, 1956.

MACKIE, J. L. *Ethics: inventing right and wrong*. London: Penguin, 1977.

MANN, Thomas. Little Herr Friedemann and other stories (Der Kleine Herr Friedemann). Harmondsworth: Penguin Books, 1976.

MENCKEN, Henry L. *O livro dos insultos*. São Paulo: Cia. das Letras, 1988.

MILLER, Geoffrey. *A mente seletiva*. Rio de Janeiro: Campus, 2000.

MORRIS, Desmond. *Intimate behaviour*. London: Penguin, 1979.

_____. *O macaco nu*. Rio de Janeiro: Record, 1980.

NAGEL, Thomas. *The view from nowhere*. New York: Oxford University Press, 1986.

NIETZSCHE, Friedrich. *Assim falou Zaratustra*. Rio de Janeiro: Civilização Brasileira, 1981.

_____. *Aurora*. São Paulo: Cia. das Letras, 2004.

_____. *Crepúsculo dos ídolos*. Rio de Janeiro: Relume Dumará, 2000.

_____. *Genealogia da moral*. São Paulo: Cia. das Letras, 1998.

_____. *Humano, demasiado humano*. São Paulo: Cia. das Letras, 2005.

_____. *The antichrist*. Tradução: H. L. Mencken. Torrance: Noontide, 1980.

_____. *Vontade de potência*. Rio de Janeiro: Ediouro, 1988.

PESSOA, Fernando. *O livro do desassossego*. São Paulo: Cia. das Letras, 2006.

PINKER, Steven. *Como a mente funciona*. São Paulo: Cia. das Letras, 2004.

_____. *The blank slate*. London: Penguin, 2002.

POPPER, Karl. *Em busca de um mundo melhor*. Lisboa: Fragmentos, 1995.

PRATT, Allan. *The dark side*. New York: Citadel Press, 1994.

RANDI, James. *Flim-Flam!* New York: Prometheus Books, 1982.

RAUCHFUSS, Horst. *Chemical evolution and the origin of life*. Berlin: Springer, 2008.

RUSSELL, Bertrand. *The problems of philosophy*. New York: Oxford University Press, 1917.

_____. *Why I'm not a Christian*. New York: Touchstone, 1957.

SAGAN, Carl. *O mundo assombrado pelos demônios*. São Paulo: Cia. das Letras, 1997.

SARGANT, William. *Battle for the mind*. Westport: Greenwood Press, 1957.

SCHOPENHAUER, Arthur. *O mundo como vontade e representação*. Rio de Janeiro: Contraponto, 2001.

_____. *Parerga and paralipomena*. Tradução: E. F. J. Payne. 2 vols. Oxford: Clarendon, 1974.

SEARLE, John R. *Consciousness and language*. Cambridge: Cambridge University Press, 2002.

SINGER, Peter. *Ética prática*. São Paulo: Martins Fontes, 1994.

SMITH, George H. *The case against god*. New York: Prometheus Books, 1979.

STIRNER, Max. *O único e a sua propriedade*. Lisboa: Antígona, 2004.

TANCREDI, Laurence R. *Hardwired behavior*. New York: Cambridge University Press, 2005.

THOMSON, J. Anderson. *Why We Believe in God(s)*. Charlottesville: Pitchstone Publishing, 2011.

TURGUÊNIEV, Ivan. *Pais e filhos*. São Paulo: Cosac & Naify, 2004.

VOLPI, Francisco. *O niilismo*. São Paulo: Loyola, 1999.

WALLACE, Robert. *Sociobiologia: o fator genético*. São Paulo: Ibrasa, 1985.

WILSON, A. Wilkie; KUHN, M. Cynthia. "How addiction hijacks our reward system." *Cerebrum*, 2005: 7, 53-66.

WRIGHT, Robert. *The moral animal*. New York: Vintage Books, 1995.

ATEÍSMO & LIBERDADE

ANDRÉ CANCIAN

Deus, religião, moral, origem e sentido da vida, livre-arbítrio: em *Ateísmo & Liberdade*, assuntos fundamentais são postos à luz da razão, em uma tentativa de esclarecer algumas das mentiras e verdades que nos cercam. Polêmico, franco, revelador e ousado, *Ateísmo & Liberdade* é um convite à reflexão, ao livre-pensar e à busca por uma explicação racional e coerente sobre o homem e o mundo.

O VAZIO DA MÁQUINA

ANDRÉ CANCIAN

A exploração do subterrâneo, do tabu, da humanidade que preferimos esconder de nós mesmos: *O Vazio da Máquina* investiga alguns dos tópicos mais incômodos trazidos à luz pelo vazio da existência. O nada, o absurdo, a solidão, o sofrimento, o suicídio, a hipocrisia são alguns dos assuntos principais abordados ao longo da obra. Sabemos até onde podemos chegar com nosso conhecimento moderno — resta finalmente empregá-lo.

ATEÍSMO E NIILISMO

ANDRÉ CANCIAN

Ateísmo & Niilismo é uma tentativa de justificar a transição do ateísmo ao niilismo com base na ciência moderna. Nele é apresentada uma interpretação do niilismo (niilismo existencial) segundo a qual ele se segue de considerarmos as implicações de nossas principais descobertas científicas, bastando revisitar as questões existenciais clássicas à luz do conhecimento atual. Assim, a ideia é que, uma vez nos tornemos ateus, o niilismo segue-se.

JOE

ANDRÉ CANCIAN

Joe é um romance essencialmente introspectivo, no qual se tenta construir uma visão de mundo a partir dos olhos do personagem. A ideia que animou a produção desta obra foi ilustrar, não em teoria, mas no contexto da vida prática, toda aquela perplexidade que se apodera de nós quando voltamos nossos olhares ao mundo numa perspectiva, por assim dizer, "existencialista", e nos vemos tomados pela sensação do absurdo que é existir.

INSÔNIA DA MATÉRIA

ANDRÉ CANCIAN

Insônia da Matéria é uma coleção de poemas escritos entre 2002 e 2007, correspondendo ao intervalo entre a redação de *Ateísmo & Liberdade* e *O Vazio da Máquina*. A atmosfera de perplexidade e de mal-estar que perpassa quase todos os poemas pode ser vista como um reflexo da angústia que se sente quando tentamos lidar com um problema que ainda nos escapa — como um fantasma que nos persegue, até que consigamos colocá-lo no papel.

ISBN 978-85-905558-3-4

9 788590 555834

www.ingramcontent.com/pod-product-compliance
Lightning Source LLC
LaVergne TN
LVHW091213080426
835509LV00009B/980